本书得到了如下项目资助：
国家软科学计划项目《自主创新促进经济发展方式转变研究》（2008GXS1D020）
教育部人文社会科学一般项目《我国经济发展方式转变测度研究》（10YJA790189）
辽宁省高等学校优秀人才支持计划项目《辽宁现代装备制造产业技术创新体系建设研究》（WR201008）
辽宁大学211工程三期建设项目“管理创新与大企业竞争力”

创新、集群与发展

——基于区域的一个视角

Innovation, cluster and development: based on a regional perspective

王伟光 著

经济管理出版社
ECONOMY & MANAGEMENT PUBLISHING HOUSE

图书在版编目（CIP）数据

创新、集群与发展：基于区域的一个视角/王伟光著.—北京：经济管理出版社，2011.12
ISBN 978-7-5096-1740-3

Ⅰ.①创…　Ⅱ.①王…　Ⅲ.①老工业基地—经济发展—研究—东北地区　Ⅳ.①F427.3

中国版本图书馆 CIP 数据核字(2011)第 270178 号

出版发行：经济管理出版社
北京市海淀区北蜂窝 8 号中雅大厦 11 层
电话：(010) 51915602　邮编：100038
印刷：三河市海波印务有限公司　经销：新华书店

组稿编辑：陈　力　责任编辑：孙　宇
责任印制：杨国强　责任校对：曹　平

720mm×1000mm/16　12 印张　200 千字
2011 年 12 月第 1 版　2011 年 12 月第 1 次印刷
定价：32.00 元
书号：ISBN 978-7-5096-1740-3

前　言

本书应该是近一段时间我主持和参加的各类研究项目成果的一个集成。限于时间和研究能力，许多研究还仅仅是一种探索，还需要完善。原本计划能够对这些成果进行修改和重组，但是一直未能实现，不能不说是一个遗憾。

自从20世纪中叶以来，创新作为驱动经济发展的重要动力源泉，一直受到学界和政策制定者的高度关注。由于不同时期、不同空间的创新资源禀赋不尽相同，产生了多样化的创新体系，并逐渐与地区产业基础、技术条件、市场与制度等高度融合，成为内嵌于特定区域社会关系网络的重要元素，更成为区域核心竞争力的重要决定因素。特别是产业集群这一新型产业组织方式的出现和扩散，在变革区域竞争结构和竞争力量的同时，也开始导引着经济资源、社会资源和创新资源的配置。产业集群因其内部产业的高度关联性、关系网络性、竞争群体性等特质，与区域化或本地化的生产要素条件和社会文化传统等一起，共同建构着区域的产业—创新—竞争体系。

近几年来，我们的研究团队也一直围绕着创新、集群和发展主题开展研究，产生了一些阶段性成果。这些成果一方面体现着不同研究项目的重点；另一方面也反映着不同阶段我们对创新、集群和区域发展的认识。毫无疑问，这些成果是在国内外大量高质量研究基础上实现的，在此非常感谢国内外学术前辈和同行的创造性工作。

非常感谢辽宁大学党委书记程伟教授及其研究团队。在团队研究过程中，我们结合东北地区产业基础和经济环境特征，分析了东北老工业基地自主创新模式。研究发现，面对新一轮经济发展周期，“再工业化”将是东北老工业基地全面振兴的重要途径。自主创新的规模、方向、速度和水平，事关东北老工业基地全面振兴战略目标能否顺利实现，特别是事关经济发展方式能否实现根本性转变。而逆向式自主创新将是东北老工业基地“再工业化”进程的实施效果。

非常感谢辽宁大学商学院院长唐晓华教授及其研究团队。在团队研究过程中，我们对辽宁产业集群与经济发展模式、中国装备制造产业成长路径等进行了研究。研究发现，集群正在成为辽宁经济发展的重要产业组织模式，装备制造产业集群也逐渐成为辽宁产业结构优化升级的重要带动力量。

非常感谢中国社会科学院工业经济研究所副所长黄速建研究员及其研究团队。在团队研究中，我们重点分析了辽宁沈阳铁西装备制造产业集群创新能力问题。研究发现：政府推动、大企业主导等是沈阳铁西装备制造产业集群创新的基本特点，而科学定位国有企业、拓展集群创新融资渠道等将对未来区域特色集群创新能力提升具有重要影响。

感谢我的研究生们。做我的研究生一直很辛苦，他们为我们团队研究提供了许多有价值的文献资料，也贡献了许多聪明才智，更是许多研究项目的主力军。

我还要感谢经济管理出版社沈志渔总编辑、杨世伟副社长、陈力主任等的辛勤工作，使得该成果得以顺利出版。

我更要感谢我父母的支持和理解，感谢我的夫人吉国秀教授，她一直坚定不移地支持我、鼓励我，她的社会学、民俗学学科背景，让我的研究视野更加广阔。

王伟光

2011 年 11 月 12 日

目　录

第一章　知识、创新与增长

第一节　技术创新

发端于20世纪中叶的以信息技术为代表的新一轮科技革命，在20世纪90年代显现了强大的扩散力和驱动力，产生了一大批高新技术产业，并促使传统产业发生了显著变化。基于现代技术创新和技术进步的产业结构变革，使得世界经济，特别是一些发达国家的经济进入到了一个新的发展阶段——知识经济时代。作为一种新的经济形态，知识经济的出现，尤其是20世纪90年代美国知识经济的迅猛发展，给世界经济带来了巨大而深刻的影响[①]。与以往的农业经济、工业经济时代相比，知识经济时代的突出特点是，经济增长不再直接取决于资源、资本等有形要素，而是依靠知识创造、知识积累、知识扩散和知识利用。2005年底世界银行发布的《国别财富报告》指出，国家越是富庶，自然资源在其资产中所占的比重越低，无形资产比率则越高。根据统计，2000年全球人均财富为9.6万美元，其中，无形资本就占了78%，远远超过自然资本的4%，以及生产资本的17.6%[②]。在知识经济发展过程中，基于信息技术的网络成为一支重要的经济力量，而一些信息技术公司成为网络经济的首要驱动者，并变革着经济运行和竞争的规则。网络已是人们获得信息特别是科技信息的重要渠道，例如，2006年11月皮尤网络与美国生活项目最新发布的一份研究报告显示，互联网已成为排在电视台之后，美国人获取科技新闻和信息的第二大来源。与此同时，网络也成就了一大批科技型企业。2006年11月20日，Google收盘价为495.90美元，市场价值达1518亿美元，超过了其三个最大竞争对手雅虎（362亿美元）、eBay（464亿美元）、Amazon.com（176亿美元）的总和。良好的市场表现和高额的投资回报率吸引了越来越多的企业家、风险资本家和投资银行家，这些人都以

---

① 陈继勇，徐涛．美国知识经济的发展对亚太经济格局的影响［J］．世界经济研究，2005（1）：4.

② 资料来源：《教育、法治富民强国》，中国台湾《商业周刊》，2006年1月9日，转引自《参考消息》，2006年2月3日，第4版。

Google 为中心，希望能够向 Google 出售一些东西——一种新的服务，一家新创办的公司，甚至一项新战略，从而形成一系列新兴产业链，促进美国经济结构的变革。由于 Google、Youtube 和 Myspace 的优异表现，有人认为新一轮网络繁荣初现端倪，知识经济发展也可能进入到了一个新阶段。在这种新经济时代，创新是最为活跃的驱动力量，创新正在成为改变行业竞争和影响经济绩效的关键要素①。例如，苹果公司最新推出的 iPhone4，其竞争力就是来源于创新导向的综合商业竞争体系。市场研究公司 Forrester 分析师查尔斯·戈尔文（Charles Golvin）指出，"苹果的持续成功表明，应用和互联网对手机的重要性超过打电话；消费者认可苹果的端到端控制体系；其他手机厂商在硬件、软件、营销方面与苹果相比仍然有差距"②。

一、技术创新

创新是指对新产品、新过程的商业化以及新组织结构等的搜寻、发现、开发、改善和采用等一系列活动的总称。创新概念是由熊彼特率先提出的。在他看来，创新就是建立一种新的生产函数或供应函数，即把一种从来没有过的生产要素和生产条件的"新组合"引入生产体系。这种创新既包括科学技术上的发明创造，也包括科学技术的商业化过程。一般而言，创新包括：①引进新产品；②引进新技术；③开辟新市场；④控制原材料的供应来源；⑤实现工业的新组织。由此可见，技术创新不过是熊彼特"创新"体系的一部分而已，以后的大部分研究都是沿着他的思路来进行的；由此产生了技术创新学派和制度创新学派。

到底何谓技术创新，国内外理论界存在很大差异。Freeman（1982，1997）认为，技术创新是指新产品、新过程、新系统和新服务的首次商业性转化。Myers 和 Marquis（1969）指出，技术创新是一个复杂的过程，从新思想和新概念开始，通过不断地解决各种问题，最终使一个有经济价值和社会价值的新项目得到实际的成功应用。Utterback（1979）把技术创新定义归为三类：①与发明相似的一种创造性活动，这种创新强调创新的起源和新颖性；②某种硬件及其设计和生产，这一概念重视市场或生产过程中的有形形式和使用；③选择某种事物，包括它的使用和扩散，这种观点强调接近用户的重要性。国内学者对技术创新概念的界定也不尽相同。许庆瑞认为技术创新是指一种新思想的形成，并利用它生产出满足市场用户需要的产品的整个过程；汪英洛指出，技术创新就是建立新的生产

① Tony Davila，Marc J. Epstein，Robert Shelton. 创新之道：持续创新力造就持久成长力［M］. 中国人民大学出版社，2007.

② "iPhone4 居 2010 年移动领域十大创新之首"，http：//www. ad007. cn/html/zixun/IT/2010/1216/1290. html.

体系，使生产要素和生产条件重新组合，以获得潜在的经济效益；贾蔚文认为，技术创新包括某种新设想的提出，经过研究开发或技术引进、中间试验、产品试制和商业化生产，直到市场销售的全过程；王明友（1997）综合上述观点，认为技术创新是指新产品和新工艺设想的产生（获取）、研究开发、应用于生产、进入市场并实现商业利益以及新技术扩散整个过程的一切技术经济活动的总和[①]；傅家骥（1998）则在更为广泛的意义上给出了技术创新的含义：使企业家抓住市场的潜在盈利机会，以获取商业利益为目标，重新组织生产条件和要素，建立起效能更强、效率更高和费用更低的生产经营系统，从而推出新的产品、新的生产（工艺）方法、开辟新的市场、获得新的原材料或半成品供给来源或建立企业的新的组织，它是包括科技、组织、商业和金融等一系列活动的综合过程。

经济合作组织从技术的产品创新和技术的工艺创新角度来定义技术创新。其中，技术的产品创新是指实现具有改进性能特征的产品或商品化，例如，为消费者提供客观上新的或改进的服务；技术的工艺创新是指实现或采纳新的或有重大改进的生产方法或交付方法，诸如设备、人力资源、工作方式或它们组合等的变化。

从国内外研究者和一些官方的论述来看，有关技术创新的定义主要集中在三个层面上：①强调技术创新的整个过程，这种定义深受创新的线性模式影响；②重视技术创新的成功商业化，尤其是首次商业化；③强调技术创新的效应，并特别看重技术创新的经济和社会价值。总之，我们可以这样理解技术创新：企业在对现有技术有效组合运用以及创造和吸纳各种新技术知识的基础上，以相对低的成本向市场提供更好的产品和服务过程。它主要包括产品创新和过程创新。而创新投入、市场组织、制度等因素影响着工业技术创新过程和绩效。工业技术创新的主体是企业，也包括大学和科研机构，政府和其他机构（教育、信息服务等部门）大多是间接地参与创新过程；相关的制度安排将会对创新起促进或阻碍作用；技术创新的显著特点是创新成果的商业化；企业技术创新的目的是占据市场有利位置，获得满意收益。

二、R&D

与技术创新联系最密切的一个概念是研究与开发（R&D）[②]，虽然二者之间

---

① 前三位国内学者的定义转引自王明友．知识经济与技术创新［M］．经济管理出版社，1999：49～51.

② 为了分析问题需要，如果不特殊说明，企业的科技投入等同于企业 R&D 投资，后者主要是指企业的 R&D 经费支出。我们认为，R&D 投资与技术创新之间的转换关系十分复杂，其中，R&D 投资是技术创新的重要途径，而这两种行为基本上统一于技术进步范畴之内。所以，本书中的上述概念通用。

的线性关系并不十分显著，但是 R&D 活动是有利于技术创新的。一般地，研究与开发（Research and Development，R&D）大都以 OECD（经济合作与发展组织）《研究与发展调查手册》的 R&D 定义为基础。在该手册中，R&D 是指"为了增加知识的总量，包括有关人类、文化和社会的知识，以及运用这些知识创造新的应用，所进行的系统的、创造性的工作"。综合不同研究，R&D 活动大体包括五种类型：①基础研究，它与新理论的发现与检验相关联，其目的是发现新知识而不是立即应用新知识；②战略研究，是指应用前景虽不明显但还是可预知其预期效果的研究；③应用研究，是基础研究、战略研究成果的商业化，其目的在于获取某种特殊的应用知识；④开发，是将"创新原型"应用于市场并在其周围建立生产线的活动，其目的是充分利用新产品、新工艺方面的现有生产知识；⑤扩散，指创新通过市场或非市场的渠道在产业内、产业间及国家间的传播。

前四种 R&D 与一般意义上的研究与开发相差不多。但是，一般意义上的 R&D 并不包括扩散。所以将 R&D 分为五种类型，就使 R&D 与广义创新得以整合，利于我们以新的眼光审视传统的 R&D 活动，在这种条件下，人们常常把 R&D 等同于技术创新也就不足为奇了。这种做法实质是创新线性思想的一种反映，其好处就是可以利用 R&D 来衡量技术创新，方便进行理论与实证分析。需要注意的是，R&D 与技术创新还是有差别的①，R&D 仅仅是影响创新的因素之一。根据 OECD 的观点，技术创新包括科学、技术、组织、财务和商业等一系列活动，"R&D 只是这些活动中的一类……在创新过程中，除 R&D 活动以外的创新活动"还包括工装准备和工业工程、生产启动和产前开发、新产品营销、无形技术的获取、有形技术的获取、设计、示范等内容。

三、技术创新的特点

技术创新是一个过程，它包括从技术上新的产品、工艺或系统的创造，到设计、生产、第一次使用以及扩散等一系列活动。曼德尔（1998，中译本）把技术创新（技术革命）分为五个相继的过程：发展纯科学的倾向；在目前发明中，导致能改变整个生产的基本技术的基本发明的转折点；重大创新倾向；资本积聚、利润预期、可预见的市场扩张的基本环境的改变，能证明对重大创新的大量投资是合理的；重大创新完成，利润率上升，经济增长加速（资本积累）的综合效应引起了真正意义上的技术革命。技术创新的"过程"性质，使得技术创新呈现出许多层面的特性。

① Freeman（1997）根据前人研究成果，从投入和产出角度详细地分析了"基础研究"、"发明活动"、"开发活动"和"建立新型工厂"之间的关系。

（一）技术创新是一个受制于多种因素的过程

技术创新绝对不是聪明的发明家、具有前瞻意识的企业家和有动力的企业独立行动的结果。相反，它必须与其他组织进行广泛的合作，以获得、开发、交换各种知识、信息和其他资源。不容置疑，个人和企业在技术创新中居于重要位置，但是，孕育和传播技术创新（变革）的过程却涉及复杂的网络合作，包括不同目的、不同机构或组织之间的各种合作。与企业进行合作的组织较多：其他企业（供应商、用户、竞争者）、大学、研究机构、投资银行、学校、政府部门等。而且企业的创新行为也会受到各种制度的制约：法律、卫生安全健康管制、文化模式、社会准则、技术标准、激励制度（鼓励或限制）等。在这种复杂的环境中，要想全面认识创新过程，必须通盘考虑影响创新过程的各种因素。

（二）技术创新过程充满着不确定性

Klein（1977）认为，当企业进行创新投资决策时会面临两种不确定性：类型Ⅰ不确定性和类型Ⅱ不确定性。类型Ⅰ不确定性是创新本身所固有的。意欲创新的企业将会面临新产品需求水平和需求弹性方面的不确定性，而且完善创新产品的成本也是不确定的。如果新产品与现有产品有着本质的区别，创新者可能会面临着对该种产品的性能和设计一无所知的不确定性。这些不确定性构成了企业创新风险，因为面临不确定性的创新投资可能会颗粒无收。所以，这种不确定性的存在会削弱创新动机，而对这些不确定性的补偿是创新成功的潜在回报。类型Ⅱ的不确定性与竞争者的行动相关。如果某个竞争企业率先开发出一种新技术，该企业就会在市场上占据着优于其他企业的有利地位。竞争企业开发某种新技术的可能性，刺激着其他企业不断进行创新投资。在这种情况下，任何人都不能预先知道某企业在某环境中的某种创新决策会带来何种结果。从这个意义上看，技术创新过程是一种控制和降低不确定性的活动。

（三）技术创新中的技术—经济（Techno - economic）选择是一个演化的过程

市场的规模、范围、复杂性和随机性，消费者的偏好和支付能力，以及资本市场运作方式等许多因素都会影响着技术赖以生存的选择过程。这种选择过程并不总是“完全理性”或符合逻辑，运气或机会（Luck or Chance）的影响不容忽视。Carlsson 和 Stankiewicz（1991）认为，“如果存在正反馈，也就是总有几种可能的结果或经济遵循着时间路径（Time - paths），那么一个经济的选择就会有赖于历史事件的发生频率，很难保证‘选择’出最好的结果。一旦经济力量‘选择’了某一结果，经济就会被这种结果锁定，正反馈就会产生‘花车效应’（Band - wagon Effects）。其结果是，某一产品、企业或者国家‘碰巧’领先，它就会居于领先地位，稳定性和可预测性就不再那么有把握了”。

技术创新过程的上述性质或特点使得创新成为一种交互的学习过程，其中不仅涉及用户与生产者、生产者之间的合作活动，而且也包括一些较为分散的网络组织形式①。可以将技术创新过程的性质特点与冯·布朗（中译本，1999）的创新过程模型结合在一起，构成新的一般意义上的工业技术创新过程模型（见图1-1）。

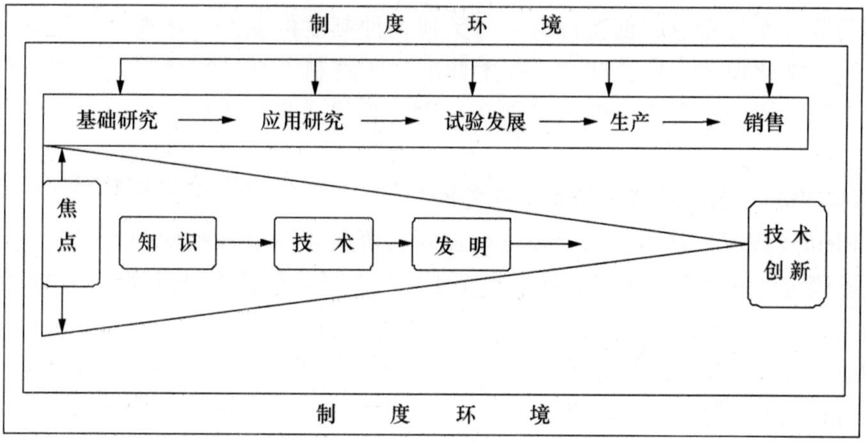

图1-1 受制度环境制约的工业技术创新过程

注：作者根据冯·布朗（1999）修改.

四、影响技术创新的关键因素

企业是一种以盈利为目的的经济组织，它的一切行为将围绕是否盈利来进行。R&D作为一项重要的企业行为也必须符合这种原则。从理论上看，R&D投资是企业获得基于技术竞争优势的重要来源，R&D投资是许多企业利润增长的重要源泉。据统计，企业R&D的资本收益率通常要高于非R&D资本收益率1~3倍。例如，Griliches（1992）发现美国企业R&D投资报酬率大约是27%，Hall（1996）估计企业R&D投资报酬率在10%~15%②。

---

① Dosi等人（1988）则将上述创新性质概括为五种“程式化的事实”（Stylized Facts）：①不确定性不是简单指缺乏有关已知事件发生的相关信息，而是指存在一些不知如何解决的技术—经济问题，以及无法准确预知某项活动的后果；②主要新技术机会的可靠性越来越依赖于技术知识进步；③研究开发的复杂性不断增强，使得这种活动越来越由正式组织而非单个创新者来承担；④干中学、用中学等经验的作用增强；⑤创新活动具有累积性。

② 转引自程华.科技资助促进企业R&D研究［J］.科研管理，2005（4）.

简单地讲，企业利润等于企业销售收入与各种成本的差额①。R&D 投入是通过影响企业销售或降低成本两种基本方式来增加企业利润的，具体体现为诸如提供差异化产品、相对低价产品等表象。这一点与技术创新尤其是新机器的制造、采用的两个基本功能相一致：“不是产量增加，就是价格下降，二者必居其一。”② 从这个意义上看，企业 R&D 投入的主要目的是开发或者创造出能够保证利润增加的产品、服务，以及生产这些产品和提供相关服务的工艺流程。企业技术创新的核心是成本节约型的，其目的是通过“合适”的技术，降低直接生产成本（新材料、提高原来材料的使用效率、改进设备和工艺、以设备挤出劳动力——其边界是使用设备的全部成本低于劳动力成本）和间接生产成本（各种管理手段的改进等）。随着人力资本作用的日渐增强，越来越多的企业也开始重视劳动者在生产全过程中所形成的各种操作技能和经验，并把这种隐含知识逐渐融入到它们的有形资产之中，在扩展企业原有知识基础的同时，内化为核心竞争力。

企业 R&D 是一种综合性活动，涉及科学、技术、组织、金融和商业等一系列活动，R&D 活动能否成功取决于对技术机会和商业机会的识别和利用。一般地，企业 R&D 活动可以分为两大类：产品创新和工艺创新；从创新的获取方式或者 R&D 战略基本上可以分为三大类：自主创新、合作创新和技术引进（外购）。企业的人力资本、物质资本、知识资本、组织模式，或者设计、试制、生产、销售、管理和经营决策等是决定企业有无能力进行 R&D 投资的重要条件。基于上述资源禀赋的企业规模③、企业性质、技术属性、政策环境等则是企业 R&D 决策的关键性因素。

（一）企业的生产性质

经济学常识告诉我们，消费类商品的价格弹性通常要高于生产类商品的价格弹性。这种规律在一定程度上影响着生产这两种不同类型商品的企业创新模式。消费类商品生产企业更多的是突出商品的功能改进、质量、外观等内容，多数属于直接面对消费者的产品创新（新功能、新式样等）；生产类商品生产企业更加看重的是整个生产过程的效率提高，作为生产效率提高的重要途径的成本节约就成为企业创新的重要指向（生产工艺改进、新设备等）。

（二）企业的经济性质

由于产权制度安排上的差异，相对于公共企业（主要是指国有企业）的经济动机，私有企业更强一些。与此同时，宏观体制上的一些因素，尤其是行政

---

① 这种成本包括税金。

② ［法］萨伊．政治经济学概论［M］．商务印书馆，1963：89.

③ 不同企业规模对 R&D 投入的影响很不相同，其原因和表现也是多方面的，请参见相关研究。

性垄断使得公共企业的创新动机明显低于市场竞争压力很大的私人企业。因为，尽管公共部门内部生产效率很低，成本比较高，但是它们完全可以通过体制安排获得比较高的利润，这在很大程度上制约了它们的创新动机和行为。所以，20 世纪 80 年代以来，各国纷纷开始放松管制、引入竞争、促进公共部门的创新。

（三）企业的技术性质

企业研究开发的技术成果的不同属性也是影响企业创新的一个重要内容。如果技术开发过程和技术成果具有高度专有性，也就是企业可以完全独占整个开发过程所产生的一切成果，包括有形的产品、设备，也包括员工操作经验、技术诀窍等无形产品，或者这些成果必须与企业的现有知识基础融合才能发挥作用，而且这种成果具有良好的市场发展预期，这就意味着企业将获得新的利润源泉，增加研发投资毫无疑问就成为企业重要的战略决策。反之，如果技术开发过程和技术成果具有很高的通用性或者共性，而且又缺乏有效的技术知识私有权益的保障制度，企业就会选择“商业窃取”手段而不是 R&D 投资①。比较就会发现，专有性技术有利于利润独占，不利于技术扩散，这种条件下的创新动机最强②；非专有技术不利于利润独占，却利于技术扩散，这种条件下的创新动机最弱。所以，政府支持企业 R&D 投资的政策就要在“利润独占与创新扩散”之间寻求一种平衡。

（四）市场环境

如果市场结构的竞争性比较突出，企业的 R&D 竞争也会比较激烈，而垄断的市场结构一般不利于企业 R&D 投入③。国家的各种政策也对企业 R&D 起着各种刺激作用，有的是正向激励，例如税收减免、财政补贴；有的是反向激励，例如通过技术标准、环境保护规定、安全质量、卫生健康等特殊要求提高了企业市场准入壁垒，迫使企业增加 R&D 投入，维持生存。而那些满足这些要求的企业将获得更多利润④。所以，政府对企业 R&D 的影响更多的是通过相关政策来体现的。

---

① 在这种情况下，之所以还存在“商业窃取”的对象，是因为初始 R&D 投资者没有充分意识到这种通用性或共性。这从另一个角度证明，企业 R&D 可能会产生“溢出”。政府的职能就是一方面鼓励和增加这种溢出；另一方面就是通过多重政策工具增加这类溢出的供给。关于“商业窃取”行为的性质十分复杂，这里假定该行为不是简单的复制，而是有限模仿基础上的创新或者对模仿对象的替代，产生一种更有效率的创新活动。

② 基于这种技术投资可能形成一种“合法”垄断。

③ R&D 投入与市场结构之间存在复杂的双向关系，书中给出的是市场结构的两种极端形式。多数研究认为垄断竞争的市场结构最有益于创新。

④ 此时的企业利润，是通过一种准垄断的市场地位，或者提高市场声誉而获得的。例如，如果企业的技术水平远远高于某项标准要求，它实际上是向市场传递了两种基本信息：产品合格（负责任的企业）和技术水平高（企业具有高水平的技术能力）。

五、企业技术创新的风险和成本

（一）技术上的不确定性

技术本身的不成熟、辅助性技术的缺少、技术寿命周期的缩短及企业竞争的加剧等都会降低企业创新的积极性。在创新竞争中，并不是所有厂商都能够找到他们所需要的“成本节约型”技术。如果不能找到新技术，一方面会形成 R&D 的沉没成本，加大厂商的成本负担；另一方面则有可能挫伤厂商决策者（企业家）和 R&D 人员的创新积极性，而且也可能向其他厂商传递某些信息，从而减少其他厂商 R&D 活动的不确定性。

（二）市场上的不确定性

市场变化较快、市场预测不准确、模仿的存在、技术引进等多方面因素，可能使创新者处于不利地位。而竞争对手则可能利用“后发优势”先找到“成本节约型”的技术，进而生产出新产品。同时，消费者又常常把创新者与高质量产品的供给者相等同。这样就有可能使后创新者的需求曲线向外移动，并且可能吸引一部分原属于先创新者的消费者。另外，如果创新产品并未创造需求或并未满足需求，那么这种创新也是失败的。所以，创新的时间、创新与需求的关系将决定 R&D 的效率。

（三）道德风险

信息不对称、资产专用性投资等会产生道德风险，进而产生机会主义行为——一种通过欺骗来满足私利的行为。在 R&D 竞争中广泛存在着“道德风险”问题，只不过强弱程度不同而已。如厂商与风险投资者（包括国家）、厂商与 R&D 组织、R&D 团队与团队成员等之间都有机会主义行为发生的可能。而且当组织规模较庞大、信息沟通又不畅通、激励约束机制不健全时，R&D 的成功概率就可能是相当低的。解决此问题的根本途径是建立一套所谓“激励相容”的机制。但是在制度安排过程中同样也可能存在道德风险（人的有限理性是其产生的根本原因）。

（四）R&D 的“公共物品”属性

R&D 产品具有不可分性和非独占性。如信息可以为某人或厂商所使用，但与此同时却无法限制他人使用，即使信息的机会成本是零，为达到社会最优水平，信息的价格也一定要为零，因为只有这样才能保证大家免费地利用它。为鼓励厂商 R&D 投资以生产信息，就必须有一套能够保证创新厂商排他性权利的制度（至少在某一有限的时期内）。否则，就会削弱创新动机。但是，由于信息的不可分性和非独占性，要想做出上述保障是很难的。而且保护这种信息的成本也可能超过其收益。另外，模仿的存在等也使创新厂商的“独占利润”有可能被模仿者掠去一部分，这样创新者的私人成本相对较高而其私人利益却较低。当然新工艺的保护要相对容易一些，但“溢出效应”的存在，也是一个不争的事实。据测算，技术创新投资的私人收益率一般在80%以上，最高达180%；社会收益率却在60%以上，最高可达700%。

（五）其他方面的不确定性

投资强度、人才技能以及政策制度环境等的不确定性也增强了创新的风险性。风险投资家认为他所投资的创新项目，只要有20%～30%的成功率就已经很满足了。

第二节　知识创造、知识转化与技术创新[①]

一、知识创造、知识积累与技术创新

（一）知识创造

在一个知识、技术驱动的世界中，国家安全、经济竞争力、健康、环境和生活质量等都离不开大量的知识创造和积累。科技进步、技术创新与潜在用户之间的交互关系，促进了知识、信息增值和技术交换。随着现代科技发展，知识不再是其他类型资产的附属物，而是一种独立的资产形式，它连续、系统而集中地应用于其范围不断扩大的物质过程之中。通过从一个物质载体转移到另一个物质载体上，知识资产就可以无限地延续其自身的存在。当然，知识资产的经济寿命，是它赖以存在的知识基础（Knowledge Base）及其变化周期[②]。这种特殊类型的资产，与企业的创新、技术能力积累和其他辅助资产一起构成了现代经济增长的重要动力。

技术创新就是用知识生产新知识。新知识的生产不外是创新者在学习过程中不断努力的结果，信息、厂商能力和技术外部性都是知识创造过程的投入品，知识创造以各种能力的聚合为基础：学习过程、经验的社会化、可用信息的重组以及正式的R&D活动。在经济社会不断发展的今天，知识似乎不再是来自天堂的甘露，而是像橡胶或轮胎那样被生产出来，是经济组织行为理性优化的结果。那些组织对R&D进行投资，然后生产出新的技术知识。知识不同于一般的商品，创新经济学家将知识分为编码知识和隐含知识两类。编码知识是指那些已被或能

① 王伟光．中国工业行业技术创新实证研究［M］．中国社会科学出版社，2003.

② ［英］马克斯·H. 博伊索特．知识资产：在信息经济中赢得竞争优势［M］．上海世纪出版集团，2005：2～5.

被转化为各种符号的易于传递、复制和存储的知识，这种知识具有公共物品属性；隐含知识是指那些不可言传的，具有高度专有性的技术知识，例如诀窍或技术秘密。Antonelli（1999）集诸多经济学家研究之大成，提出了一个技术知识模型。他认为，厂商所使用和所创造的技术知识有四种不同形式和四个不同过程：知识包括隐含的、编码的知识，也包括内部的、外部的知识。这四种类型知识相互作用形成了内外部隐含知识和内外部编码知识，其中每一个元素和过程都是互补的和不可或缺的。其中，内部隐含知识通过“干中学”和“用中学”产生，外部隐含知识是通过社会化、非正式交换而获得，它实际是创新主体将技术外部性内部化；内部编码知识是正式 R&D 活动的结果；外部编码知识是通过对技术信息的重组来完成的，这些信息与其最初起源相比，被重组和应用到不同的环境中。通常外部编码知识的获得有赖于 R&D 实验室以及不同厂商间的正式合作，或者厂商与大学的合作。隐含知识是获得、学习新编码知识的必要条件，编码知识可以通过研究者之间直接的、紧密的关系而获得；外部编码知识有助于知识重组过程，外部隐含知识需要以内部知识为基础。

Cohendet 等（2000）依据 Nonaka 和 Takeuchi（1995）的知识转化思想和知识转化模型，分析了企业知识创造过程（见图 1－2）。在图 1－2 中，合并是指编码知识（显性知识）转化为新形式的编码知识；内部化是指某种显性知识转化为隐含知识的过程；外部化是指某种隐含知识通过理论、概念、模型等转化为显性知识或编码知识的过程；社会化是指某种组织过程，在这种过程中，某些个体所拥有的隐含知识以隐含形式转移给与他们相互合作的人。图中的每一种转化形式就是一种组织知识创造和转移的途径。

图 1－2　知识转化类型

资料来源：Nonaka（1995）.

自产业革命以来，知识生产组织经历了四种程式化的模式（Stylised Modes）：企业家、机构多样化、纵向一体化和技术合作。尽管上述四种组织形式存在着时间上的继起性和相互替代性，但是它们在不同国家和产业中仍然发挥着重要作用。激励结构、资源可用性、新知识生产中的私人效率，以及以知识产权和模仿障碍形式体现的传播能力等，影响着不同组织形式的社会效率（见表1-1）。在全球化的世界中，企业的快速反应能力、持续开发新产品和改进产品的能力，不仅决定了企业是否能够快速而有效地满足市场需求，也决定了企业能否生存下去①。

表1-1　知识生产组织和知识替代

	激励	资源可用性	私人效率	传播：接纳能力和连通性	传播：垄断租金的期限	适用范围*
企业家精神	5	1	1	3	2	小企业工业区、基于技术专业化的产业
机构多样化	5	1	1	3	1	根本性技术，如生物技术、科学园区
纵向一体化	4	4	5	2	3	大型企业
技术合作	3	4	5	3	2	基于ICT的产业
专业化	4	4	4	5	1	

注：*为本书作者所加；1~5代表重要程度由弱到强。

资料来源：Antonelli（1999）.

知识创造活动与技术创新互相促进、互相制约。如果把技术创新看作是一种重要的知识创造过程，那么，技术创新就是知识创造主体在一定的环境条件下，充分创造、利用和扩散组织内外两种技术知识的一系列活动的综合，也就是可以将知识创造活动视为技术创新的一种特点或重要来源。事实上，知识创造和技术创新具有很多相同之处，但是两者强调的重点并不一致。知识创造是指一般知识的生产、利用和扩散，而技术创新是指一些具有社会经济价值的特殊知识的生产、利用和扩散。在技术创新过程中，一方面要利用、吸纳已有的一般知识，同时也会扩大一般性知识的原有基础，从而为未来的技术创新提供必要的知识储备或积累。随着知识在现代生产系统的作用不断增强，知识创造就成为企业维持、提升其竞争力的关键。因为，在以知识为基础的新经济和全球化浪潮中，企业竞争的利刃不再是成本节约，而是企业家租金的生产。后者可以通过各种能力来实现—生产工艺创新；以新的、非惯常方式接近新的有差别的市场；或者生产新的、改进的或重新设计的产品和服务。作为一种知识创造过程，技术创新组织与

① ［瑞典］霍刚·吉吉斯．变化中的北欧国家创新体系［M］．安金辉，南南·伦丁译，知识产权出版社，2006：26.

一般知识生产组织有许多相近之处，但是也有许多自身的特点。技术创新的这些特点在各种创新模式演化中得以充分体现。

（二）技术创新模式演化

早在19世纪末，人们就开始把R&D视为技术创新的主要源泉，并把它与基础研究一起看作是促进科学发展的主要动力。1883年，发明家兼企业家冯·西门子指出："一个国家的工业，如果不同时处于科学进步的前列，将永远不能取得统治地位。先进的科学是促进工业发展最有效的手段。"（冯·布朗，中译本，1999）1870年德国工业企业率先在内部建立了R&D机构，有力地推动了产品创新和过程创新，使染料产业成为第一个实现技术创新成果商业化的行业（Beer，1959），德国化学工业的成功导致其他国家的同类企业纷纷效仿。起源于化学和电气工业的专业化R&D实验室，在19世纪末20世纪初已经广泛存在于大部分制造企业。因此，Freeman（1995）指出"19世纪最伟大的发明是发明方法本身"。

在20世纪前半叶，政府科学技术政策的主导思想深受简单的线性模式驱使。例如，布什曾经宣称"一个在基础科学新知识方面依赖他人的国家，将减缓它的工业发展速度，并在国际贸易竞争中处于劣势地位"（司托克斯，中译本，1999）。在这种思想的影响下，原子弹的出现不过是一种链式反应（Chain Reaction）的结果而已：基础物理学→在大型实验室中进行大规模开发→应用和创新。在这个历史时期，R&D系统被看作创新之源，创新的线性模式颇为流行。

在线性模式的创新中，创新型企业家是整个创新过程的主角。只要有价值的技术比较简单，早期的创新模式和组织类型就可以由线性模式来表示。这一模式很适合于大型生产的组织模式以及诸如国防、空间技术等研究项目。线性创新模型缺点也是显而易见的：没有反馈线路（不包括销售数据、个体用户、评估竞争地位等一系列反馈信息）；削减了过程创新的重要性，而后者在连续的生产过程中是相当重要的；没有考虑技术创新组织的复杂性。在技术、需求以及其他环境不断演化的过程中，成功的技术创新需要用户、供给者、装配工与制造、设计、R&D、营销和服务等环节紧密地联系起来。能反映这种创新要求的模式就是"链环"模型和"并行"（Concurrent）模型。虽然"链环"模型对线性模型予以了改进和发展，但是它忽略了创新整体过程中的许多细节和丰富的多样性。相比而言，"并行"模型更能适应现在各种复杂性的需要。Rycroft 和 Kash（1999）认为，在这种新的环境和新创新模型中，网络自组织（Network Self－organization）和网络学习（Network Learning）尤为重要。自组织型网络的出现，是由于原来简单的、刚性的、科层制的组织结构和过程不能为复杂的技术创新提供必要支撑。

在对历史文献进行"创新"的基础之上，Rycroft 和 Kash（1999）把创新分

表 1－2　知识经济时代的技术创新与学习

学习种类	学习来源	学习种类	学习来源
干中学	内部生产实践	从溢出中学	无意露出或有用知识的有意交换
用中学	用户经验和能力	合作中学	合作关系
从科技进步中学	监视和预测科学技术的新发展	从形式化的质询中学	研究与开发

资料来源：Wendy Faulkner（1994）；Franco Malerba（1992），转引自 Rycroft 和 Kash（1999）.

通过上述分析可知，与知识创造密切相关的技术创新过程主要包括两种类型的学习①：企业内部学习和外部学习。Rothwell（1992）把技术创新视为一种技术诀窍的积累过程，在这个过程中，学习具有重要意义，并把学习分为内部学习和外部学习，其中内部学习的源泉主要有：R&D、试验、生产、失败、纵向一体化和项目；外部学习的来源包括：供应商、主要用户、横向合作、科学技术基础结构、文化、竞争者、反求工程、培训新员工以及服务等。就企业内部而言，Andreu 和 Ciborra（1996）认为有三种层次的学习可以产生“新能力”。一是惯例化的学习，存在于标准资源利用和工作效率提高的过程中。这种学习过程具有很强的技术特性，特指那些新的专有技术的购买，如质量检验或系统市场研究的技术（Child，1997）。二是能力学习，存在于“以隐性惯例形式将新业务流程内部化”过程中，它指系统层面新经验与组织惯例的结合。三是战略层次，包括核心能力的出现。

在企业内部学习中，正规教育培训和正式的 R&D 活动是创新的重要来源。熊彼特认为创新主要产生于大型私人企业的内部 R&D 活动，而中小企业、政府实验室、大学、国有企业的作用位居其次；Niosi 等（1993）也认为 R&D 组织所进行的有意识、有目的的创新活动很重要，而正常生产活动中可能或不可能发生的各种创新活动，对经济活动的影响较小，这部分知识常以“诀窍”形式加以保护，很少在生产系统中扩散。因此，企业内部学习过程包括创新系统中的不同主体和机构，工程师、销售人员以及其他作业工人的日常活动都是创新的重要来源。这些日常活动包括提高生产效率的干中学，提高复杂系统利用效率的用中学，以及用户与生产者之间的交互式学习。

创新的系统方法认为，企业有许多技术开发活动是存在于正式的 R&D 之外的。创新的出现与科学可能性、知识的产生与扩散密不可分，也与各种知识“转化”为新产品和新工艺的过程息息相关。但是，“这种转化绝对不是简单的线性模式……而是具有多种特征的、复杂的反馈机制和科学、技术、学习、生产、政

① 如果把企业视为知识创造的主体，知识创造过程也包括这两种类型的学习。

策和需求相互作用”的一种过程（Edquist，1997）。这表明企业不可能独立进行创新，必须与其他组织进行广泛的合作，以获得、开发、交换各种知识、信息和其他资源。与企业合作的组织包括：其他企业（供应商、用户、竞争者）、大学、研究机构、投资银行、学校、政府部门等。创新主体与其他组织或机构之间的合作关系构成了创新单位的外部学习过程。

二、创新经济时代的产业演化

（一）产业演化中的创新模型

作为知识经济时代显著标志的技术创新活动，几乎贯穿于产业发展的始终。产业成长一般要顺次经历萌芽期、扩张期、成熟期和衰退期，每个阶段技术创新的特点和作用都不尽相同。创新经济学家 Utterback（1993）对美国汽车、打字机、自行车、缝纫机、TV 和半导体等产业的研究发现，20 世纪前半段创新模式的特点是演化（Evolution）。早期的根本性产品创新（Radical Product Innovation）产生许多新进入者，导致多种竞争性产品设计。其后，过程创新以及生产规模的扩大将促使某种主导设计（A Dominant Robust Design）方式的出现，使产业组织出现变化，最后以一种寡占的市场结构而告终。渐进式/增量式创新（Incremental Innovation）随后将在产品创新和过程创新中占据主导地位。这种创新与产业演化的模式是由 Abernathy 和 Utterback 率先提出来的。他们根据主要（重大）创新比率（Rate of Major Innovation），把产品创新（Product Innovation）和过程创新（Process Innovation）划分为流动、转换和特性三个阶段，每个阶段的主导创新类型、创新源等都有很大的差异，从而深刻地揭示出技术创新与产业成长的关系（见图 1－4），这就是非常著名的 A－U 模型。

在 A－U 模型中，企业的创新速度与其规模相关，与产品或产业生命周期息息相关。在导入阶段，创新潜力巨大，企业资源少、规模小、产量小，产品和过程创新速度快。在成长（扩张）阶段，随着产品越来越便宜和越来越具有吸引力，对这种产品的需求上升，生产规模和企业规模随之扩大，这是产品生命周期中的增长阶段。只要开发出大规模生产的专有设备并使用它，就可以迅速降低这种产品的单位成本，进入“良性循环”阶段：“价格进一步降低—需求扩大—产出扩大—价格再降低”，这时生产者将发现“动态的规模经济”（Dynamic Economies of Scale）。在成熟期，随着需求数量持平或者逐渐下降，增长期随之结束。这一阶段有两个特点：①规模不断扩大的企业生产出大量的产品；②产品创新较少，原因是最初的产品改进潜力几乎耗尽。面对 R&D 投入效率低以及需求停滞或下降，成熟产业中的大企业将采取防御措施：增加 R&D 经费，加大广告宣传，

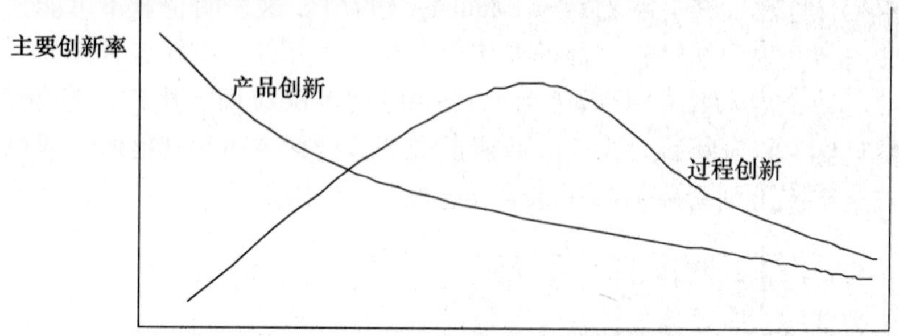

主导创新类型	产品主要变化频繁	增加产量要求主要工艺变革	产品、工艺数量增加，生产率、质量得到改进
竞争重点	功能产品	产品差异	成本节约
创新源	客户需要，客户的技术投入	扩张内部技术能力带来的机会	降低产品成本和提高质量的压力
产品线	多样化，常包括习惯性设计	至少有一种稳定的产品设计，以保证足够的产品量	多为无差异的标准化产品
生产工艺	灵活而无效率，易发生主要变化	刚性加强，在主要阶段发生变化	有效、资本密集、刚性；变革成本高
设备	通用性，需要高度熟练的工人	某些子工艺自动化，即局部自动化	专用性，多数监督和控制任务实现自动化
材料	通用	专用（来自于某些供给者的需要）	专用；若不可获得，将进行纵向一体化
工厂	规模小，接近用户或技术源	通用，但有专业部门	规模大，特定产品高度专业化

图1-4　产业演化过程中的创新动力学模型

资料来源：Abernathy 和 Utterback（1978），转引自 Freeman 和 Soete（1997）。

开发远距离的市场，寻求消灭产业中的其他生产者（Gomulka，1990）。由此可见，基于A-U模型的产业生命周期的理论基础是：市场是流动的；产业中有大量的小企业；进退自由；创新的焦点和企业创新类型一直在变化。这表明大企业将随时间推移而占据主导地位，因为它们在大规模生产和过程创新方面具有很大优势，其创新活动主要集中在创新过程的中后期，特别是后期。相比较而言，在震荡激烈的产品创新初期，小企业则纵横天下。

（二）基于技术体制（TR）的两种产业创新模式：熊彼特模型Ⅰ和Ⅱ①

国外还有学者积极沿袭熊彼特思想，从工业技术创新的积累性和成长性角度，对产业创新模式进行了深入研究，区分了两种类型的熊彼特产业，即熊彼特Ⅰ和熊彼特Ⅱ型产业②。他们把 A－U 模型与熊彼特创新模型Ⅰ、Ⅱ结合起来，并从技术体制（Technological Regime）决定因素的角度对产业创新模式进行分析。依照 Malerba 和 Orsenigo 等人（1990，1993，1994，1997）的思路，熊彼特创新模型Ⅰ和Ⅱ具有明显不同的技术体制（TR）特点。

熊彼特模型Ⅰ的 TR 特点是：高机会、低独占和低积累（企业层次），这导致创新活动集中度较低，创新者数量多，进入比率高，以及创新者结构不稳定。在熊彼特模型Ⅰ中，存在大量创新者，搜寻活动能够大幅度提高企业竞争力，但是创新者不能确保其创新利润的独占，也无法在市场上创造出持久的主导地位。企业层次积累水平的限制不仅使其创新优势荡然无存，而且也为模仿者和新创新者的进入留下了空间，这种低机会条件又强化了熊彼特模型Ⅰ。

熊彼特模型Ⅱ的 TR 特点是：高机会、高独占和高积累（企业层次）与创新的高集中度相关，但同时也伴随着其他一些特点：创新者数量少，进入比率低，以及创新者结构相对稳定。在熊彼特模型Ⅱ中，过去的技术能力积累相当重要，成功的创新者能够快速获得巨大的市场份额，并保持一段时间；从长期来看，这种过程将会限制创新者的数量。此外，技术积累水平低，创新者数目的决定力量在部门间会呈现出高度不稳定性，有利于降低新的潜在创新者的进入壁垒。

与熊彼特创新模型Ⅰ、Ⅱ的 TR 相对应，熊彼特Ⅰ型产业的特点是“创造性破坏”，技术上进入壁垒低，企业家和新厂商在创新活动中处于基础地位，创新集中度低，小企业重要，是一种广度创新。也就是具有新思想和创新意识的企业家进入市场，建立企业，挑战原有企业，并不断地破坏原有的生产、组织和分销等方式，进而消除初始创新者的“准租”。相比较而言，熊彼特Ⅱ型产业则以“创造性积累”、大企业优势、存在进入壁垒等为显著特征，是一种深度创新。换言之，大企业具有某些专有技术领域的知识积累，在 R&D、生产、分销及其相关金融资源等方面的能力很强，现存的大企业能够为新企业家和小企业设置进入壁垒（Breschi 等，2000；Malerba 和 Orsenigo，1997）。

（三）产品生命周期与市场结构变化

Abernathy 和 Utterback（1975）的产业演化与创新模型，隐含着产业组织

① 一种是《经济发展理论》（1934）中的熊彼特模型Ⅰ；另一种是《资本主义，社会主义和民主》（1942）中熊彼特模型Ⅱ。前一种模型重视新兴小企业的作用，后一种强调大企业在创新中的重要作用。

② 其中，Breschi 和 Malerba（1997）根据前人研究成果，把 SIS（部门创新系统）分为五种类型：传统部门、机械工业和工业区、汽车行业、计算机主机行业以及软件、现代微电子行业和硅谷。

（或市场结构）与技术创新关系的内容，但是他们研究的重点是随着主导产品设计出现，两种创新（产品创新和过程创新）之间的替代关系如何变化。Klepper（1996）在 A－U 模型基础上，研究了进入、退出、市场结构和创新如何随着产品生命周期而变化。他的模型强调企业创新能力的差异，以及企业规模在独占创新利润方面的重要性，并考察了产业内企业规模与企业创新努力、创新生产率、成本和利润率之间的关系。Klepper（1996）的观点与技术上先进的产业如何从出生期演化到成熟期的思想基本相同。当产业是新的时候，进入者数量多，企业提供差异产品，产品创新比率较高，市场份额变化迅速。尽管市场不断成长，但是随后的进入数量减慢，退出超过进入，生产的数量发生巨大变化，产品创新速度和竞争产品下降，企业将更多的资源投入到过程创新，市场份额趋于稳定。这种演化模式被称为产品生命周期（PLC）。

第三节　知识经济下的技术创新与增长

一、从知识经济到创新经济

（一）知识与经济增长

随着知识技术信息作用的加强，知识经济对经济社会的影响日益显著。这种影响更多地体现在知识对经济增长的多层面作用上。许多发达国家的经济发展比以往任何时候都更加依赖于知识的生产、扩散和应用。知识经济时代的到来是社会发展的必然，这在很大程度上是基于知识创造、知识积累、技术学习的创新的作用，技术创新和科技进步对经济增长的影响越来越大。技术创新对经济的贡献率在农业经济时代不足 10%，在工业经济后期达到 40% 以上，到知识经济时代将达到 80% 以上。正是基于此，科学家和经济学家们都认为，如果说 200 年前工业经济开始替代农业经济，那么如今知识经济正开始替代工业经济，21 世纪将是知识经济时代①。然而，无论是实践上还是理论上，就知识和技术而言，许多学者一致同意把两者看作为知识经济增长的动力。这种动力效应的发挥，无外乎是通过知识创新、技术创新和以信息技术为代表的高新技术及其产业化来实现的。例如，20 世纪经济增长的一个主要特征就是创新和发明所发挥的作用，其表现是建立了大量的工业研究实验室以推动技术革新，设立了许多研究性的大学

① 杨崇俊．知识经济与信息技术．引自 http：//159. 226. 117. 45/Digitalearth/readingroom/primoriy/cjyang. htm.

以推动基础科学和应用科学的发展①。彼得·德鲁克曾说："知识生产力已成为生产力、竞争力和经济成就的关键。知识已经成为首要产业。这种产业为经济提供必要的和重要的生产资源"②。

在 Solow（1956）和 Swan（1956）的新古典经济增长理论中，知识的增长是由经济系统之外的力量决定的，均衡的人均经济增长率等于外生的知识增长率。Arrow（1962）对外生知识的假设提出了批评，进而指出知识的增长是"干中学"的结果，是由经济系统所决定的，使得人们对知识及其与经济增长关系的认识前进了一步。后来的新经济增长理论认为，新知识的产生是追求利润最大化厂商 R&D 投入的结果，R&D 成本等会影响到知识增长的速度，从而导致各国间经济增长速度的差异。此外，他们还非常强调知识溢出在经济增长中的作用③。如果从整个经济发展的历史来看，18 世纪以来出现的几乎所有的经济增长，最终都可以归功于创新④。

在新经济增长理论影响下，有人将知识经济称为"新经济"，但是其实质是一种创新经济，因为被创造出来的新财富的核心是创新带来的更大的变革加速度。而智力资本、不断进步的知识资源是创造新财富的核心。人造卫星、电信、生物技术、微芯片技术的进步、嵌入技术在生产中的应用、数字技术、光学技术以及在可再生能源的重大突破都是这个迅速变化环境中的组成要素。在创新经济中，上述技术的迅速革新已经开始为那些已经适应迅速变化的市场的商业企业和地区创造财富和经济优势了。这种现象或许就暗示着地区之间的经济优势和经济力量将会有革命性的转换。那些进入（也就是说，把在教育和人们的技能方面的投资当作财富的最大来源）创新经济的企业或地区将会繁荣起来。那些不开发人们智力资本的地区，他们的政府机构、工业企业、大学以及非政府组织都存在功能障碍，这些地区将会继续衰落⑤。

（二）创新投资与创新经济

创新经济实质上就是创新和经济的聚合体，包括两个方面的内涵，创新的经济活动——创新经济，经济活动的创新——经济创新。创新的经济活动是指一种有价值的新的经济行为；经济活动的创新是指在现有经济活动中，进行新营运模式变革（新元素的加入），使其产生附加价值。然而，不论创新经济或是经济创新，均是以创造价值为目的，这两类活动都是经济发展所必需的。以现代服务业

① 世界银行．1998/99 世界发展报告——知识与发展［M］．中国财政经济出版社，1999：22.

② 陈胜昌主编．知识经济专家谈［M］．经济科学出版社，1998：141.

③ 潘士远．知识、R&D 与经济增长［J］．浙江社会科学，2003（3）：35～40.

④ ［美］威廉·鲍莫尔．资本主义的增长奇迹［M］．中信出版社，2004：14.

⑤ Jeff Saperstein，Dr. Daniel Rouach. 区域财富：世界九大高科技园区的经验［M］．清华大学出版社，2003：2.

为例，其新增加值可以来源于两种渠道：一种渠道是发展新的服务业（创新服务业），例如包括技术研发服务业、设计服务业或是智权服务业等。这些服务业类型都是过去服务业分类中所不曾出现的，因此在整体服务业产品生命周期曲线（PLC）中属于起步阶段（Initial Stage）。另一种渠道是服务业创新，即通过新科技与新营运模式，让传统服务业增值与提升竞争力，而所谓的传统服务业即处于产品生命周期曲线中成熟期或是衰退期之服务类型①。

创新经济的成长，在很大程度上是由创新信息技术的大规模投资驱动的。在新一轮经济发展与经济竞争中，研究开发与投资、技术发展和创新成为许多国家保持经济增长，维持这些国家在知识经济中竞争力的重要因素。史无前例的科学技术进展正逐渐成为经济增长的基础，现代化将越来越依赖于信息和知识。美国重新夺回经济强国以及维持住领先地位，主要得益于信息技术的带动。例如，20世纪90年代中后期，网络经济的年均增长速度为213%，是同期GDP增长的60倍左右。创新技术的集合正在以前所未有的速度被世界各个地区引入并整合，这将使我们生活、工作以及与其他人相处的方式发生显著变化。它将为我们用新的方式创造地区财富提供机会，而我们却只是刚刚开始理解这种新的方式。近20年来，科技知识的知识产权通过专利、版权和其他一些新式法律保护形式，日益得到肯定和强化②。

知识经济当然不能局限于高技术领域，但数十年来，科技的确在推动整个经济上升的新兴部门，如制药和仪器制造、信息和通信技术、宇航、新材料中居于核心地位。制造、加工和传播知识与信息的工作越来越广泛地反映出这些变化。20世纪70年代开始出现这样的趋势，它不仅限于高技术、信息和通信部门，而且逐渐向整个经济扩散，带动整个社会向知识密集型活动转变③。创新经济或者知识经济在宏观层面表现为经济增长，在微观层面表现为企业生产效率的提高，在中观层面则表现为知识型产业的出现和产业知识化趋势的增强。

二、知识经济与经济增长

发达国家在历经工业化、后工业化时代，正在进入信息化、知识化时代，其经济结构尤其是产业结构出现了一些新变化，在传统三次产业的基础上形成了新的第四次产业——以信息技术为基础的高新技术产业为支柱的知识型产业。产业结构调整、优化与升级是经济转型、经济增长的重要途径和核心内容。

作为一种新型的经济形态，知识经济不过是初现端倪，人们对它的认识也将

---

① 资料来源：http：//cdnet. stpi. org. tw/techroom/analysis/pat_ A053. htm。

②③ 保罗·A. 大卫，多米尼克·弗雷．导论：知识社会的经济［J］．国际社会科学杂志，2003，2（20-1）．

有一个逐步完善的过程。然而，不容置疑的是，知识经济对产业及其结构的影响是相当深远的。相对于工业经济时代的钢铁、汽车、纺织等资本、劳动密集型产业而言，知识经济时代的知识型产业则具有知识技术密集的特点，而且知识型产业的高增长性、高渗透性、高扩散性、高效益性以及高的产业关联性，正在成为工业经济时代向知识经济时代过渡或转变的产业动力：一方面，知识技术产业化的趋向增强，知识产业在经济社会中的地位和影响持续提高和增强，推动产业结构升级；另一方面，传统产业在吸收、利用知识技术产业化的溢出效应同时，其自身知识化趋向也不断增强，加速了传统产业的改造、升级与换代，不仅扩大了自身的生存发展空间，提高了产业附加价值比率，而且传统产业技术基础的改善以及它对知识型产业的巨大需求，客观上有力地支持了知识产业的发展。这样，在知识型产业与传统产业相互促进、相互渗透的过程中，国民经济的产业技术基础将发生急剧变革，从而影响着社会生产、交换、分配以及消费等各个环节，这将为工业经济社会向知识经济社会的转变奠定基础，并促进这种转变过程。

三、知识经济时代的新一轮产业革命

知识经济时代的出现意味着一个新的经济发展周期。历史经验表明，每一次经济发展阶段的变化，都对应着一种新的科技基础和新的产业。进入20世纪以来，世界各国社会生产力和增长的差异，不再取决于其资源禀赋状况，而在于人力资本投资与积累，以及生产要素质量的提高。这标志着新一轮产业革命的酝酿与形成。新一轮产业革命是以生产、传播知识和信息的技术革命为初始基础。这些新技术最早出现于20世纪50年代，随着因特网的应用而迅速普及，潜力无穷①。

（一）现代技术发展日益重要

20世纪中叶，信息通信技术（ICT）的重大突破、快速更新及其扩散成为经济社会发展的主导力量，使人类社会发展正在告别传统工业化阶段而步入信息化时代。以生产、传播知识和信息的技术革命成为新一轮产业革命的基础。计算机、网络与通信技术的发展及其融合，产生了以信息技术创新群以及信息技术为主导的新产业群。在以信息技术为代表的技术创新推动下，灵活生产、清洁生产、电子商务、知识产权等新事物，深刻地影响着社会生产、交换、分配、消费等各个环节。信息革命引发的信息技术创新与扩散、发展与融合，为人类提供了社会和经济发展新的途径与技术范式。与此同时，整个世界也已经进入了新一轮

① 保罗·A. 大卫，多米尼克·弗雷．导论：知识社会的经济［J］．国际社会科学杂志．2003，2（20-1）．

经济发展周期，信息技术及其产业成为主导力量。经济史学家保罗·戴维发现，美国经济充分利用电气化的潜力整整花了40年（1880~1920年），他认为信息技术“可能类似这么长久”。如果将信息技术的大规模使用界定在20世纪90年代，照此推算，新一轮产业革命至少还可以持续20~30年时间，潜力无穷。经过20世纪90年代的辉煌发展后，目前信息技术正处于关键转折阶段，正在向更加成熟的发展阶段过渡，如何更有效地利用ICT或者促使ICT技术更大范围地扩散成为财富创造和社会发展的核心，这意味着地区之间的经济优势和经济力量将会有革命性的转换。那些能够重视知识资本战略价值并将它与本地经济有机结合的国家和地区将会繁荣起来，反之亦然。

（二）知识资本作用增强

在新一轮产业革命中，知识资本成为一种战略资源。纵观人类现代文明进程，各种资源及其组合一直是其发展基础。在工业化时代之初，土地、劳动力和资本是社会生产力发展的三个动力。到工业化中后期，科技成为推动经济发展的另一个新的动力源泉。随着信息革命影响的日益增大，教育、创新与软件等知识资本成为新一轮产业革命的重要基础性力量。世界各国社会生产力和增长的差异，不再取决于其资源禀赋状况，而在于人力资本投资与积累，以及生产要素质量的提高，正如诺贝尔经济学奖获得者贝克尔教授所指出的那样，当今社会进步主要“依赖于技术进步和知识的力量，但不是依赖人的数量，而是依赖人的知识水平，依赖高度专业化的人才”。所以，进入20世纪以来，教育、培训、研究开发、信息和协调等无形资产增长迅速，以及健康投资增长速度明显加快。多数OECD国家，专业和技术人员在就业总人数中的比例在20%~35%。20世纪70年代之初，美国上述无形资产投资所占比重开始超过基础设施和设备、自然资源等有形资产份额。另一方面，社会生产与协作对劳动者的教育水平与技术熟练程度提出了更高要求，劳动者就业机会与其受教育程度密切相关。例如，在OECD国家就业人口中，28.2%的就业者拥有高等教育学位，1997~2001年高校毕业生的就业人数以年均2%~6%的速度持续递增，其中受教育程度低的人平均失业率高达10.5%，而受过高等教育的人的失业率只有3.8%。

（三）知识型产业发展壮大

信息技术渗透国民经济各个部门，知识型产业成为国民经济的最重要构成部门之一。主导产业变化是国民经济社会发展的重要特点。在新一轮产业革命中，信息通信制造及软件等信息服务业逐渐取代传统的钢铁、石油化工、汽车等成为主导和支柱产业，使得整个国民经济结构呈现出“资源耗费少、资源效率高和新型服务业发达”的新格局。一些发达国家的经济发展比以往任何时候都更加依赖知识的生产、扩散和应用，与其他知识含量低的其他部门相比，计算机、电子和航天等知识高度密集产业的产值和就业增加得最快。1970～1993 年，OECD 国家的知识高度密集产品在制造业中份额翻了一番多，达到20%～25%；而教育、通信、信息等知识密集型服务部门发展更为迅速。据估计，主要 OECD 国家 GDP 的 50% 以上是以知识为基础的。

（四）传统产业知识化

在新一轮产业革命中，知识型产业与传统产业融合，信息通信技术在变革前者的同时又催生出一批新兴产业，如光学电子、医疗电子器械、汽车电子、航空电子等行业。产业部门结构的变化创造了更多的就业机会。2000 年，根据 21 个 OECD 国家的统计，ICT 产业占全部就业量的 6.6%。1995～2000 年，OECD 国家的 ICT 产业新增就业 300 多万人，平均年增长超过 4.3%，超过全部企业新增就业岗位的两倍多，ICT 服务是就业增长的主要动力，正在替代传统制造业成为创造新增就业机会的重要渠道。此外，在新一轮产业革命中，由于许多企业采用了网上销售方式，网上购物、电子支付等带来的便利和效率，既增加了价格信息透明度，又减少了信息搜寻成本，从而使得人们有更多的空闲时间用于学习与工作。

（五）政府积极推动

新一轮产业革命之所以能够发生于美国，政府发挥了积极作用。为了最大限度地利用信息技术，美国政府采取了一系列积极行动。1993 年美国政府制订并实施了“信息高速公路”计划，从宏观上勾画出美国信息技术产业发展的基本框架；1997 年克林顿政府签署了“全球电子商务框架”，明确了美国政府支持电子商务发展的原则和政策措施，并要求政府各部门在一年内制定相应的行动计划，从法律建设、市场开发、科技投入、人才引进等方面为互联网络发展营造有利环境。美国重新夺回经济强国以及维持住领先地位，主要得益于信息技术的带动。例如，20 世纪 90 年代中后期，网络经济的年均增长速度为 213%，是同期 GDP 增长的 60 倍左右。在美国信息产业发展的影响下，其他国家也在积极采取措施，以最大限度地利用新一轮产业革命所带来的新机会，抢占战略制高点。21 世纪初德国政府提出了“2006 年信息技术研究计划”，其目的是提高科学、研究和技术发展的质量，并拓展德国作为国际伙伴和竞争者在信息技术研究中的作用，为维持和创造工作岗位打下基础。爱尔兰在 2000～2006 年国家发展计划中明确指出，科研、技术发展和创新确是保持经济增长，维持其在知识经济中竞争力的重要因素。

（六）亚洲地区孕育着巨大成长机会

可以把基于 ICT 的新一轮产业革命大体区分为两个阶段：第一个阶段是在 20 世纪 90 年代之前，晶体管和微处理器是主导技术力量，产生了微电子、计算机、程控交换机、空间通信、移动通信、外部设备、多媒体、信息服务等产业；另一个阶段是20世纪90年代之后将进入以通信宽带（网络技术）和软件为主导技术的新一阶段。在第一个阶段基本上以美国为主导，第二个阶段多元化格局初步形成。美国、欧洲、亚洲一些国家的ICT产业实力日益接近，而且亚洲有可能成为ICT生产与应用的新中心。20世纪90年代进入高潮的新一轮产业革命正在以前所未有的速度改变着整个世界的资源配置方式，并对我们的生活、工作以及与其他人相处的方式产生着显著影响。史无前例的科学技术进展正逐渐成为经济增长的基础，现代化将越来越依赖于信息和知识。能否抓住机遇，实现一个民族的伟大繁荣与振兴，关键取决于能否制定一个充分利用新一轮产业革命机会的战略，取决于能否对下一轮产业革命科技基础的构建与强化①。

① 王元，程家瑜，王伟光，孔欣欣．科技部研究中心调研报告，2005（8）．

第二章　社会网络、产业集群与创新集聚

知识经济的发展不仅使得产业发展的动力出现了新变化，也使得经济增长与产业发展的组织方式出现了新特点。作为一种产业成长过程中的新型组织方式，产业集群的兴起、发展、成熟及衰退与区域经济发展的稳定、持续与波动周期存在很强的相关性，它正在成为经济增长与社会进步的一个重要组成部分。产业集群的形成是多种因素共同作用的结果，影响企业进入市场的政策因素、有效的技能、完善的基础设施、适宜的区域社会关系网络、良好的制度安排等因素，在产业集群形成与发展过程中发挥着不同的作用。以美国硅谷为代表的高新技术产业集群就是一个典型的例子。

20 世纪 50 年代，斯坦福工程学院的特曼提出，在斯坦福没有利用的一块区域设立一个工业园区，这就是美国硅谷的雏形。20 世纪 70 年代，由于苹果公司的个人计算机的发展以及后来网络经济的发展，为硅谷注入了新的活力。诺贝尔经济学奖得主加里·贝克尔认为，硅谷的发展主要得益于名牌大学、灵活的劳动力市场和金融市场以及消除官僚主义障碍四个要素的综合作用。硅谷的发展在很大程度上是因为该区域形成的一种独特的初创企业文化，吸引着世界各地的优秀人才。

21 世纪初，由于网络神话的破灭，硅谷许多外国员工开始回到祖国。随着人才的国际流动，许多国家或地区也开始复制硅谷文化，产生了一系列新的“硅谷”。这种基于人才转移的创新、创业文化扩散，使得信息技术外包业务异常活跃，同时许多地方性的政策优惠，也使得多样化的高新技术产业基地或产业集群不断出现和发展壮大，客观上促进了高新技术知识的流动和高新技术产业分工的深化，形成了多个新的区域财富创造中心。

第一节　产业集群的基本内涵

基于企业集中、市场集中与要素集中的企业集群和产业集群不是一蹴而就的，而是一个复杂的系统演化过程，需要经过萌芽、发展、成熟与衰退等阶段，

在不同阶段，各种因素的作用及作用强度会存在一定的差异性。在某些时空条件下，当这些要素不经意地“偶然”地集中作用于某个区域的某个产业时，或者某个区域的某个产业有效地将那些资源聚集与整合于内部生产、交换等分工协作体系时，产业集群就会因之而生而发展。

随着经济全球化和国际产业资本转移的发展，区域产业竞争力的强弱越来越取决于该地区产业集群发展的程度。产业集群、产业竞争力和区域经济发展日益密切。一个地区或一个国家的经济能否持续发展，除了自然资源、劳动力、技术等要素之外，产业组织方式也是一个重要条件。作为一种产业成长过程中的新型组织方式，产业集群的兴起、发展、成熟与衰退，正在与区域经济发展的稳定、持续与波动高度相关。美国硅谷的 IT 产业、意大利北部的皮革加工业、德国南部的汽车制造业等地的产业集群成为许多国家和地区竞相模仿的典型。改革开放以来，特别是 20 世纪 90 年代以来，以“一镇一品”、“一县一业”、“块状经济”为特征的高度专业化的产业集群，成为我国珠三角、长三角等沿海经济发达区域经济增长的主要动力，并显著提高了区域的综合竞争力。

一般而言，产业集群主要是指某一区域的产业集中现象。它是经济地理学、管理学、社会学等理论的重要研究内容。现在，创新经济学、制度经济学、竞争经济学等一些“新”理论也开始关注这一问题。到底何谓产业集群，不同学者有着不同的看法（见表 2－1）。在克林斯简明辞典中，集群是“一定数量的紧密生长在一起的同类事物——人或者事物——的聚集”（Collins Concise Dictionary，1990）①。派克（F. G. Pyke）等人虽然也将产业集群视为企业的区域集中现象，但是他们更加强调某一产业内企业的生产集中，并强调了这种集中的地方性。J. A. Rolelandt 和 Pim den Hertog（1998）从产业集群的功能角度对产业集群做出

表 2－1　各国学者对产业集群本质的理解

国家	对产业集群的理解	国家	对产业集群的理解
美国	供应链网络和生产网络	德国	相似公司的聚集和创新模式
加拿大	创新系统	意大利	产业知识流
澳大利亚	创新的网络和生产网络	墨西哥	创新系统
法国	由知识链连接起来的独特组合	荷兰	价值链和生产网络
爱尔兰	价值链	英国	区域创新系统

资料来源：许庆瑞，毛凯军．试论企业集群形成的条件［J］．科研管理，2003（1）．

① 转引自聂鸣，李俊，骆静．OECD 国家产业集群政策分析和对我国的启示［J］．中国地质大学学报（社科版），2002（1）：40～43.

如下定义：为了获得新的互补技术，从互补资产和知识联盟中获得收益，加快学习过程，降低交易成本，克服或构筑市场壁垒，取得协作经济效益，分散创新风险和相互依赖很强的企业、知识生产机构、中介机构和客户通过增值链相互联系形成的网络。此外，由于产业集群具有不同的层次，每个层次的集群概念和分析重点各不相同（见表2－2）。

表2－2　产业集群的层次

分析水平	集群概念	分析重点
宏观层次（国家）	经济结构中产业关联度	国家/地区的专业化模式；大量的产品和工艺升级和创新
中观层次（产业）	在相似最终产品的产品链上不同阶段的产业内和产业间关联度	产业的SWOT分析和基准分析
微观层次（企业）	企业间关联：专业供应商集中在一个或几个核心企业周围	探索创新的需求；战略性业务发展；链的分析与管理；合作创新项目开发

资料来源：Roelandt等（1997），转引自陈剑锋，唐振鹏．国外产业集群研究综述［J］．外国经济与管理．2002：22～27.

学界普遍认为波特对产业集群的定义比较有代表性。根据波特的定义，集群是指在某一特定领域内相互联系的，在地理位置上集中的公司和机构的集合。它包括一批对竞争起重要作用的、相互联系的产业和其他实体，例如，零部件、机器和服务等专业化投入的供应商和专业化基础设施的提供者，向下游延伸至销售渠道和客户，从侧面还可扩展到辅助性或互补产品的制造商，以及以技能技术要素投入的相关产业公司。此外，还包括专业培训、教育、信息研究和技术支持的政府和其他机构，如大学、标准的制定机构、智囊团、职业培训中心、各类中介性组织和贸易联盟等①。

产业集群、产业集聚和产业集中是分析产业成长过程中区域分布的几个重要概念，它们之间既相互联系，又有一定区别。产业集中是指国民经济部门中少数几个至关重要的产业所处的经济、社会地位，这种影响可以通过最大的几个产业在国民经济中所占的产值份额、就业份额等指标来反映，这些指标的数值越大，表明这些产业的地位越重要，影响也越大。通常，不平衡发展是一个国家或地区经济社会发展的常态，是实现均衡发展目标的重要途径。所以，一定时期内，许多国家或地区的经济社会发展总是得益于几个产业的快速发展，也就是通过一定

① 迈克尔·E. 波特．簇群与新竞争经济学［J］．郑海燕译．经济社会体制比较，2002（2）．

的产业集中实现的。当然，这种集中要通过一定的区域集中，也即是少数几个产业集中在少数几个地区体现出来。因此，产业集中有两个基本含义，一个是国民经济中的产业集中，另一个是这些产业的区域集中。对于后一个层面的集中，可以视为产业集聚——地理邻近的产业生产单位、服务单元，借助于劳动力市场、产品市场和专业化分工，实现规模经济和范围经济的一种经济现象。随着上述关系与集聚的交互影响，某一区域某一产业的横向、纵向分工将进一步深化，或者以该地该产业为主导力量，在全国、全球范围整合该产业价值链，或者为全国或全球产业中的主导企业提供高度“专业化”的配套产品或服务，并形成一种能够自我循环发展、自我强化发展的区域产业发展模式，这时的产业集聚就是产业集群。产业集中、产业集聚和产业集群之间大体存在着顺次发展的过程，但三者之间的时间继承性可能不十分明显，也可能在同一时间发生。三者的共同点在于产生于同一空间区域①。

第二节　区位因素、知识溢出与产业集群

一、区位因素

区域集中是产业集群的现象和主要特点。根据波特（1998）的定义，企业群是在一个特定区域内一群相互联系的公司和各种组织在地理上的集中。一个标准的企业群具有如下几个特点：空间上的接近——企业之间相距 1 千米（市中心）到 500 千米不等，平均每平方千米有 50 家企业左右②；从事同一个产业的生产和经营活动，或者提供辅助性的生产和经营活动；横纵向分工发达，是一个密集的社会协作网络等。传统观点认为，包括运输费用、关税及非关税壁垒、生产标准、文化差异等在内的运输成本与经济活动的集聚程度之间存在着关系：运输成本低于某些临界值，集聚现象便会发生③。但是，技术创新、市场规模、生产要素流动性等也将对产业集聚产生影响。上述因素在不同类型产业集群的不同发展阶段所发挥的作用可能存在显著差异。

弗里德曼的《区域发展政策》提出了“中心—边缘理论”用以分析不同经

---

① 多数学者认为，产业集群与聚集经济在概念上并无多大的区别。参见徐康宁．当代西方产业集群理论的兴起、发展和启示［J］．经济学动态，2003（3）：70～74. 在本研究中，如果不特别说明，产业集聚、产业集群的意义大体相同，而产业集中则是产业集群和产业集聚的一种突出表现。

② 范柏乃．城市技术创新透视——区域技术创新研究的一个新视角［M］．机械工业出版社，2004：42.

③ 藤田昌久，雅克·弗朗克斯·蒂斯．集聚经济学［M］．西南财经大学出版社，2004：7.

济发展阶段的区域空间结构演变规律。一般地，在若干区域之间，会因多种原因个别区域首先发展起来而成为“中心”，其他区域则因发展缓慢而成为“边缘”。中心与外围之间存在不平衡的发展关系：中心居于统治地位，外围处于从属地位。依据经济权力、技术创新、生产活动等集中优势，中心不断从外围获取剩余价值，从而使中心的地位进一步强化。其中，中心的发展与创新具有很强关系，中心的创新需求往往较大，创新反过来又增强了中心的发展能力和活力，并在外围的扩散中强化了中心的主导地位。这一过程的产生与六个自我强化、反馈的效应密切相关，包括主导效应、信息效应、心理效应、现代化效应、连接效应和生产效应①。包卿、陈雄、朱华友（2005）利用弗里德曼的“中心—边缘理论”对“高端道路”、“低端道路”两类产业集群及其演变作了分析。

发达国家因为创新、快速市场反应等优势处于“中心”地位的“高端道路”，而发展中国家则处于“外围”的“低端道路”。如果地方性的“外围”产业集群能够依托自身优势，创造性地学习，并从纵向产业分工逐步转向横向分工，或者在某一环节深化分工，均有可能成为有竞争力的具有高附加值的新“中心”②。在“中心—边缘”的动态演进过程中，前两个阶段的“中心”未发生根本性改变，仍然在整个产业价值链中居于主导地位，两者基本以纵向分工为主，边缘处于从属、模仿地位。第三个阶段是过渡阶段，“中心—边缘”既合作又竞争，是新一轮“中心—边缘”力量的平衡过程甚至替代过程，这一过程的长短和能否顺利过渡为第四阶段，取决于“中心”资源要素聚集与专有知识的优势持续时间，以及“边缘”专有知识形成与扩散的时间之间的比较。两种力量究竟是“此消彼长”，还是“和平共处”，除了一些基本要素的影响外，地方化知识基础以及地方政府也起着延缓或加速的作用。

二、知识溢出

当知识外部性对生产区位空间集中的程度具有重要影响时，就需要引入更多的因素。Krugman（1991）指出，生产区位地理集中的程度是由运输成本决定的。运输成本与运输的平均距离成反比变化，运输成本越高，生产的地理集中程度越低。最近的一些研究认为，产业群聚取决于两种主要因素：一是生产区位的地理集中程度，有些产业之所以较其他产业更倾向于地理集中，是因为其生产区位的集中（Jaffe 等，1993）；二是知识溢出在产业发展中所起的作用，只有在那些直接生产知识投入最多的产业，或者那些知识溢出效应较大的产业中，创新活

① 李小建．经济地理学［M］．高等教育出版社，1999：223.

② 参见包卿，陈雄，朱华友．核心—边缘理论在地方产业集群升级分析中的应用初探．顾强．中国产业集群（第2辑）［M］．机械工业出版社，2005：104～110.

动才会存在地理上的集中。

任何一种经济的竞争力都是根植于不同地方企业竞争力综合与集成，设计、生产、营销等方面的本地化特点和能力，有赖于一些地方化的因素，如地区的基础设施和建设环境、本地可获得的自然资源、地区的专有制度禀赋，以及本地可以利用的知识和技术等。新经济地理学认为，相关厂商的聚集有利于知识创造，因为聚集（空间）能够减少交易成本，增加收益，获得聚集经济。当然，这种聚集经济的作用还有赖于本地环境的影响。本地环境是以共同的行为经历和技术文化等为基础的①。例如，Maillat（1996）非常强调，某地区经济、社会文化、政治、机构参与者之间的相互作用构成了一个本地化的网络，这种复杂的关系网把厂商、用户、研究机构、学校体制、本地官方相互紧密地联系在一起，这种网络为参与者提供了一种良好的集体学习环境②。从知识流动看，这是一个知识转换与交易网络，从产业关系看，这种创新网络则是产业集群成长与发展不可或缺的要素，并随着集群的发展不断刷新与升级。创新网络是一个由区域内各参与要素之间的相互作用和相互联系所形成的具有创新和各种特征的制度安排。创新知识的生产、传播、渗透及不同要素之间的交互作用是网络得以存在与发展的重要标志③，一些不可编码的隐含知识在很大程度上依赖于创新网络（Lundvall 和 Sydow，1992）。

知识溢出存在着空间集中的特点，当获得知识溢出的能力与知识源泉的远近存在密切相关关系时，就存在地理集中的趋势，尤其在那些知识溢出重要的产业中更是如此。一个运行良好的产业集群，其内部企业之间以及科研机构和大学之间通过人员交往、项目合作等方式，可以共享知识溢出效应。产业集群中的创新集聚，在很大程度上受制于路径依赖的影响。路径依赖意味着过去的决策和经验会对未来产生影响。根据 Rycroft 和 Kash（1999）的思想，路径依赖至少包括 5 种来源：文化，组织学习，技术兼容性（Technological Compatibility），标准制定过程（Standards - setting Processes），产业战略和公共政策。以网络学习与路径依赖的关系为例，两者存在着相互强化的关系，与现有技术和市场保持密切联系的网络将有助于增强企业的学习能力，同时强化现有技术路径（见图 2 - 1）。

---

① 根据 Coffey 和 Billy（1996）的观点，技术文化是指开发、储存、传播知识、技术诀窍、标准和价值的一种方式，它与某种经济活动联系紧密。参见 Peter Maskell and Anders Malmberg, Localised Learning and Industrial Competitiveness, Cambridge Journal of Economics, 1999, 23, p. 174.

② Peter Maskell and Anders Malmberg, Localised Learning and Industrial Competitiveness, Cambridge Journal of Economics, 1999, 23, pp. 167 - 185.

③ 范柏乃．城市技术创新透视——区域技术创新研究的一个新视角［M］．机械工业出版社，2004：45.

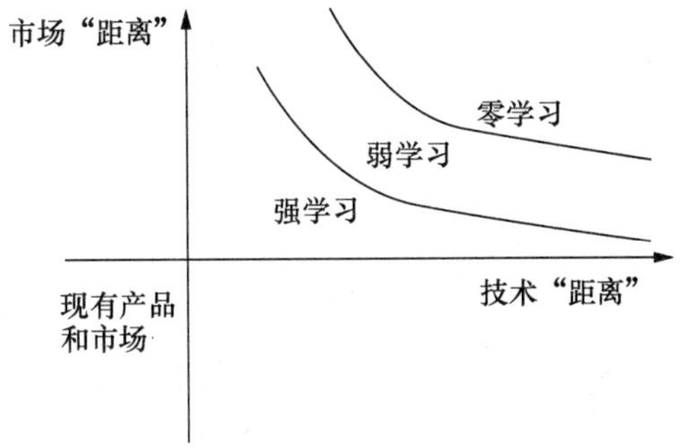

图 2－1　网络学习和路径依赖

资料来源：David J. Teece，Richard Rumelt，Giovanni Dosi，and Winter（1994）.

由上述分析我们可以发现，产业集群一般要顺次经过初始阶段、成长阶段、成熟阶段和衰退阶段，不同国家的产业集群在不同发展阶段将表现出不同的特点，这些特点与产业集群的不同构成要件之间形成了复杂的互动关系。表 2－3 中所列的各种关系与归类只是代表了产业集群的一般特征，由于产业集群的类型或者分类不尽相同，其内部关系以及各种要素的作用程度将存在一定的差异。在产业集群发展的不同阶段，其作用的关键要素也在交替变化，从简单生产要素转向复杂生产要素，从自然资源、劳动力、投资驱动转向创新驱动是这些要素变化的重要特点。

表 2－3　产业集群动态演进的支撑要素

支撑要素		初始阶段	成长阶段	成熟阶段	衰退阶段
资源要素	自然资源	重要	重要	很重要	重要
	土地成本	低	上升	高	高
	运输距离	很重要	很重要	重要	一般
	劳动力流动性	大	很大	很大	大
	技能（劳动者素质）	一般	高	高	一般
	资金来源	个人、亲属	个人、企业、政府	企业	企业、政府
企业性质	企业规模	小	小、中	中、小、大	小
	企业组织	作坊、家庭工厂	公司	公司、集团	公司
	生产方式	小批量	大批量	大批量	大批量
	企业战略	无	有	重要	重要
	管理模式	个人、家族	个人、职业管理者	职业管理者	职业管理者
	核心能力（资产）	很少	增加	很多	减少

续表

支撑要素		初始阶段	成长阶段	成熟阶段	衰退阶段
产业组织（企业关系）	专业化分工	无或很少	加强	精细	精细
	合作关系	无	较少	很多（密切）	一般
	市场竞争	无或很少	激烈	激烈或降低	一般
	供应网络	本地	本地、全国	本地、全国、全球	本地、全国、全球
	市场范围	本地	本地、全国	本地、全国、全球	本地、全国、全球
	企业进入/退出比率	波动大	波动大	稳定	波动大
	信任基础	无	有	很强	有
	外部替代性	有	有	较小	有
知识基础	R&D 活动	无	有	有	无或有
	R&D 规模	小	大	大	小或无
	创新机会	大	大	小	小
	知识累积	无或少	增加	新的基础	减少
	创新主体	个人	高校、科研机构、企业	企业	不确定
	创新文化	很强	很强	强	弱
	知识溢出	很大	很大	很大	小
	企业学习能力	强	很强	很强	弱
公共服务	政府重点	规范、引导	规范、推动	推动	引导
	政策重点	基础设施建设、创业投资支持	科技基础、教育与培训、中介服务	机制创新、技术创新、国际贸易	产业调整与新兴产业培育

资料来源：作者整理。

第三节　社会网络与集群内合作竞争机制

一、信任、社会关系网络与产业集群

作为一种产业空间组织形式，产业集群的成功在很大程度上可以归因为“产业区在企业之间和企业内部有效解决矛盾和合作问题的特殊能力”①。包括企业网络在内的社会关系网络及其所具有的资产专用性，是构成这种特殊能力的基础

① 安娜·格兰多里．企业网络：组织和产业竞争力［M］．中国人民大学出版社，2005：21.

性力量。产业集群的本地化基础在于内嵌其中的关系结构。这种关系结构能够提供更好更有效的信息，创造信任环境，减少交易成本。其原因是网络中的信息廉价、可靠准确、易于重复交易，而且“除去纯粹的经济动机外，持续的经济关系常常被附上有着对信任和摒弃机会主义的强烈期望的社会内容”（Granovetter，1985）①。

社会关系网络是“由社会关系或某一特殊类型的链联系起来的一些节点和行为者（个人或组织）”②。任何一个社会，都是以经济、政治、社会文化等要素相互依赖、相互影响的有机系统，各要素之间存在着复杂的共生关系、协同关系。这些关系渗透于经济社会发展的各个环节与层面。有的关系是以某个单位为主体而成的，有的关系存在于某一特定区域，还有一些关系扎根于人们的一些日常行为规则中，这种关系就是一种根植于民间的网络资源。人们借助于他们共同的价值理念（主要是指那些不公开的某种共同思想、喜好、习惯，尽管在多数场合，无法使用明确的术语加以表达，也就是不可言传的一些东西）来进行自我调节、自我规范、自我激励。信任是市场机制发挥作用的基础要素之一，而基于信任的社会关系网络为产业集群或特定区域内市场关系提供了一种行动准则。例如，这种社会组织影响着市场的进入、交易和过程。采取信任行为有如下几种动机：以回报为基础的信任——我采取信任行为是因为我相信你可能也这么做；诱导性的信任行为——通过自己采取信任行为，个体能够诱导他人也这么做；补偿性信任——个体愿意采取补偿性行动来抵消在他们看来会威胁其稳定性或存在的他人行为；道德化的信任——不论群体中其他人做什么或不做什么，我都会以令人信任和值得信任的方式行动③。

作为社会行为，信任决策与群体成员对其维护其群体规范和价值的义务和认知存在一定的关系，个体关心的“不仅是信任决策的物质利益，而且是它的自我表现意义”④。社会共同体中的信任不仅促进了合作，而且合作本身也培育了信任。这种社会资本的稳定积累，提供了一种重要的认知黏合剂，促使相互依赖的社会行动者联结在一起。这种合作机制使一些潜在的生产、交换等环节的矛盾内化于某种基于信任的共同体之中。社会关系网络之所以能够扮演如此功能，主要源自基于产业集群的内在制度的存在。根据新制度经济学的相关理论，制度可以区分为内在制度和外在制度两种基本形式。外在制度是由统治共同体的政治权力

① 奥利弗·E. 威廉森. 治理机制［M］. 中国社会科学出版社，2001：282.

② 李钟文，威廉·米勒，玛格丽特·韩柯克，亨利·罗文. 硅谷优势——创新与创业精神的栖息地［M］. 人民出版社，2002：249.

③④ 罗德里克·M. 克雷默，汤姆·R. 泰勒. 组织中的信任［M］. 中国城市出版社，2003：500～505.

机构自上而下地设计出来，强加于社会并付诸实施的，它有一个预定的权威机构以有组织的方式来执行惩罚。具体包括专门指令、程序性规则两种方式。内在制度是指群体内随经验而演化的规则，包括各种习惯、内化规则、习俗和礼貌以及正式化内在规则。外在制度的出现在很大程度上弥补了内在制度的语意不清、裁决任意、惩罚效果不理想等问题。在内在制度中，各种习惯、内化规则、习俗和礼貌属于非正式制度，其存在与发挥作用有赖于组织成员的自律和自我执行（Self－enforcing）。内在制度包含着“大量经过精练和检验的先人智慧”。自发地服从内化制度能够极大地促进社会成员有效地相互交往。“当内在制度的自我执行机制失灵时，可诉诸的惩罚多种多样，从友善的责备到指责或训斥——这些都不如放逐或正式的第三方执行那类惩罚那么严厉”。在这个意义上，内在制度可以被视为“文化黏合剂”的组成部分，它保持着群体的整合（Elster，1989）。①

二、基于社会关系网络的进入壁垒

社会关系网络的资产专用性是指产业集群具有一定的本地属性或者地方化特点，这种属性或特点一般难以模仿。威廉姆森（Williamson，1983）认为资产专用性有四种基本形式：物质资本专用性、场地或区位专用性（Site or Location Specificity）、人力资产专用性和特定资产专用性。其中，场地或区位专用性是指当买者或者卖者将其设置建立在毗邻对方的区域，用以节约运输成本时所产生的一种资产专用性②。产业组织、生产方式、产品类型等产业集群表层内容很容易被复制、被模仿，然而简单的复制、模仿常常难以达到“原型”的发展水平，其原因不在于资本、土地、劳动力等基本要素的影响，而在于缺乏支撑“原型”发展的社会文化环境——社会关系网络。换言之，社会关系网络难以复制，一个成功的产业集群无一例外地依赖着其深厚的本地关系的积累。所以，“仅通过照搬公司特点来复制硅谷的无数尝试鲜有成功的可能”③。

由于地方性关系网络的专有资产性质，客观上形成了集群进入壁垒（包括集群所处行业的进入壁垒）。进入壁垒是企业家在市场中建立一个新企业的任何事物，包括进入的成本（绝对成本优势、产品差异化、政策法规、阻止进入行为），也包括进入所需时间。如一个新进入者必须发生而那些现有厂商却不必承

---

① 柯武刚，史漫飞．制度经济学：社会秩序与公共政策［M］．商务印书馆，2000：129.

② Williamson，Oliver E. Credible Commitments：Using Hostages to Support Exchange［J］．American Economic Review，Vol. 73，1983，pp. 519－540.

③ 李钟文，威廉·米勒，玛格丽特·韩柯克，亨利·罗文．硅谷优势——创新与创业精神的栖息地［M］．人民出版社，2002：249.

担的成本①，这就是长期壁垒。斯蒂格勒认为，进入壁垒就是“新厂商比老厂商多承担的那部分成本”②。除了包括标准产业组织的进入壁垒之外，产业集群的进入壁垒还有显著的双重特性：内部属性的进入壁垒低与外部属性的进入壁垒高，这种属性是与本地化的专有知识积累或社会关系网络高度相关的。在一般条件下，对于新进入者而言，同一行业的进入壁垒大体相同。例如，半导体产业的初始投资成本通常在100亿美元左右，资本是重要的进入壁垒；而软件产业更多地取决于高素质工程师的数量。但是，如果这些产业内置于某一个特定区域，除了这些共同的进入壁垒之外，还要叠加上某些社会制度因素，这些因素与产业集群交互、螺旋发展。由于基本要素与追加要素之间的结合程度不同，导致了某类集群特性的产业具有一定的非经济类进入壁垒。由此可见，产业集群的进入壁垒基本上包括了两部分：基本要素（经济层面）壁垒和非经济类壁垒。相比较而言，前类壁垒消除的难度较小，后者则较高。因此，高级化的产业集群是不可模仿的，具有很强的独占优势。

在这种壁垒影响下，集群内外企业面对着不同类型的竞争与合作关系，即集群内企业之间是充分竞争基础上的合作关系，对集群外企业而言，则是一种合作基础上的充分竞争关系。换言之，在同类产品或服务行业中，集群外企业面对的是一个具有很多共同特点，特别是相同成本优势的一群企业，而不是单个企业。在规模经济和范围经济作用下，集群外分散的企业，一般难以获得相对竞争优势。集群内的低进入成本和充分的信息交换，在多数情况下，集群外的厂商是无法享受到集群内的低进入成本优势和充分信息交换优势，如果集群外的厂商力图获得这些益处，它必须遵守集群内企业日积月累所形成的外部看来是不合理的一些规则。例如，私人知识的社会化以及模仿、学习的限度，也就是必须成为集群内企业关系网络的一部分。产业集群内充分竞争基础上的合作与协同，以及对外的集团性竞争优势，反过来吸引越来越多的集群外企业进入，从而强化了集群的优势。随着时间的推移、技术更新速度的加快和市场条件的变化，如果集群外的企业进入越来越多，越来越容易，就会变革原有集群的网络关系规则，震动原有集群的关系基础。在这种过渡与震荡时期，产业集群向何处发展，决定于新旧力量的对比，也决定于原有关系规则和网络的基础。但是，如果存在另外一个同类的产业集群，那么两个集群就将面临复杂的替代或补充关系。在此意义上，在相同环境下，新的同类产业集群的建立、发展与超越，必须形成一种较之于旧的产业集群更低的经济类壁垒和更高的非经济类壁垒，只有如此，才可以完成产业集

① 参见丹尼斯·卡尔顿，杰弗里·佩罗夫．现代产业组织［M］．上海三联书店，上海人民出版社，1998：153.

② 参见G. J. 斯蒂格勒．产业组织和政府管制［M］，上海三联书店，上海人民出版社，1998.

群的替代。

三、企业网络与技术创新

企业网络是一组拥有不同偏好和资源，通过一系列机制协调的不同于企业和市场的一种企业组织形式。这种协调机制包括规则和惯例、经纪和中介组织、企业间权威、联合决策及其激励和谈判计划（从价格到担保和抵押）、退出机制等[①]。彼得·史密斯·林认为，企业网络是建立在“关系契约”基础之上的，是拥有互补性能力和资源的参与者之间所形成的完全相互关联的长期存在的关系网。这些关系网不仅包括生产供应商网络、生产者服务供应商网络、生产者网络，还包括消费者网络、与研究机构或高校的合作网络。这些网络也构成了一个地区经济的竞争优势[②]。从学习角度看，依靠科层制、计划、标准、规则和惯例协调的网络，有利于企业和市场运行。网络不仅可以实现参与者之间的知识共享，更重要的是可以实现某种知识交易。网络中的企业之所以进行知识交换、协商与学习，是“为了尝试与其他企业进行创新型的竞争，协商的时间和资源的消耗属于投资而不仅仅是需要最小化的成本；协商和学习是发现更好的机会和减少机会成本的过程”[③]。

新知识、新技术、新工艺在企业产品、生产过程和服务过程中的创造程度和应用范围，日益成为决定企业竞争力的关键要素。由于不同类型企业的新知识、新技术、新工艺来源渠道不同，形成了各具特色的创新模式。但是，无论何种模式，基于合作的企业关系网络是企业交换、共享与创造知识的重要渠道。经验研究表明，“网络按照自身的理由变成一个有效的创新技术……合作的企业比不合作的企业更能够创新”[④]。在一个范围有限的众多企业区域，特别是生产同质产品的厂商，它们之间的生产信息、市场信息，甚至它们内部的资源要素及其组合状况、战略意图与计划、工装水平等信息几乎都是透明的，因为没有任何一个厂商愿意花费更大的成本去保护或隐藏这些信息，而且每个厂商都可以从这个公开的市场中获得任何信息，但是这种信息究竟有何用处，关键取决于该厂商能否将这些信息内部化，并与自身的知识技术基础融合，壮大原有利润源泉或者创造新的利润源泉，也就是社会知识转为私人知识的能力和速度。

尽管在某些条件下，产业集群的变化或创新具有一定随机性，但是基于网络学习过程中的信息和知识积累，特别是创新合作、人员交流等是集群持续发展的

---

①③ 安娜·格兰多里．企业网络：组织和产业竞争力［M］．中国人民大学出版社，2005：1～17.

② ［奥］曼弗雷德·费希尔，［德］贾维尔·迪亚兹，［瑞典］福克·斯奈卡斯．大都市创新体系［M］．上海人民出版社，2005：36.

④ 经济合作组织．管理国家创新系统［M］．学苑出版社，2000：40.

不竭动力。网络不是一般的内部组织结构，而是一种特定的组织结构形式。研究发现，企业与研究开发机构的合作，要比企业与技术顾问的合作更重要，其中一个重要原因是，研究开发机构在地理位置上比较集中，而且企业与研发机构之间的知识交流与交换更为便捷。"企业倾向于建立一种在中长期内相对稳定的可选择的合作关系。构建网络是一个缓慢的过程，它依靠相互亲和和建立忠诚。"①在这种合作网络中，经验、声誉和信任十分重要。企业关系网络在产业集群强化方面的另一个重要功能是促进知识流动，或者是促进知识溢出。一个高级化的产业集群，是一个知识流动、信息传递顺畅的组织形式，而开放、灵活的劳动力市场是影响知识、信息传递的决定性因素，因为许多专有知识、技术诀窍等隐含知识只有随着人员交流而流动，才能有效地扩散。人力资源的高度流动性不仅表现为劳动者工作的频繁调动与转移，还表现为拓展和模糊了公司与机构的边界，同时重组和强化了技术人才和职业经理的人际关系网络②。

值得注意的是，网络仅仅是促进产业集群技术创新、技术扩散的一个必要条件，集群内企业能否从有利于创新的网络中获得益处，既取决于企业自身的资源条件，以及技术学习与技术积累能力，也取决于网络的一些属性。也就是，"只要网络不获取过多的市场势力，这些网络很可能增进生产过程的有效性和生产力，产生正面的外部性，同时创造更好的机会应付非对称信息和道德风险"。但是，"网络成员很可能在网络中占据非对称位置，网络收益的扩散可能也不平均"③。

专栏2－1

IT巨头共建"绿色硅谷"

长期以来，硅谷一直被视为IT新技术的中心和摇篮。现在，正在成为环保的先锋和发源地。包括惠普、思科和太阳微电子公司在内的大企业，都加入了硅谷的可持续发展计划。该计划旨在令硅谷在减少温室气体排放量方面走在前列。硅谷可持续发展计划的负责人玛格丽特·布鲁斯说："许多高科技企业都认识到，它们应该支持、倡导、研发并向市场提供技术，帮助市场解决对能源和通

① 经济合作组织．管理国家创新系统［M］．学苑出版社，2000：40.

② 李钟文，威廉·米勒，玛格丽特·韩柯克，亨利·罗文．硅谷优势——创新与创业精神的栖息地［M］．人民出版社，2002：250.

③ 经济合作与发展组织．创新集群：国家创新体系的推动力［M］．科学技术文献出版社，2004：231.

讯的需求，从而为推动下一轮创新浪潮出力。”在2000~2005年，硅谷可持续发展计划的成员已经将二氧化碳的排放量降低了12%。该组织的新目标是，在今后4年内，使二氧化碳的排放量比1990年的水平低20%。该目标甚至比加利福尼亚州政府的目标还要雄心勃勃，而加利福尼亚州清洁空气方面的法律在美国同类法律中最为严格。

在这一计划指导下，许多企业开始寻求利用太阳能。2006年4月，微软公司在其位于硅谷的公司安装了2288块太阳能电池板。IT行业的另一个巨头谷歌也紧随其后，宣布计划在其公司中部安装太阳能电池板。谷歌公司希望这些太阳能电池板能够帮助解决公司约1/3的电力需求。该公司的一位副总裁戴维·拉德克利夫说：“如果我们顺便能够推翻环保与利润不可兼得的观点，便又是一大收获。”“此外，不出5到10年，这笔投资就可以收回成本，这意味着之后的清洁电能的成本完全为零。”

资料来源：《参考消息》，2006年11月16日，第7版。

第四节　价值链、模块化与创新集聚

一、价值链、产业关联与产业集群

按照波特的观点，任何企业都是用来进行设计、生产、营销、交货以及对产品起辅助作用的各种活动的集合，与这些环节相关的各种活动构成了企业的价值增值链条[①]。任何产品或服务都是上述复杂活动的阶段性结果，也是“无数的经济交易、供应商和顾客之间、雇员和管理者之间、技术专家和组织专家组成的团队之间的制度安排”[②]。对于一个产业而言也是如此。产业价值链不仅包括产业内部的分工、上下游供需关系，如纵向关联和横向协作，还包括该产业与其他辅助支撑要素的诸多关系，如商业文化、基本政策环境、人才培养机制等。这些要素共同作用以及不同产业对这些要素与关系的利用程度，导致了不同类型的产业链。产业内不同企业处于社会化协作的不同环节与层面，每个企业依据其内部价

① 迈克尔·波特．竞争优势［M］．华夏出版社，1997：33~39.

② 迈克尔·波特等．45位战略家谈如何建立核心竞争力［M］．中国发展出版社，2002：249~267.

值链构成及效果，来分享产业价值链，这种差异化的生产要素组合模式与效率，决定了不同企业、不同产业的竞争优势。有的产业链的价值增值环节比较多，产品特性复杂；有的比较少，产品特性简单；另外一些则介于两者之间。基于如上产业链分类的产业集群相应地会表现为不同的绩效。但是，究竟何种集群更好更优，尚无统一判定标准。唯一可以确定的是，只要某个产业集群能够最大限度地发挥某个区域的专有优势，或者形成某些独特资产，成为某个区域的财富创造中心，这个集群就是有生命力的。

在本质上，价值链是企业内部以及企业间生产过程中所存在的正常的相互依赖关系，而这种关系导致了创新和交互式学习。OECD 的研究发现，创新网络建立了各种价值链集群联系的捷径，连接了可以共享同样技术但在几个不同价值链上生产不同产品的企业。网络产生的创新可能累积在价值链集群中，为最终实现创新的商业化潜力创造了条件①。价值链中推动创新的最重要的因素是同一价值链进行贸易的供货公司和客户关系。通常，已具备一定生产流程技术的公司日益依赖价值链关系以期获得进一步的技术创新，尤其是精益生产，需要控制生产过程的科技产业更是如此。高新技术企业或者其他企业购买供货方先进的技术设备，与供应链上的合作伙伴共同设计创新产品和必需的生产系统，技术供应链使供货经理和企业工程师在技术上密切联系起来，企业之间的技术合作逐渐成为该产业价值链的组成要素②。OECD 的研究认为，同一价值链机构的供应商或客户的相关性对各种产业集群的影响程度不尽相同，这种影响取决于价值链长度和集群之间关系的密切程度。价值链的长短与产业的技术属性存在负相关关系，即越是基于新技术的产业，其价值链越短。例如，生物技术链主要决定于实验技术和创新，而那些成熟的产业集群，如建筑或资源性产业，其价值链就比较长。技术属性与价值链的关系，决定着不同产业集群的内合作层次、方式与程度各不相同。

二、模块化、产业分工深化与产业集群

现代信息通信技术的发展，导致产业结构发生了根本性变化。这种变化的一个重要表现就是生产体系的“模块化”趋势。所谓模块，是指“半自律的子系统，通过和其他同样的子系统按照一定的规则相互联系而构成的更加复杂的系统或过程”。模块化可以区分为两个层面的内容：“模块分解化”和“模块集中

① OECD. 创新集群：国家创新体系的推动力［M］. 科学技术文献出版社，2004：2～3.

② Rutten，Roel. Innovation in regional supplier networks：the case of KIC，in F. Boekema，K. Morgan，S. Bakkers and R. Rutten（eds.），Knowledge，Innovation and Economic Growth：The Theory and Practice of Learning Regions，Edward Elgar，Cheltenham，2000. 转引自 OECD. 创新集群：国家创新体系的推动力［M］. 科学技术文献出版社，2004：3.

化”，前者是指“将一个复杂的系统或过程按照一定的联系规则分解为可进行独立设计的半自律的子系统的行为”，后者是指“按照某种规则将可进行独立设计的子系统（模块）统一起来，构成更加复杂的系统或过程的行为”①。现代产业结构的这种模块化趋势，使得整个社会再生产的各环节的集中与分散态势较之以往更加明显和突出。无论是集中，还是分散，其结果之一就是造就了一批基于生产集中或分散的多样化的产业集群。这种产业分工协作体系的细化与深化是产业集群产生的必要条件之一，当然也会产生一些更为复杂的市场和等级制关系②。

一个有持久竞争力的产业集群离不开一种产业分工精细与协作紧密的合作关系网络（见图2－2）。这种网络的横向维度是一系列企业的内部价值链组合，其纵

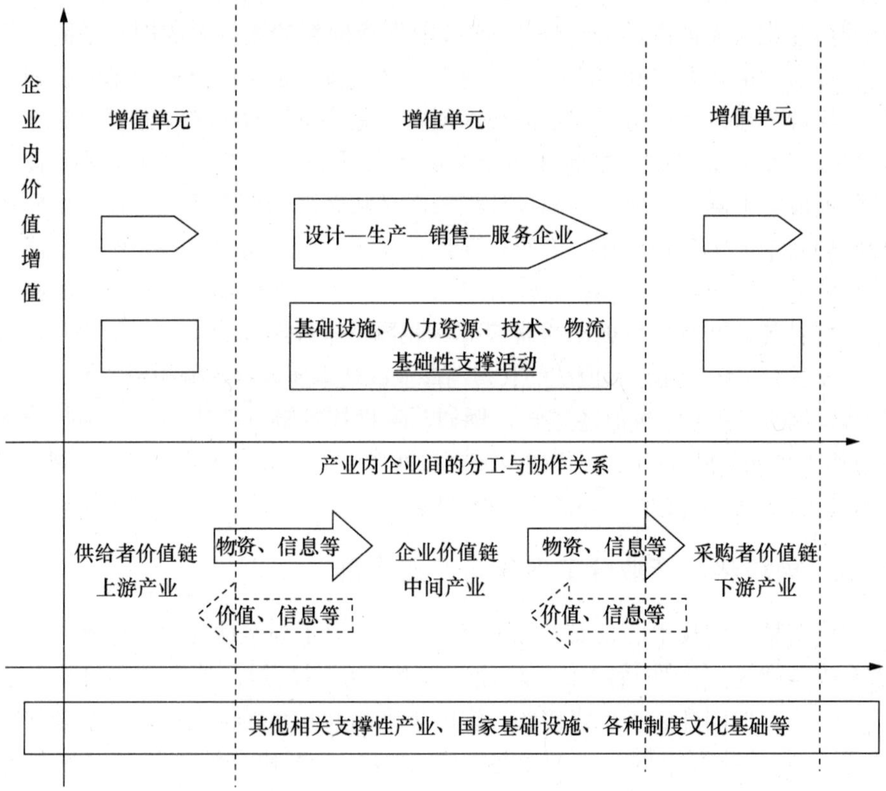

图2－2 基于价值链的产业分工与协作关系网络

① 青木昌彦，安藤晴彦等．模块时代：新产业结构的本质［M］．上海远东出版社，2003：5～6.

② ［英］斯克特·拉什，约翰·厄里．符号经济与空间经济［M］．商务印书馆，2006：32.

向维度是不同企业在产业价值链上的多重组合关系。这些横纵向关系的交互作用，使得企业内、同类产业企业间以及不同产业企业间，形成了基于企业内部价值链的产业分工与协作网络关系。这种关系的存在为产业集群的发生、发展与更新创造了基本条件。

三、IPC 与产业集群

20 世纪中期以来，全球化趋势明显增强，与之相伴随的国际生产网络越来越发达。国际生产网络（International Production Network，IPN）是指企业内部和企业之间的一种关系。通过这种关系，企业组织开展其整个系列的商业活动：从研发活动、产品定位和设计，到投入要素的供给，制造或服务的提供，分销和支持及售后服务。当这些关系超越了国界，并由某个旗舰企业或领先企业，或者多个企业自发地将不同活动环节按照产业分工协调组织起来，一个国际生产网络就出现了。这个网络不仅包括了一个旗舰企业或领先企业的下属机构和子公司，还包括了与这个企业相关的分包商、供应商、服务提供商或者其他参与到合作关系中的企业，例如提供制造标准者和研发分析者①。IPN 之所以能够迅速发展，与新生产组织结构的变化及其对产业价值链的深刻影响密不可分。其中，一个重要体现就是产业全球价值链的形成与发展②。由于价值链的“逆垂直化”，全能型企业的生产规模经济无法达到最大化，ICT 的发展、应用与扩散，客观上又强化了“逆垂直化”。现代物流的兴起与繁荣，使产业供应链高度分工与高度合作并存。与此同时，供应商与客户之间的唇齿相依关系，也促进了本地化生产或者生产系统地区性组织化的趋势③。在这个意义上，IPN 既是基于产业国际分工的产业集群发展的原因，也是高度专业化产业集群发展的结果。20 世纪 90 年代以来，

---

① 参见 Borrus，Michael，Dieter Ernst and Stephan Haggard，eds，International production networks in Asia. London and New York：Routledge，2000. p. 2.

② 全球价值链（Global Value Chain），或遍及全球的片段化价值链（Fragmented Value Chain）、全球商品链（Global Commodity Chain）是指为实现商品价值而连接生产和销售等过程的全球性跨企业网络组织，涉及从原料采集和运输、半成品和成品的生产和分销，直至最终消费者的整个过程，包括所有生产者和生产活动的组织及其利润分配。当前，散布于全球的、处于全球价值链上的企业进行着从设计、产品开发、生产制造、营销、出售、消费、售后服务、最后循环利用等各种增值活动。这种产业价值链实际上就是 ICP 的另外一种模式或者表现。资料来源：United Nations Industrial Organization，2002：Industrial Development Report 2002/2003. Overview. Competing through innovation and learning. 转引自王缉慈，“关于地方产业集群研究的几点建议”，因特网资料。

③ Abernathy，Frederick H.，John T. Dunlop，Janice H. Hammond and David Weil. A stitch in time：lean retailing and the transformation of manufacturing—lessons from the apparel and textile Industries. New York：Oxford University Press，1999. 转引自 Shahid Yusuf 等．东亚创新未来增长［M］．中国财政经济出版社，2004：214.

中国南方各种类型的“块状经济”、“专业镇经济”就是这种过程的产物与表征。换言之，在全球化浪潮下，产业集群的开放性会越来越强。集群内外的分工协作与多种类型的交易关系，构成了网络化的产业集群。在这种产业集群中，各种类型的企业、中间组织、地方生产体系等都成为国际生产网络中的一个节点，同类参与者之间的补充关系很强，但是替代关系也同样存在。能否在国际生产网络中占据有利地位，特别是不可或缺的独占地位，取决于集群与本地生产体系的融合程度，以及本地生产体系的专有性质——是否存在有竞争力的本地化知识。

基于全球生产网络的产业集群，实际上是一个跨国公司主导的零部件协作与加工组装异地集成的一种群落模式（见表2-4）。例如，日本跨国公司形成产业集群的一个显著特点，就是以组装厂主要从事组装和关键零部件的研究开发，其他零部件则通过委托各层次协作企业生产加工的垂直化的分工体系。而外包制则是另外一种典型的集群组织模式。

表2-4 日本汽车零部件以及集群协作体系

第一层次	组装企业	协作企业	分工
第二层次	一次零部件组装加工厂	资本参与38家协作118家	组装、零部件
	一次零部件加工备件	500~600家	机械部件、零部件、冲压加工
第三层次	二次零部件加工	2000~3000家	冶金工具、铸型
第四层次	二次零部件加工	7000~10000家	冲压、电镀、螺母、铸造零部件
其他	原材料厂家	200~300家	

资料来源：隋映辉．产业集群：成长、竞争与战略［M］．青岛出版社，2005：319．本书引用时作者对其做了改动．

四、创新集聚的空间边界

创新活动及其组织之所以与产业集聚有着紧密关系，是因为R&D活动具有外部性。某产业R&D密度越高，它的知识溢出效应也就越明显。因此，在知识溢出效应普遍存在或R&D密集的产业，其生产区位在地理上将更为集中（Krugman，1991）。在检验某产业中知识溢出与创新空间集聚之间的关系时，Audretsch和Feldman（1996）假设，知识外部性主要存在于新经济知识扮演重要角色的产业。新的经济知识可以通过产业R&D、大学R&D和熟练工人数量等指标来反映。他们的结论是新的经济知识决定着生产和创新的空间分布。

Stafano Breschi和Franco Malerba（1997）的研究发现：①如果创新所需知识具有相对简单、共性等特性，以及创新机会内嵌于一般的资本品、原材料或中间产品中，那么企业创新过程所需知识边界不能从地理上进行界定，传统部门属于此例。②如果创新知识具有复杂、易变、专有和隐含的特性，企业创新过程的知识空间边界就与本地区、国家或全球之边界显著不同。创新企业可以在其边界内完成创新，也可以通过与其他企业的联系来完成，这种合作关系将为创新企业提供必要的知识。创新者可能位于国内，也可能位于国外。在这种情形下，边界接近的作用不大，因为知识可以通过迅速流动、许可和技术联盟等方式进行转移，例如电信和制药行业。③若创新包含很强的隐含、专有、系统性知识，空间接近将是保证与创新所需知识的协调、迅速转让和融合的重要条件。因为，边界接近不仅有利于隐含性技术诀窍之转让，也能促进系统内不同部分、元素之间快速、有效地进行重组，例如汽车行业。④如果支持创新活动的知识是隐含的、复杂的，且存在知识外部性，创新活动会在具有技术专家的特定集体内产生，此时，地缘接近可能很重要。因为处于集体中的技术专家可以共同对付各种技术问题，创造通用的本地化的技术储备基础，例如机械工程行业主要聚集在意大利、德国和法国等工业区，而软件和微电子行业则群聚于硅谷①。

技术体制（Technological Regime，TR）不仅决定着不同产业部门的技术创新系统，也决定着不同产业的创新空间，即创新集聚。有关技术体制的概念可以追溯到 Nelson 和 Winter（1982）的开创性研究。他们认为，由机会和独占条件构成的技术环境对某产业的创新强度、进入比率有着巨大影响。Breschi 和 Malerba（1997）对此加以发展，他们根据 Malerba 和 Orsenigo（1990，1993，1994）的思想，用四个基本要素来解释 TR（见表 2－5）：机会条件（Opportunity Conditions）、独占条件（Appropriability Conditions）、技术知识的积累性（Cumulativeness of Technological Knowledge）和相关知识基础的性质（Nature of the Relevant Knowledge base）。

表 2－5 技术体制的决定因素

机会条件	独占条件	累积性	知识基础
水平（程度）	水平（程度）	技术	共性/专有
普遍性	方式	企业	隐含/形式化
多样性		部门	简单/复杂
来源		区域	独立/系统

资料来源：Stafano Breschi 和 Franco Malerba（1997）.

① Stafano Breschi and Franco Malerba. Sectoral Innovation Systems：Technological Regimes，Schumpeterian Dynamics，and Spatial Boundaries，in Charles Edgquist（ed.），System of Innovation：Technologies，Institutions and Organizations，Chapter six，Lindon and Washington：Printer，1997：130－156.

机会条件表示一定 R&D 投资条件下的创新可能性，由水平、普遍性、源泉和多样性构成；独占条件是指创新免予模仿的可能性和获得独占利润的概率；累积性是指创新或创新活动间的联系程度，表明在时间 T 或 T 以前的创新条件下，在时间 T+1 创新的可能性。在更为广泛的意义上，累积性意指一种经济环境，其特点是创新活动的相关连续性（Relevant Continuities），它可以分为技术、企业、部门和本地四个层次；知识基础是指企业创新活动的知识资产，包括知识属性以及知识传递和交流的形式。

TR 中的各种要素相互作用，以多种方式影响着部门创新系统（Sectoral Innovation Systems，SIS）的性质。SIS 是指共同开发、生产同一部门产品，创造和利用同一部门技术的企业系统或集团，系统中的企业通过两种途径相互作用：在市场和创新活动中的相互作用和合作过程，以及竞争过程（Breschi 和 Malerba，1997）。Breschi 和 Malerba（1997）根据前人研究成果，把 SIS 分为五种类型：传统部门、机械工业和工业区、汽车行业、计算机主机行业以及软件、现代微电子行业和硅谷。同时，他们还分析了不同 SIS 的 TR，以及熊彼特创新模式的动力、创新者的地理分布和创新过程的知识边界（见表 2-6）。Breschi 和 Malerba（1997）利用美国、日本、德国、法国、意大利和英国的专利数据对创新者的熊彼特动力和创新者的地理分布进行研究。结果发现，国家专有和技术专有属性影响着产业及产业内创新活动的空间组织。他们认为，TR 并不是 SIS 长期演化的唯一决定因素，历史和制度变量、企业特质能力的存在、行为者之间的多种联系方式、生产属性（如规模经济）、路径依赖以及技术、企业、组织、制度的共同演化过程，都是长期决定某国 SIS 性质的因素。

表 2-6 TR 与 SIS

		传统部门	机械行业和工业区	汽车行业	计算机主机行业	软件、现代微电子行业和硅谷
SIS		农业、纺织、鞋类和服装以及木材纸张	机械工程和设备	大规模装配产业，如汽车及其配件	高技术产业，如大型计算机主机	高技术产业，如软件、微电子、生物技术
TR	机会	较低	中度	中高	高（中）潜在多样性有限	高
	独占	较低	低	高	—	低
	累积性	较低	高	高	—	—
	知识基础	相对简单具有高度共性	高度隐含性和专有性，有些知识是简单的和可编码的	既有隐含知识也有编码知识	高度系统属性和复杂性	包含隐含和编码知识

续表

		传统部门	机械行业和工业区	汽车行业	计算机主机行业	软件、现代微电子行业和硅谷
TR	创新优势来源	传统手段（商标和设计）	不断改进和精练产品设计	用一致方式结合和协调内外部知识的能力	科学技术知识的发展和企业的其他补偿资产（分销网络、售后维修服务）	新科学和新技术范式
熊彼特创新模式的动力		创新动力有限 创新者数目少 规模小 部门集中度低	创新者多 市场结构不稳定	几个创新者 集中度高 存在进入壁垒 市场结构相对稳定	少数创新者 寡占的市场结构 进入壁垒高	创新者多 进入壁垒低 存在大量的老企业和新企业
创新者的地理分布		分散	分散	集中	集中	集中
创新过程的知识边界		不明显	本地化	本地化	内部或全球性（核心区域的全球系统）	本地、全球化

资料来源：Stafano Breschi 和 Franco Malerba（1997）.

第五节 国外产业集群及其支撑因素

一、英国的产业集群及其支撑因素

早在前工业化时期英国就已经出现了大量的中小企业集聚现象，而在工业化时期，这种趋势就更加明显。英国早期的企业集群，也就是马歇尔所描述的制造业企业集群，如英国斯塔福德郡的陶器生产、贝德弗德郡的草帽生产、白金汉郡的椅子生产和谢菲尔德的刃具生产等，主要分布在英格兰北部和苏格兰南部等地区，表现为大量的中小企业专业化分工和空间集聚。由于劳动力成本上升、企业研究开发力度不够、人才结构不合理、劳资纠纷严重、严格管制的产业政策等，食品加工和皮鞋制造业等产业集群逐渐走向衰退。但是，奢侈品、休闲、娱乐等相关领域的产业集群仍然保持着较强的生命力。20 世纪末，英国企业集群又呈现新的发展态势，金融、生物技术、IT 企业集群蓬勃发展，形成了 150 多个产业集群①。

产业集群的多样性以及它们之间的相互补充和依存，使得集群在区域经济发展中具有重要作用。伦敦附近的金融、高新技术等 12 个产业集群的就业人数占整个伦敦就业人数的43%。21 世纪初，英国生物技术发展及其企业集群正在成为其经济发展的主要力量。英国生物技术处于欧洲领先地位，在全世界仅次于美国。英国目前已拥有各种生物技术公司 460 家，占欧洲生物技术中小企业总量的 68.1%，占世界生物技术产品的 12.5%。英国生物技术企业大多以集群的形式分布，主要集中在东安格利尔地区的剑桥、英格兰东南部的牛津郡和萨里，以及苏格兰中部地区②。英国生物技术企业集群之所以能够迅速发展并取得骄人成绩，是因为本地形成了一种比较好的集群支撑体系，包括发达的基础研究、良好的创新文化、合理的企业组织结构、完善的中介服务体系等（见表 2 –7）。

表 2 –7　英国牛津、剑桥两地生物技术企业集群的支撑要素

	参与者	作用
基础研究	分子医药协会、剑桥地区有分子生物实验室、欧洲生物信息协会	为本地中小企业提供技术支撑及保障
创新文化	生物技术企业、著名大学、大医药公司	多种合作关系；大量的初创企业
企业结构	初创企业、成长企业、成熟企业	经验与信息共享，密切的技术—经济联系
服务体系	Babraham 生物孵化器、曼彻斯特生物技术孵化器、法律服务机构	成果转化、初创企业培育、法律咨询
融资体系	创业投资机构	中小企业的融资服务

资料来源：池仁勇，王会龙，葛传斌．英国企业集群的演进及分布特征［J］．外国经济与管理．2004（2）：38 ~42．经作者改编整理．

二、意大利的产业集群及其支撑因素

意大利是一个资源匮乏、企业规模小的国家，经济总量却排名世界第七，这主要应归功于其特有的产业集群优势。意大利中小企业的特色是地域同业中小企业集群，被称之为“第三意大利”现象。根据意大利统计局的评判标准，全意大利专业集群地有 199 个，分布在 15 个州，集群地的产品主要是日用品。其中，

①② 池仁勇，王会龙，葛传斌．英国企业集群的演进及分布特征［J］．外国经济与管理，2004（2）：38 ~42.

纺织品集群地有 69 个，占 34.7%；皮鞋和鞋 27 个，占 13.6%；家具 39 个，占 19.6%；机械 32 个，占 16.1%；食品 17 个，占 8.6%。此外，还有金属制品集群地 1 个，化学制品集群地 4 个，造纸与印刷集群地 6 个，首饰集群地 4 个。意大利的经济实力和国家竞争力是由这些企业集群支撑的。例如，意大利的纺织品出口主要来自产业集群地区；意大利瓷砖产品的 80%（世界产量的 18%），产于萨索洛和斐瑞拿两个地区，产量占全球总数的 30%，出口量占全球的 60%①。

表 2-8 意大利中小企业集群的支撑要素

社会文化基础	以地域为中心的乡土文化传统	企业之间浓厚信息交流气氛
产业关联	深化程度高、产业间配合完整且各自具有竞争优势	大多数产业集群涵盖了最终产品（如服饰）、配料（如合成纤维）、专业机械（如皮革加工机械、纺织机）以及支持性服务（如著名的商品设计）等，具有极强的产业关联性
技术能力	持续的技术创新	掌握技术信息，利用国外技术，进行产品创新和工艺流程创新
生产组织	网络化的柔性生产体系	先进的批量式样设计、扩散化的劳动密集型生产方式、高技术的控制过程、纵横交错的网络关系

资料来源：李平．意大利的产业集群状况及启示．引自 http：//www.cass.net.cn. 经作者整理改编．

三、印度的产业集群及其支撑因素

中小企业产业集群在印度已经发展了几十年，大约有 350 个城市和 2000 个村落产业集群，生产领域涉及最终消费品、资本品和中间产品等 8000 个门类。目前比较典型的中小企业产业集群主要有汽车及配件集群，纺织集群，泵业、发动机和铸造业集群等。拉贾斯坦邦的手工印花纺织、印度南部泰米尔纳德邦的针织、朋扎的毛织业和食品加工等产业集群的成长主要得益于印度政府的大力支持。Dhawal、Mehta、V. P. Kharbanda 和 Dietrich Brandt（1999）在对印度与德国、意大利等国家产业集群进行比较研究过程中，认为印度产业集群的发展与政府的支持分不开，政府的系统支持首先对这些集群都经过了仔细的筛选，并针对不同的产业集群有具体远景规划要求（见表 2-9）②。

① 参见李平．意大利的产业集群状况及启示．引自 http：//www.cass.net.cn.

② 参见佘明龙，任选锋．中印中小企业产业集群发展的比较制度分析［J］．南亚研究季刊，2004（3）：13~17.

表 2-9　印度产业集群中的政府支持系统

公共基础设施建设	产业集群基础设施（IIUS）计划	该计划选出 20 到 25 个产业集群提供项目支持，首期有 19 个产业集群得到了支持
中小企业融资服务	建立印度小企业开发银行，促进与印度国家银行和国家小企业公司等合作，注重产业部门和国家及邦际的集群的横向协调发展	有 42 个产业集群被选为优先发展项目
发展第三方服务机构	设立与发展面向中小企业的人力资源培训中心和商务中心、专业团体等	吸引专家帮助中小企业引进新技术，促进中小企业获得、扩散知识、再创造知识等
小企业创新平台	建立研发中心等创新机构	培育面向国际竞争的本土技术能力
促进出口	简化出口程序，提供出口信用担保	提升产业集群的国际竞争力和出口潜力

资料来源：余明龙，任选锋．中印中小企业产业集群发展的比较制度分析［J］．南亚研究季刊，2004(3)：13～17．经作者改编整理．

第三章　辽宁镁质材料产业集群发展

作为一种新型产业空间布局组织形式，产业集群正在成为一个区域经济发展的重要源泉。“中国镁都”大石桥镁质材料产业集群的特点是自然资源依赖型的、民营大企业主导的外向型产业集群。在经过资本原始积累阶段后，目前大石桥镁质材料产业集群正处于产业、技术与竞争力升级的重要转折时期。大石桥市位于辽东半岛中部、渤海岸畔，辖有两个省级经济开发区，4 个行政管理区和 13 个镇，全市总面积 1610 平方公里，行政区划面积 150 平方公里，总人口 73 万。大石桥市交通便捷畅达，哈大公路、哈大电气化铁路贯穿全境，沈大高速公路、沈大至北京高速公路在大石桥市汇集。依托丰富的镁质资源（菱镁资源和白云岩资源），大石桥市聚集了一批镁质材料企业，并在国内外镁质材料市场占有举足轻重的地位，一个具有重要影响的镁质材料产业集群已经形成。

第一节　大石桥市镁质材料产业集群基本状况

一、自然资源与开发历史

良好的自然资源禀赋，是产业集群得以发生发展的前提条件之一。镁质材料是国民经济发展不可缺少的重要材料之一，广泛应用于冶金、建材、化工、汽车、造纸、家电、农业。作为一种重要的战略物资，在电子、军工、航天、航空等高技术领域，镁质材料已经成为不可替代的新材料。大石桥市独特的镁质资源以及悠久的开发生产历史，是其产业集群快速成长的基础性条件。菱镁矿是我国的优势资源之一，储量及其制品的产量、出口量均居世界首位。据统计，大石桥市已探明矿藏有 25 种，镁、硼、白云石、滑石、黄金等都具有较大的储量，特别是镁质矿产资源十分丰富，是世界四大镁矿产地之一①。资源储量大、产地集中、品位高是大石桥市镁质资源的显著特点之一。目前，大石桥镁质资源总探明

① http：//www. ykd. com cn/article/20050916/200509165. htm.

储量为44.56亿吨，保有储量43.63亿吨，其中，菱镁矿、白云岩矿的探明储量和保有储量均位居辽宁省第一（见表3－1）。2004年全市菱镁矿石开采量仅500万吨，镁制品产量达700万吨，占辽宁省71%，占全国62%。

表3－1　大石桥镁质材料产业集群的资源基础

	镁质矿产[A]	菱镁[B]	白云岩[B]
探明储量（亿吨）	44.56	20.21	5.05
占辽宁省（%）	66.9	64.4	88
保有储量（亿吨）	43.63	19.35	5.02
占辽宁省（%）	67.1	64.6	89

资料来源：A根据菱镁资源开发利用专题研究组的《营口市菱镁资源开发利用专题研究报告》（2003年10月27日）整理；B《辽宁省矿产储量简表》转引自菱镁资源开发利用专题研究组的《营口市菱镁资源开发利用专题研究报告》。

大石桥拥有采矿权的矿山主要有海城境内的桦子峪和青山怀镁矿，以及大石桥境内的圣水寺和高庄—平二房镁矿。总体上来看，这四个矿产集聚地的MgO含量、矿石级别都要高于省内其他主要镁矿。埋藏浅（一般在0～200米）、矿层厚，适宜露天大规模开采，是大石桥市镁质资源的另一个显著特点（见表3－2）。与这种资源分布特点相对应的是，在这些矿产资源产地聚集了一批镁质资源开采企业与生产加工企业（参见下文相关部分）。

表3－2　大石桥市镁质资源特点

	MgO含量（%）	矿石级别	矿体厚度（米）
桦子峪	46.36	特、1、2级	191
青山怀	46.61	1、2级	125
圣水寺	46.58	1、2级	120～220
高庄—平二房	45.75	1、2、3、4级	20～35

资料来源：根据菱镁资源开发利用专题研究组的《营口市菱镁资源开发利用专题研究报告》（2003年10月27日）整理。

近百年开发历史为大石桥产业集群积累了丰富的生产经验。根据史料记载，早在清朝时期，民间就有从菱镁矿石中制取初级镁矿砂的作坊。20世纪初，我国著名历史学家孙云铸、李四光、黄汲清等人，对辽东元古宙地层进行调查研究，对这里丰富的镁矿资源很是关注。在这一时期，该地也开始进行了菱镁矿工业化开采和生产重烧镁，之后还建立了菱镁材料研究与开发机构。新中国成立后，特别是改革开放以来，为适应国民经济发展的需要，国家集中力量对该地的菱镁资源进行了大规模勘探、规划和开发，加大了对镁质材料产业的投资力度，建成了一大批矿山和加工企业，于20世纪80年代初组建了辽宁镁矿耐火材料公司，成为我国最大的镁质耐火材料生产基地。1995～1998年，经过以明晰产权为核心内容的乡镇企业制度改革，大石桥镁质材料产业发展进入到了一个全新的发展阶段，初步形成了集勘察、开采、加工、销售为一体的产业体系，成为国内重要的镁质材料制品生产和出口基地。2005年4月25日，由于大石桥市在我国耐火材料产业发展中发挥了重要作用，被中国耐火材料行业协会授予了“全国镁质耐火材料生产和出口基地”称号。

二、镁质材料产业：地方经济发展的主导力量

作为一种新型产业空间布局组织形式，产业集群正在成为一个区域经济发展的重要源泉。地处辽宁南部的营口大石桥市依托其丰富的镁质资源，已经形成了一个规模较大、有较强国际竞争力的镁质材料产业集群，镁质材料产业已成为大石桥市经济社会发展最大的主导产业和龙头产业。2004年大石桥市镁质材料产业共有575个企业，拥有固定资产45.6亿元，创造产值150亿元，占全市工业总产值的51.5%，税收3.95亿元，对全市财政收入的贡献份额为65%，镁行业就业人数达到4.8万人，占全市工业就业人数的41%，占全市从业人数的23%，当年镁制品出口创汇实现2.48亿美元，占全市出口创汇总额的90%以上①。统计显示，镁质材料产业共创造增加值33.3亿元，占全市GDP的24.5%②。

无论是生产投入要素、基本生产条件，还是总体经济绩效水平，大石桥市镁质材料产业均在全省具有优势地位，并在国内外主要产品市场具有明显的竞争优势。2004年，辽宁省镁质材料产业规模以上企业共有500家左右，其中大石桥市112家，占22.4%，但是，不足1/4的大石桥企业却拥有全省30.4%镁质材料产业的固定资产，吸引了30%的从业人员，并生产了全省全行业60%以上的镁质材料产品（见表3-3）。辽宁省镁质材料产业的总体发展水平基本上取决于大石桥镁质材料企业的表现。

① 辽宁省大石桥市人民政府．中国名牌矿业城市命名“中国镁都——大石桥”申报材料，2005年8月。

② http://anshan.nen.com.cn.

表3-3 大石桥镁质材料产业基本状况（2004年）

	企业（个）	固定资产（亿元）	从业人员（万人）	菱镁矿石（万吨）	镁质材料（万吨）
大石桥①	113②	45.6	4.8	770	500
辽宁省③	500	150	16	1200	700
占辽宁省比例	22.6%	30.4%	30.0%	64.2%	71.4%

资料来源：作者根据调查及相关材料整理。

经过多年发展，大石桥镁质材料产业在国际市场已形成强大的竞争力。据统计，大石桥镁质材料产品除供应全国各大钢厂及其他耐火企业外，还远销日本、东南亚、欧洲、北美等40多个国家和地区。大石桥市电熔镁砂占世界市场份额的1/3，不烧砖占1/4，镁肥占1/10，烧成砖占1/20（见图3-1）。2004年镁制品出口创汇额实现2.48亿美元，占全市出口创汇总额的81.5%，占全省镁制品出口创汇总额的69%，占全国镁制品出口创汇总额的42%。

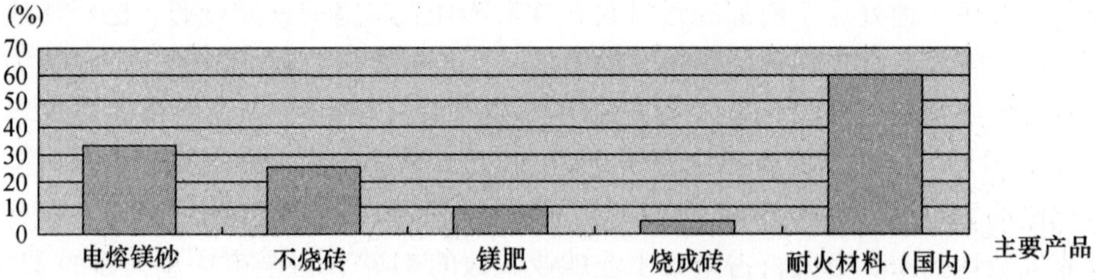

图3-1 大石桥镁质材料产业主要产品国际市场占有率

第二节 大石桥镁质材料产业集群的成长动力机制

大石桥镁质材料产业集群发展从生产到销售，经历了一个漫长的过程。在发展初期阶段，镁质材料产品主要以镁砂、镁渣等初级产品为主，以降价特别是恶性价格竞争为主的初级竞争行为，不仅破坏了市场秩序，更严重削弱了产业整体

① 辽宁省大石桥市人民政府．中国名牌矿业城市命名“中国镁都——大石桥”申报材料，2005年8月。

② 为规模以上企业数。

③ 全省资料来源于 http：//www. mgnet. com. cn/ReadNews. asp? NewsID = 1752.

竞争力。进入21世纪以来，大石桥镁质材料产业集群进入到了一个新的发展阶段，利用先进技术装备、开发新产品等正在成为企业主要的竞争手段，同时政府监管与服务力度的增强，产业发展环境得到很大改善，产业整体竞争优势明显增强。总体上，大石桥镁质材料产业集群之所以发生发展，主要取决于其独特的自然资源，在资源开发、生产过程中所形成的产业分工、技术协作关系，以及这些因素交互作用基础上的市场与政府的关系协调。

一、完善的产业技术基础

丰富的自然资源只是一个产业集群成长的基础性条件，只有引入了一定水平的技术装备，积累了一定的技术能力，产业集群才能快速发展，才能成为一个区域的财富创造源泉。这一点在大石桥镁质材料产业集群成长中表现得十分突出。就产业技术装备总量和水平而言，大石桥镁质材料产业的技术基础是辽宁最好的，即使在全国也处于领先地位。2004年大石桥镁质材料产业拥有各类生产设备2219台（套）（见图3－2），较2002年增长了67.3%。其中，镁质材料企业的成套设备数量及其自动化、半自动化水平，氧化镁电熔炉数量，镁砖生产线和超高温隧道窑数量均居全国领先水平[①]。为了减少生产过程中的环境污染以及提高产品技术含量，大石桥镁质材料产业的技术更新换代速度明显加快，一些代表先进技术水平的电熔炉、高温隧道窑等设备总量明显增多，而技术层次比较低的重烧窑、轻烧窑数量明显减少（见图3－3）。

面对激烈的国内外市场竞争，技术创新正在成为企业竞争与产业集群发展的重要动力。“出卖原材料的老路”已经无法支撑大石桥镁质材料产业产品结构升级

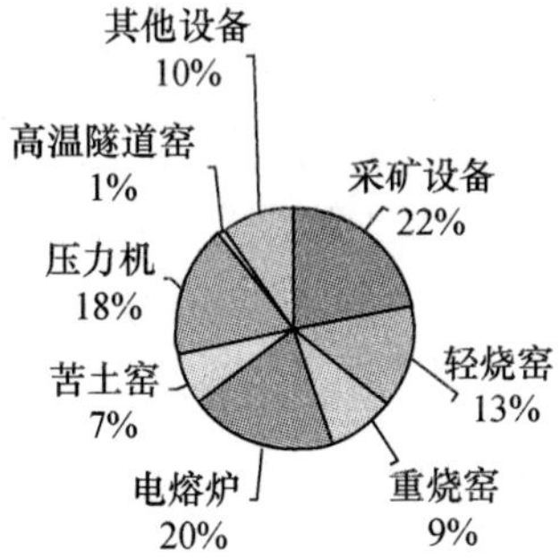

图3－2　大石桥镁质材料产业的设备构成

① 资料来源于http：//www.mgnet.com.cn，以及大石桥市科技局，“大石桥市国家镁质材料产业化基地建设情况”，2005年11月10日。

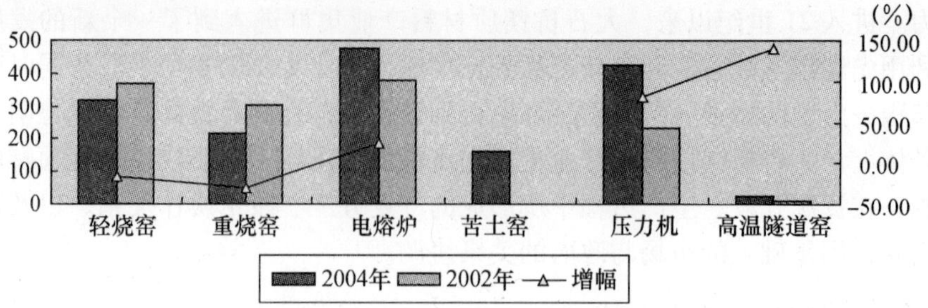

图3-3　大石桥镁质材料产业的技术水平及其变化

和持续发展。针对这一问题，“十五”期间，大石桥市镁质材料产业科技投入资金达6.5亿元，将目标锁定在提高镁质材料的深加工能力、技术含量以及向产业链的高端迈进上。同时，为了提高自主创新能力，大石桥市通过鼓励设立企业技术中心，促进产学研联盟等方式，积极构建区域创新体系，为产业集群成长提供不竭动力。目前，有60家镁质材料生产企业先后与北京科技大学、大连理工大学、中建院、洛耐院、上海宝钢等近50家大专院校、科研院所和国家大型企业建立了长期技术协作关系，并依托企业建立了5个省级企业技术研发中心。

目前，大石桥市镁质材料产业基本形成了“储备一代、试验一代、生产一代”的技术体系。电熔镁锆硅共晶材料、镁基高抑无机纳米阻燃剂、高活性氧化镁、镁合金等高新技术产品已在实验室研究中取得重大突破，有可能成为产业的未来新兴增长点。大型水泥窑用镁铝尖晶石砖、大型玻璃窑用优质镁锆砖等高新技术产品已经进入工程化生产阶段，将成为大石桥镁质材料产业的主导产品。而连铸用功能耐火浸入式水口砖、滑动水口砖、整体式塞棒等高新技术产品的批量化生产，使得区域产业的整体技术水平显著提升，并促进了产品更新换代。此外，还有一批具有国内外领先水平的高新技术产品。2002年12月12日，国家批准设立了以大石桥为主体的“营口国家镁质材料产业化基地”。毫无疑问，产业技术体系的初步构建，显著提高了大石桥镁质材料产业的技术水平和竞争能力，有力地促进了产业集群从依靠自然资源驱动向技术创新驱动转变。

二、精细化的产业分工体系

产业集群之所以能够形成、快速发展并表现出较强的竞争力，一定具有其他地方所不具有或者较少具有的比较优势。这种比较优势可能来源于自然资源禀赋，也可能来源于基于资源禀赋形成的产业分工—生产体系。大石桥镁质材料企业围绕菱镁矿石开采、初级加工、深加工与新型材料（如镁合金）形成了相对完整的产业分工—生产体系。无论在产业的哪一个环节、哪一个层面均形成了大企业牵头的分工协作关系（见表3－4）。调查显示，经过20多年的发展，大石桥镁质材料产业一方面基本形成了采掘与加工并以加工为主的两大产业分工体系，2004年，大石桥市共有镁质材料企业575家，其中采矿企业68家，加工企业507家，形成了4大系列200多个品种的镁质材料产品谱系；另一方面在加工环节又逐渐衍生出耐火材料、金属镁和镁基化工三大产业链，初步形成了镁质材料产业的三大支柱，其中，耐火材料产品的国内市场占有率达到了60%，并远销世界40多个国家。

表3－4 大企业牵头的产业集群

行业	产品	龙头企业
耐火材料	电熔镁砂	新型集团、嘉晨集团、群益集团、华镁集团
	不烧砖	青花集团、金龙集团、群益集团、金辉集团
	烧成砖	青花集团、金龙集团、群益集团、新型集团
镁化工	镁化工	营口菱镁化工公司、昆桥化建公司
	耐高温绝缘氧化镁粉	营口三华化学有限公司、大石桥市冶金电热材料厂
镁金属	镁金属	宝钢金宝镁制品公司

资料来源：作者根据对大石桥市镁质材料产业集群的调查资料整理而得。

采矿企业基本形成了大企业主导小企业快速发展的产业组织格局。依托丰富的自然资源，目前，大石桥供有采矿企业68家，采矿设备532台，年开采镁质矿石770多万吨，其中菱镁矿石近500万吨。企业金鼎镁矿有限公司和青花镁矿是大石桥最大的两家采矿企业，年产量分别为110万吨和71万吨，约占年总开采量的25%左右。数量众多的采矿企业为下游加工企业的发展创造了良好条件。2004年，大石桥镁制品深加工企业达170多家，定型制品、不定型耐火材料、镁基化工、优质镁质建材等深加工产品产量达到420万吨，产值实现78亿元，占镁制品总产值的55.7%。这一比例较前两年增加了3个多百分点，标志着大石桥的镁质材料产业深加工能力不断增强，整个产业基本由原材料开采转向了深加工阶段或环节，产业附加值率有所提高。

就产业组织结构而言，大企业已经成为大石桥镁质材料产业集群中的主导力量，2004年规模以上企业113家，占全部镁质材料产业企业总数的19.7%，较2002年提高了3.1个百分点，其中，5000万元到1亿元规模的企业增长得最快（见表3－5）。大石桥镁质材料产业集群中的龙头企业完全达到了规模经济要求。根据《耐火材料产业发展政策》规定，镁碳砖车间的经济规模要求是年产量5000吨及以上。以营口金龙公司为例，它的附属公司营口九州耐火材料有限公司的镁碳砖等不烧耐火砖的年产量为35000吨，营口光阳耐火材料有限公司的年产量为65000吨。总体上，大石桥镁质材料产业集群的特点是自然资源依赖型的、大企业主导的外向型产业集群。

表3-5　大石桥镁质材料产业的企业规模分布（规模以上）　　单位：个

年份	合计	10亿元以上	1亿~10亿元	0.5亿~1亿元	0.1亿~0.5亿元	0.05亿~0.1亿元
2004	113	1	13	16	48	35
2002	61	1	7	7	27	19

资料来源：作者根据调查整理而得。

三、创新创业活跃的民营经济

有助于创新创业的市场机制，是产业集群成长的重要动力。灵活的经济组织制度是产业集群成长中的最为关键的承载主体。不同产业集群的组织制度差异，决定了不同产业集群的成长特点。大石桥镁质材料产业集群的微观运作主体是充满活力的民营经济。自20世纪90年代中期以来，以乡镇企业产权改制为代表的现代企业制度建设取得了巨大进展，包括镁质材料产业内在的许多国民经济部门孕育和成长了一大批民营企业。

在镁质材料产业集群成长中，民营企业是主力军。无论是在镁质资源的开采与加工环节，还是在技术基础、创新能力方面，这些企业均处于决定地位。在镁质资源开发与加工领域，形成了一大批大规模的企业集团，并成为行业的龙头企业（见表3-4），如耐火材料领域的新型集团、嘉晨集团、群益集团、华镁集团，镁化工领域的营口菱镁化工公司、昆桥化建公司。这些企业在追求规模扩张的同时，也非常重视科技投资和技术能力积累，成为本地产业的重要支撑力量。作为民营企业的排头兵，青花集团不仅拥有全国最大规模的高温隧道窑，最大吨位的摩擦制砖机等一批先进装备①，还积极建设青花耐火材料研究院，通过与国内大专院校、科研机构及国内外同行开展技术合作，每年都推出5项左右的新产品，它所生产的镁质材料产品有85%出口至日本、欧美、东南亚等40多个国家和地区。2004年，青花集团共吸引了4000多名从业者，占大石桥镁质材料产业从业人数的10%左右，上缴税收1.2亿元，纳税额位居辽宁民营企业第一位，在全国名列第11位。

大石桥镁质材料产业中的民营企业之所以能够快速发展，并在地方经济发展中发挥重要作用，原因有三：①拥有一批具有艰苦创业、创新精神的企业家，例

① http：//www.mgnet.com.cn.

如王景斌、王守彬等人；②原有国有企业培养了一批技术骨干，随着国有企业改制，这些技术人员转移到了民营企业，并发挥着技术领导作用；③地方政府在创业环境建设、公共服务方面出台了一系列政策措施。良好的微观经济运行机制，吸引了诸多的外国直接投资者。2004 年，大石桥市共有镁质材料三资企业 37 家，居全国第一位。外资的进入，带来了先进的技术与管理，客观上促进了技术溢出与扩散，带动了民营企业向更高阶段发展。

四、政府的积极推动与引导

地方政府在产业集群发展中具有不可替代的作用，有的侧重于市场规则制定与市场秩序建设功能，有的关注某些公共服务平台的搭建，有的重视直接的资金注入或者招商引资，还有的看重创新创业的环境建设。大石桥镁质材料产业集群的成长壮大基本上是中央政府、省政府与营口大石桥市三级政府共同推动与引导的结果。中央政府通过“国家镁质材料产业化基地”建设项目，促进国家镁质材料成果转化，形成了国家高新技术产业和地方区域经济协调发展的良好局面，提升了大石桥镁质材料产业的科技含量、生产效率和竞争力。辽宁省政府则运用经济、行政和法律手段调节生产和流通，大力发展高新技术项目，同时成立辽宁省人民政府镁质资源保护办公室，加强对镁质材料产业发展的监管与服务力度。

大石桥市政府通过两种方式积极引导当地镁质材料产业集群发展。其一，科学的宏观战略导向。2001 年，大石桥政府在总结“九五”国有企业转制、发展民营企业的成功经验，分析“中国镁都”资源区位优势并综合测算后，提出了“五年再造一个大石桥，在全省率先基本实现现代化”的战略目标①。这种战略给民营经济发展以明确的导向，保证了经济发展路径的连续性。其二，全方位的政策支持。在上级政府政策的指导下，大石桥市先后制定了《关于加快经济开发区发展的决定》（2001 年）、《评定星级企业的意见》（2002 年）、《关于促进民营经济发展的若干意见》等文件，借助于土地、税收、市场准入等方面，规范包括镁质材料产业在内的国民经济部门运行环境，推动民营经济增长方式全面转型，促进产业竞争力提升。

通过强化科技服务体系建设，用高新技术改造传统产业，提高镁质品科技含量和附加值等相关措施，显著提升了大石桥镁质材料产业集群发展水平。从 2002 年起，大石桥市针对本地低档耐火材料供过于求的问题，每年列资百万元为企业科技贷款项目提供贴息，鼓励其提高镁矿藏的利用率和精深加工度。目前，全市已有 130 余家企业与国内外 100 多家科研院所和高校建立了合作关系，涌现高新

---

① “建设和谐辽宁，大石桥工业立市加快区域经济发展”，http：//www.chinaneast.gov.cn，2005 - 2 - 2，来源：辽宁日报.

技术企业30家，高新技术产品产值达80.8亿元，占全市工业总产值的33%①。在地方政府导引下，“科技兴企”正在成为许多民营企业的文化理念，并在大石桥镁质材料产业集群高级化发展中逐渐取代单纯的资源优势而居战略主导地位。

第三节　大石桥镁质材料产业集群升级的政策取向

经过近些年的发展，大石桥镁质材料产业已经初步完成了资本原始积累，正处于集群产业、技术与竞争力升级的重要转折时期。在这个时期，市场机制、市场秩序均处于新一轮重建过程。在新的发展阶段，无论何种市场参与者均要求一种更好的、更公开的、更有效率的市场环境，虽然这种环境可以靠自然演化逐步形成与完善，但是这个过程可能会持续较长时间，由此可能带来较多的资源浪费与效率损失，也就是靠市场自发调节难以获得最优市场运行状态。国内外经验表明，这种市场失效的存在，需要政府积极干预。政府干预不必然意味着政府替代市场，而是补充市场，让市场更好地发挥其应有的积极功能。综合分析，目前大石桥镁质材料产业集群的特点是自然资源依赖型的、民营大企业主导的外向型产业集群。在经过资本原始积累阶段后，产业集群的成长动力必将实现从自然资源依赖转向创新驱动。这个过程的长短直接影响着大石桥市镁质材料产业结构的优化升级以及区域经济的持续协调发展。结合国内外产业集群成长经验，大石桥镁质材料产业集群升级的政策取向可以集中在如下三个重要方面。

一、统一规划、整合资源

尽管大石桥镁质材料产业集群获得长足进展，但是，集群内企业的分工协作，特别是基于竞争的合作关系尚未形成，“各自为政”现象突出，难以形成合力。大石桥的邻近城市海城，也拥有丰富的镁质资源，也拥有一批具有较大影响力的企业。但是，大石桥、海城（更大范围上讲是营口与鞍山）在镁质资源的开发、利用和生产上各有“瓶颈”约束②。大石桥在镁制品的深加工领域领先一步，却明显受资源的困扰；而海城、岫岩虽占有资源优势，但镁矿产业的深加工水平却亟待提升。目前，镁质材料市场前景较好，中国镁质材料产品在世界市场上的影响越来越大，世界镁质材料制品制造中心也开始向中国转移，这为辽宁乃至中国镁质材料产业发展创造了广阔空间。为此，大石桥镁质材料产业集群升级

① “建设和谐辽宁，大石桥工业立市加快区域经济发展”，http：//www.chinaneast.gov.cn，2005－2－2，来源：辽宁日报.

② http：//anshan.nen.com.cn.

不仅要强调大石桥内部的统一规划、资源整合，更要从更高层面加强大石桥—海城或者营口—鞍山的资源生产整合，依据各自优势，协同合作，构建一个跨行政区域的世界级的合作型的镁质材料产业集群。

二、实行四位一体竞争战略

所谓四位一体的竞争战略就是指充分发挥资源、技术、品牌与企业家协同作用的竞争战略。不容置疑，丰富的自然资源是大石桥镁质材料产业集群成长的基础性条件，但是后三个要素在区域产业升级过程中将发挥更大的作用，并逐渐取代单纯的资源要素而决定镁质产业集群的未来。经过多年发展，大石桥镁质材料产业的技术能力有所提高，然而与更高的市场需要相比，与发达国家相比，还存在很大差距。这种差距在产品体系上的反映就是“结构性过剩”——低技术水平产品多，高附加值产品少，特别是代表镁质材料产业技术发展方向的金属镁等领域尚处于空白。结合未来技术发展与产业成长特点，大石桥可以依托现有5家省级企业技术中心，通过政府支持、企业主导、高校研究机构参与等方式，筹建“中国镁质材料工程技术中心”，利用国家政策，大力开展产业共性技术、关键技术攻关与开发，为区域内企业特别是那些无力开展技术开发、工程试验的中小企业提供创新服务平台，延展镁质材料产业链，促进产业技术整体水平提升。

拥有500多家的有竞争力的镁质材料企业，却鲜有重视品牌建设者。未来的竞争，除了依托技术创新之外，还要依靠有声望的品牌。打造与大石桥镁质材料产业集群规模与竞争力相称的系列品牌是区域经济健康发展的重要保证。无论是技术开发，还是市场拓展、品牌创造，都离不开具有创新精神的企业家。改革开放以来成长的第一代企业家在大石桥镁质材料产业集群成长中功不可没。随着国内外资源环境变化，科学技术发展变化以及竞争手段的变化，第一代企业家基于经验的经营管理理念亟须转变为基于系统的现代理论支撑。同时，伴随新技术涌现出的一批技术型企业家也需要具有丰富市场经验的经营者加入。通过多种形式的学习、培训培养一批新型企业家队伍，将是目前大石桥镁质材料产业集群升级战略中的重中之重。

三、强化市场服务体系建设

目前，大石桥许多镁质材料企业采取的是采掘、加工在内（大石桥）市场在外（大石桥以外，特别是国外）的生产经营模式，看重的是产量，而不是市场营销，更不是品牌建设。例如，有的企业只关心“向国内外中间商交了多少货”，而不知道国际市场的价格及中间商的利润空间。与此同时，许多企业的产品品种相同，市场领域单一，内部恶性价格竞争激烈，十分不利于产业的持续发展。所以，政府可以通过营业税减免、提供优惠办公场所等措施，吸引多种力量加强包括行业协会在内的市场服务体系建设①，为企业市场开拓、国际贸易、技术转移等提供服务。其中，在市场开拓方面的一个重要举措就是加强区域内市场信息网络建设，另一个重要举措就是基于技术创新，开拓新的市场领域，超越传统的冶金、建材领域，可以向电子信息设备、航空航天及军用领域拓展。

此外，从战略高度预先安排接续产业发展，也将是大石桥市镁质材料产业集群升级的一个重要政策取向。尽管大石桥拥有丰富的镁质资源，但是资源的不可再生性，决定着完全依赖镁质自然资源的产业成长难以持久。所以，一方面，通过科学规范的开采、开发，利用先进技术提高资源利用率，延长资源生命周期；另一方面，积极发展其他产业，降低区域经济对某一产业的过分依赖。这将是新时期大石桥经济社会持续、和谐发展的重要保障。

① 目前，大石桥的耐火材料协会在强化为企业服务、维护企业权益、促进行业发展等方面发挥了重要的作用，被评为全国先进民间组织，参见周大寨. 大石桥政府工作报告，2005-1-25.

第四章　自主创新带动区域经济转型

——关于阜新液压产业基地的调研报告①

阜新液压产业基地建设是落实辽宁省委、省政府“突破阜新”战略，探寻资源型城市经济转型和区域协调发展新路子的一种尝试。历经半个世纪的产业积淀，依托资源枯竭型城市转型以及“突破辽西北”的政策优势，在国家及省、市科技部门大力支持下，阜新液压产业基地发展十分迅速，一个依靠科技创新，依托原有技术基础，顺应市场需求的现代创新型产业基地正在形成。阜新液压产业基地的发展是科技与经济相结合，现代技术、企业与产业协同发展，以自主创新带动资源型城市转型和经济发展方式转变的缩影。

第一节　阜新液压产业基地发展概况

阜新液压产业历史悠久，具有较大的比较优势，初步形成了汽车动力转向泵、高中压齿轮泵、叶片泵、螺杆泵、石油液压机械、液压系统、泵配件、密封件、空压机等主导产品。阜新液压气动产业有着40多年的历史，早在20世纪60年代，阜新液压件厂就是当时同行业中的全国骨干企业之一。阜新液压产业基地在国内同行业中具有很大影响，被称为“全国液压三分天下，阜新液压占有其一”。早在2008年，阜新液压企业生产各类液压泵130余万台，占全国总产量近1/3，成为全国泵类最大生产基地。目前，阜新液压气动产品已成功地为北汽、一汽、二汽、华晨金杯、江铃汽车等国内40余家企业配套，同时产品还出口德国、俄罗斯、巴基斯坦等国家，已全面进入汽车、机车、工程机械、农业机械、机床、塑机、冶金矿山机械、发电设备、石油化工、铁路机械、船舶、港口、轻工及国防工业等领域。

2008年底，阜新市委、市政府结合本市实际情况，提出了打造中国液压产

---

① 组长：王伟光，成员：马云俊、温风媛、白雪飞、冯荣凯。感谢辽宁科技厅邢兰兰处长、秦树梅秘书长、王学来主任，以及阜新科技局、阜新开发区领导在调研过程中的支持。该报告是调查组调查阶段成果，仅供参考。

业之都的战略构想，决定在开发区建设液压产业基地。该基地规划面积 22.3 平方公里，计划用 3~5 年引进企业 600 户，销售收入达到 1000 亿元以上，实现利税 200 亿元以上。该基地的功能定位是：阜新经济转型接续产业制造基地，辽宁省乃至全国装备制造业配套基地。按照把阜新液压产业基地打造成辽宁省装备制造业配套产业基地和阜新市经济转型接续替代主导产业的战略定位，围绕“一个产业、一个新区”的战略构想，液压产业基地加大了基础设施建设和招商引资工作力度，打造了良好的投资环境。

2009 年新签约批复入园项目 103 个，其中新开工建设项目 81 个（包括省外项目 29 个、域外省内项目 19 个、阜新当地项目 33 个），亿元以上项目 23 个。这些项目的产品分布情况是主机装备与液压系统项目 42 个、液压泵与马达项目 22 个、液压缸与阀项目 7 个、空压机与气动元件项目 3 个、铸造件与热处理件项目 10 个、密封件与配套件项目 19 个，总投资额 75 亿元，达产后可实现产值 120 亿元。2010 年以来，已签约项目 39 个（包括省外项目 13 个、域外省内项目 13 个、阜新当地项目 13 个），其中亿元以上项目 22 个。正在建设的一期总面积 15650 平方米的研发和孵化中心工程已经完成主体施工，2011 年 6 月可投入使用，二期 2 万平方米的研发检测中心正在规划设计。在产企业呈现出良好发展态势，2009 年开发新产品 24 项，实现产值 35 亿元，比 2008 年增长一倍。2009 年 12 月，阜新液压产业基地被正式批准为国家液压装备制造产业化基地。

第二节　阜新液压产业基地发展模式的四大特点

一、产业基地形成初期需要政府强力主导

自 2005 年阜新科技部门规范液压产业开始，液压产业基地的发展一直伴随着政府的大力扶持与引导，包括土地、财政税收、贷款等方面的优惠以及全方位的创新服务。

（1）顶层设计，宏观指导。为了推动阜新液压产业基地的发展，辽宁省政府成立了由滕卫平副省长为组长的液压产业基地建设领导小组；阜新市也成立了由阜新市委书记和市长任组长的基地建设领导小组，下设建设办公室，统一指导、协调基地的建设。

（2）抓住机遇，把握科技规律，面向市场，超前谋划。科技型、创新型产业基地在发展初期通常面临着创新基础弱、市场定位不准、支撑平台不健全等

"系统性失灵和结构性失灵"问题，而这些问题单独依靠市场是无法解决的，政府指导和适当介入是必然选择。正是认识到了这种规律，辽宁省科技厅在科学分析阜新科技与产业条件基础上，明确指出将"在产业基地的研发平台建设、企业新产品开发及科技成果转化"等方面予以重点扶持，并从战略层面提出了建设"国家级液压特色产业基地"目标。阜新市政府结合地方特点，由市科技局起草了《依靠科技创新打造阜新液压之都实施方案》，采取培育核心企业、建设产业园区、发展配套产业和加大招商引资力度等措施，提出利用五年左右时间，培育壮大阜新市液压产业集群，使之成为阜新经济发展的重要主导产业。

（3）政府对液压企业实行"挂牌保护"，对投资企业实行绿色通道服务，通过"一事一议"、"特事特办"等方式，为投资企业进行全程全方位的服务。有效的政府管理造就了产业基地建设的良好开端。

二、科技型民营中小企业引领产业发展

液压器件产品本身特点决定了许多企业规模都比较小，科技型民营企业成为阜新液压产业基地的核心力量。当前，阜新液压产业基地基本形成了以液压件厂、德尔公司、太克公司等为龙头，20 多家中小企业为骨干的液压气动生产企业集群，集群企业超过了 20 家，产品遍及汽车动力转向泵、自卸车举升泵、高中压低噪音叶片泵、高中压齿轮泵及配套液压系统等 30 多个系列、上千个品种，广泛应用于工程机械、塑料机械、冶金、石油机械、汽车制造业等领域。科技型中小企业依托其灵活经营机制和活跃的创新文化，不断成长壮大，辽宁太克液压机械集团有限公司和阜新德尔汽车转向泵有限公司两家企业目前已经成为年销售收入超亿元的大企业，其余大部分企业销售收入也在几千万元以上。有的企业已经成为国内行业的领头羊。例如，德尔公司是一家以汽车用动力转向泵的研发与生产销售为一体的高新技术企业。经过几年的发展壮大，德尔公司已拥有年产 70 万台（套）转向泵生产线，主要产品汽车动力转向泵有 33 个系列、300 多个品种。产品适用于国内重型卡车、客车、轻型汽车及乘用车，主要用户有东风汽车股份公司、华晨金杯、江铃汽车股份公司等 40 余家国内企业。该企业去年产量达 68 万台，销售收入达 2 亿元，今年产量将达到 100 万台，销售收入将达到 3 亿元，目前已成为仅次于南京"ZF"的国内第二大汽车动力转向泵生产企业，2011 年，该企业有可能成为全国最大汽车动力转向泵生产企业。

在阜新液压产业基地中小企业发展过程中，阜新液压件厂功不可没。阜新液压产业的发展历史，可以追溯到 20 世纪 60 年代新中国最早生产液压元件的骨干——阜新液压件厂。20 世纪 80 年代后，阜新液压件厂开始开发生产齿轮泵、叶片泵、汽车动力转向泵等 20 余个品种上千规格的产品，市场占有率一度高达

70% 以上。随着市场经济的深入发展，阜新液压件厂像其他大型国有企业一样出现了严重的人才流失问题。这些人才一部分去了南方，一部分流向当地的民营企业，这为阜新液压民营企业的发展提供了人才与技术基础。据调查，本地 20 多家液压器件企业无一例外地与这家历史悠久的国有企业存在着密切的联系，正是这些联系使得当地民营企业拥有了创业初期的技术、管理和市场，本质上看，该国有企业承担了孵化器的功能。大量衍生的中小企业快速发展，成为阜新液压产业基地一个显著特点。

三、先配套后整机的产业技术价值链升级策略

从上游配套向整机逐渐升级是阜新液压产业基地成长模式的另一个显著特点。装备制造产业是我国重要的战略产业部门，需要大量的液压器件等提供基础配套，而液压产业在我国却是薄弱环节之一，亟须“进口替代”。面对广大的市场需求和国家战略需要，阜新液压产业基地首先将发展重点放在了液压、气动、密封、液力液压装备等配套环节，从国内外引入大量的基础件企业。这些企业的大量“扎堆”，形成了规模经济、范围经济等聚集效应，带动了与之相关的配套企业再次进入，强化了“配套优势”。2009 年 4 月，为液压企业提供密封制品的上海金惠有限公司决定在阜新液压产业园投资设立阜新金汇科技有限公司，其原因之一就是“阜新液压企业越聚越多，我们足不出园区，遍地是客户，既不愁市场，还能省成本”。而生产液压泵用接头的阜新鸿升机械制造有限公司在进入液压产业基地之后，距其配套企业仅有 5 分钟车程，大大减少了物流成本，生产效率和经济效益显著提高。

阜新液压产业基地的主导产品为液压元件及相关配套件，处于产业链条的上游位置，沿着产业链条进行延伸的空间很大。液压气动产品是装备制造业的关键基础元件，广泛应用于汽车、机床、工程机械、石油化工及航空航天、军工等领域，上下游关联产业较为广泛。经过了配套企业的群聚，大量的生产经验积累，阜新产业基地目前正在向整机生产系统等高技术价值链升级。阜新液压产业基地正在规划建设主机装备与液压系统、液压泵与马达等六个系列产品集群区，进而形成主机成套装备制造为龙头、液气密封元件制造为骨干、配套件制造为辅助的产业链条。

四、创新支撑、引领产业发展

产业技术联盟、孵化中心、研发中心等创新平台建设是阜新液压产业基地发展的原动力。与国内其他类型产业基地只重视基础设施建设不同，阜新液压产业基地最大优势在于“区域产业技术创新体系”的构建。一期研发和孵化中心已

经完成主体施工，总面积为15650平方米，而二期研发检测中心将为两万平方米。基地规划建设的研发孵化中心、研发检查中心等，为基地内企业提供技术支持的同时，也为产业关键共性技术的开发奠定了基础。依托基地、立足基地、服务基地，阜新液压骨干企业与浙江大学、北京机械工业自动化研究所等国内重点高校院所组成了产学研技术联盟；由辽宁工程技术大学等六家单位共同出资组建了辽宁兴阜液压研究院有限公司；2009年，基地新组建省级工程技术中心3家，企业实施产学研合作项目46项，基地高新技术创业服务中心被认定为国家高新技术创业服务中心。正是由于阜新液压产业基地创新体系建设的突出表现，2009年，阜新液压产业基地被国家科技部批准为阜新国家液压装备高新技术产业化基地。目前，阜新液压产业基地在产和在建的企业已超过150家，初步形成了具有区域特色的液压产业集聚区。

第三节　阜新液压产业基地发展约束与对策

一、发展约束

（一）产业基地不可复制性小，面临“空洞化”的威胁

阜新液压产业基地处于建设初期，在土地、税收、贷款等方面实行过度优惠政策来招商引资，推动基地的迅速成长。这种“倾销式”的优惠政策必将吸引众多企业纷纷到来，一些利用当期效应而非远期效应的企业加入基地，而一旦这种突出的成本优势不再明显，而且基地内非经济吸引力（创新创业软环境）很弱且表现出不可持续性时，这些企业会追逐其他地区的优惠政策而“流动”，使产业基地出现“空洞化”。

（二）产业基地专业技术人才极度短缺

许多液压器件企业都是涉及数控、车工、焊接等技术人才的创新型企业，企业持续发展和产品更新换代需要大量的人才支持。专业技术人才供给不足正在成为液压产业基地高质量、高速度发展的制约因素之一。目前，阜新市共有中职学校20所，在校生21600人，其中，数控、车工、焊接等与液压产业结合紧密的在校生仅有1623人，仅2010年市场需求就高达5000余人，存在近3500个人才缺口。况且液压行业对技术人才的要求十分高，正如一位管理者所说，“它是一个要求安全性程度高、有经验有技能的部门，培养一个合格的技术工人，需要几年的时间，现在有的仅仅几个月就出徒了，对产品质量很不利”。另外，基地内很多企业负责人属于第一代企业家，企业原始积累尚未完成且素质良莠不齐，这

些因素对企业快速良性的发展提出挑战。

（三）产业基地企业规模太小

除了几家规模较大的企业之外，基地不少企业年销售收入维持在 1 亿元以下。而且全国液压配套产业规模不超过 1000 亿元，这意味着阜新液压产业基地企业规模增长空间有限。但是，如果能够顺利实现升级，向上游整机进军，基地将会进入到一个新的大跨越发展阶段。

此外，目前国内液压产品生产企业技术水平相当，产品质量差异不大，且共同面对国内市场，存在较为严重的无序竞争现象。相关厂家恶意压价，伴随着工人工资上涨，企业利润空间受到挤压，发展受到一定影响。基地内的液压企业，同样存在一定的产品趋同及替代趋势，竞争不可避免。如何协调国内及区域内的企业之间的关系，变无序竞争为竞争协作，共同提高产业发展水平，值得深入探讨。

二、对策建议

（一）加快制定并完善中长期产业基地发展规划

阜新液压产业基地处于快速成长的初期，当地政府应该参考其他地区发展经验，结合自身特点，加快制定并完善中长期产业发展规划。其中包括基地的中长期发展战略目标、政府的阶段性职能转变、新老城区的协调、研发中心与服务平台的运作及后续管理等。只有确定了较为科学合理的中长期发展目标，把每个细节规划清楚并做实，才能指导基地一直沿着正确的方向前进。政府对企业或产业的支持只能是“授之以渔”的方式，必要的引导、促进和扶持终将是有限的，企业发展更加依靠的是企业的创新能力、经营模式与管理水平等。当前，企业与产业基地应该在政府的强力扶持下，尽快地成长，及早踏上自己的发展快车道。

（二）建设国家液压产业技术研究院

技术创新是液压产业基地发展与壮大的必行之路。目前，虽然基地内成立了兴阜液压研究院有限公司、产学研技术联盟以及一批省、市级工程技术中心，但想打造世界级的“液压之都”，这些还是远远不够的。只有依托强大的技术支撑，产业才能健康持续发展。基地内的研发组织与技术联盟，在一定程度上可以促进区域内企业或成员单位的技术创新，但影响力与层次略显不够。建设国家液压技术产业研究院，可以聚集国内乃至国际创新资源，实现联合攻关，为产业发展提供关键、共性技术支撑。

（三）充分发挥行业协会的作用

基地建设之初，政府部分地代替市场职能，可以加速基地建设，更好地达到招商引资的目的。但随着基地建设的逐步完善，政府必须逐步地退出，政府的职能应该主要集中在立法、管理、监督、协调、服务、调控等间接性的管理工作方面，政府不能再包揽或直接管理企业的各项具体事务。行业协会作用的充分发挥，是市场经济成熟和政府职能转变的重要标志之一。目前，基地与中国液压气动密封件工业协会达成合作，是一个很好的开端。充分发挥行业协会在信息交流、技术咨询、组织行业培训、会展招商、标准制定、行业统计分析、国家政策传达、企业问题反馈等方面的职能，全面协调国内液压产业的发展秩序，避免无序竞争，使其踏上分工合作、有序竞争的良性发展轨道上来，同时为基地的招商引资、采购销售，以及快速发展壮大保驾护航。

（四）实施并完善人才战略

人才是企业发展的核心要素。无论是经营管理人才，还是工程技术人才，都是企业发展过程中必不可少的资源。调研过程中，相关企业负责人反映，目前阜新液压产业所需的高级工程技术人才紧缺。究其原因，最主要的就是区位因素。阜新地处辽西北，多年以来一直给人一种经济落后、交通不便的印象。有能力的高级技术人才在发达地区就业较容易的情况下，当然不愿意远赴偏僻地区。另外，当前的就业观念致使许多大学毕业生宁愿在沈阳等大城市面对激烈竞争、挣取较低工资，也不愿到较偏僻地区就业。为此，阜新相关部门应该加强宣传力度，向社会展示阜新全新的发展面貌、广阔的发展空间，同时在提高从业人员收入与改善其他福利等方面多下工夫。“一个产业，一个新区”的构想可以说是一个创新，但需要考虑与老城区的邻近与替代关系。同时，在股权、期权激励，员工教育培训、出国深造等方面应加大投入力度，争取吸引更多的急需人才。

同时，企业家是企业的“领路人”，没有好的企业家，就没有好的企业。对现有企业家进行后天培训，具有重要的意义。这种培训既包括对经济学、管理学以及相关专业技术知识等的培训，也包括个人理念与价值观的更新、国内国际政治经济形势等内容的学习等。通过一大批高素质企业家的示范效应，必然会带领基地走上良性可持续发展之路。

（五）拓宽基地建设及企业发展的投融资渠道

企业在发展过程中，资金约束是比较普遍的现象。尤其针对经济相对不发达地区的中小企业更显突出。阜新液压产业基地在成立与发展过程中，融资渠道较为单一，仅仅依靠政府的专项资金与银行贷款，对基地建设与企业发展造成很大的约束，因此，拓宽投融资渠道显得非常重要。风险投资的引进，必然为基地的快速发展壮大提供保障。但是，风险投资更加倾向于投资高新技术或高风险高回报的产业，因此，基地内企业在创办及发展过程中，必须坚持持续的自主创新，提高产品技术含量与附加值，这样才能吸引风险投资。据悉，中国风险投资研究院（香港）有入住的意向，此机会一定不容错过。同时，当地政府可以地方债券的形式募集资金进行基础设施建设，提高硬环境水平，促进招商引资的开展。针对单个企业发行债券困难的现状，借鉴大连市政府经验，可以发行中小企业集合债。另外，有条件的企业应该争取创业板上市。

（六）加强区域品牌建设

在当前的市场经济条件下，区域之间、企业之间的竞争在很大程度上取决于品牌效应。打造区域品牌、提升区域的知名度，有助于发挥区域经济的凝聚力和向心力，有助于吸引投资、引进人才、聚集信息、拓展市场。区域品牌一旦形成，就会成为产业品质和信誉的重要标志。传统的区域品牌如法国香水、意大利服装、瑞士钟表等；新型的区域品牌如美国硅谷、印度班加罗尔、北京中关村等。又如我国的义乌小商品、佛山陶瓷等，也已成为区域品牌的典型代表。区域品牌已经成为区域经济发展的主导因素，区域品牌建设是区域经济发展的必由之路。

阜新液压产业基地在发展过程中同样需要打造区域品牌，一方面依托阜新液压产业基础，若干龙头企业带动，培育若干企业品牌；另一方面，由政府协调基地内部的竞争合作关系，加强知识产权保护，借助基地发展，加强宣传力度，逐渐形成具有地方特色的区域品牌，使“阜新液压产品”如同“瑞士钟表”一样走向世界。

第五章　沈阳铁西装备制造产业集群创新[①]

铁西区装备制造产业发展的历史很长，并在新中国成立初期形成了一定规模的聚集效应，但是其聚集规模和程度与现代产业集群发展的需要相比还存在差距。如何构建一个能够支持集群持续创新的机制，仍然是一项艰巨任务。总体上看，科学定位国有企业、培养集群软实力、建设新型产业关系网络和推动有条件的优势企业上市将是未来铁西装备制造产业集群创新体系完善的重要方向。沈阳铁西装备制造产业集群坐落于沈阳市铁西新区，该区位于沈阳市中心的西南部，由铁西区、沈阳经济技术开发区、沈阳细河经济区组成，享有市级经济管理权限。沈阳铁西是我国最为重要的装备制造聚集区，在东北老工业基地全面振兴过程中一直扮演着排头兵的角色。沈阳装备制造产业总体上包括三大聚集区和两个配套区（见表5－1），其中，铁西装备制造产业集群是装备制造产品最为集中的区域。在我国有能力生产的24类219种成套设备中，沈阳占了1/3，大部分集中在铁西。在装备制造业生产的77个产品中，有44个在技术水平和市场份额方面居中国首位。2009年，铁西区规模以上装备制造业总产值、增加值分别为1230亿元和330亿元，分别较上年增长17.9%和21.8%。其中，铁西规模以上装备制造业增加值占沈阳市的比重高达33%以上。这里力图通过铁西区装备制造产业集群的发展状况折射出沈阳乃至辽宁老工业基地全面振兴过程中的某些技术创新特点。

表5－1　沈阳装备制造集群的空间分布

地区	定位	重点产品	目标
铁西区	装备制造聚集区	数控机床、通用石化装备、重矿机械、输变电装备、工程机械、汽车及零部件	装备制造产业集群
浑南新区	装备制造聚集区	数字化医疗设备、自动化控制设备、电子信息、航空	沈阳市先进装备制造业的重要聚集区
大东区	装备制造聚集区	整车生产、零部件配套、物流配送	汽车城

① 合作者为作者的研究生冯荣凯、尹博和郭永亮。

续表

地区	定位	重点产品	目标
于洪区	装备制造配套区	金属加工机械制造、特种数控机床、锅炉及原动机制造、电气设备、建材机械专用设备制造	科技创新型现代工业示范区和民营经济主导型中小企业聚集区
辽中县	装备制造配套区	铸造机、铸造件、有色金属加工	先进装备制造业铸锻件生产制造基地和加工出口基地

资料来源：作者根据媒体资料和实际调研整理而得。

第一节　铁西装备制造产业集群发展历程

尽管铁西区装备制造产业发展的历史很长，并在新中国成立初期形成了一定规模的聚集效应，但是其聚集规模和程度与现代产业集群发展的需要相比还存在差距。为了更好地反映东北老工业基地振兴进程，我们将铁西装备制造产业集群的分析起始阶段界定为2002年。因为，2002年铁西新区的成立标志着作为该区主导产业的装备制造业正在形成聚集效应。总体上看，铁西装备制造产业集群大体经历了三个主要发展阶段（见图5－1）。

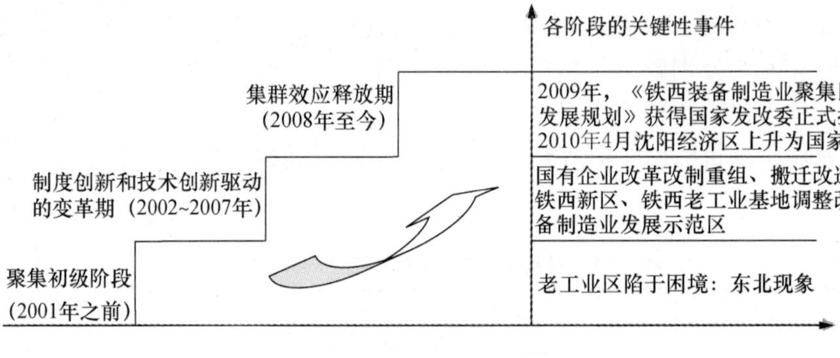

图5－1　沈阳铁西装备制造产业集群发展历程

资料来源：作者根据调研整理。

一、波动中的老工业区（2001年以前）

铁西区的工业历史可以追溯到20世纪初，新中国成立后，经过国家“一五”、“二五”时期的集中投资和重点建设，铁西区逐渐成为以金属加工、通用机械、交通运输设备等装备制造为主、国有大中型企业为骨干的综合型重化工业基地，集中了沈阳市80%以上的工业企业，在我国现代工业体系建设中发挥了重要作用。改革开放之后，在由计划经济向市场经济转变的过程中，传统计划体制的影响以及生产技术落后等问题日渐显现，铁西区成为“东北现象”的典型代表。20世纪90年代，铁西区95%以上的企业亏损，国有企业负债率高达90%，90%以上的企业停产、半停产，40万产业工人中有13万人下岗失业，铁西区进入到了“洗手没肥皂，干活没手套，什么时候发工资不知道”的最为艰难的时期。这一时期的显著特点是，国有企业主导的装备制造产业面临着前所未有的挑战，现代产业集群的理念尚未形成，许多装备制造企业只是存在地理上的邻近性，它们之间存在一定程度的经济技术联系。这些产业基础和技术积淀为后来装备制造产业集群发展提供了必要条件。

二、制度创新和技术创新驱动的变革期（2002~2007年）

搬迁改造和国有企业重组改制为特点的制度创新，以及激励重大创新的政策导向是这一阶段的显著特点。这一时期是沈阳铁西装备制造产业集群发展最为关键的阶段，其本质是通过“搬迁+资本重组+自主创新”实现了绝大多数装备制造企业的地理集中——聚集在了一个新的工业区铁西新区，也进一步提高了企业的创新能力。

2002年铁西区和沈阳经济技术开发区合署办公成立铁西新区，183户大中型企业开始从老城区陆续搬迁到该地区，为沈阳铁西装备制造产业集群的形成和发展创造了条件。2003年东北振兴战略的实施又为集群发展注入了新的活力。与此同时，以产权制度改革为突破口，采用中央企业、省外企业、民营企业以及国际跨国公司等多种形式，促进国有企业重组改制模式，激活国有资本存量，释放创新潜能。例如，沈矿集团与中国建材集团重组、新疆特变电工接管沈阳变压器厂、沈鼓集团与美国通用能源公司在油气领域的压缩机维修等方面的合资。

在政府创新政策引导下，企业自主创新的主体地位逐渐确立，产生了一大批自主创新成果。沈阳远大集团开发研制的无齿轮永磁同步曳引机被称为是现代电梯电机的一次技术革命。沈阳机床集团的数控机床、三一重装的煤炭综掘综采设备等自主创新产品不断出现，这些标志着新时期沈阳铁西装备制造产业集群的龙头企业的创新能力已经得到了很大跃升，现代装备制造产业的技术基础正在形成，为集群价值链升级提供了技术储备。自主创新能力的增强所带来的直接结果就是企业进入快速发展期，规模不断扩大，市场影响力也不断增强。例如，沈阳远大集团产品行销全球128个国家，并于2007年成为沈阳第一个销售额超过百亿元的装备制造业企业。2007 年，国家发改委和国务院振兴东北办授予沈阳市“铁西老工业基地调整改造暨装备制造业发展示范区”的称号。

三、集群效应释放期（2008 年以来）

这一时期的显著特点是区域产业聚集趋势更加明显，产业规模不断扩大，产业发展质量和水平显著提高，效益、创新逐渐成为区域产业体系的主基调。由于行业的特殊性和市场空间的特点，再加上自主创新能力较强，沈阳铁西装备制造产业集群受到国际金融危机的冲击相对较小。2009 年，《铁西装备制造业聚集区产业发展规划》获得国家发改委正式批准。2010 年 4 月沈阳经济区上升为国家战略，为铁西装备制造产业集群的优化升级再一次创造了新的发展空间。这些积极的政策优势和良好的产业基础，使得沈阳装备制造产业集群的影响不断扩大。现在已有 40 多个国家和地区的外商在新区投资建厂，其中跨国公司 83 家，世界 500 强企业 23 家，最近，代表世界顶级产业水平的日本安川伺服电机、德国威普克·潘克大型液压机、加拿大马泰克热再生机组等项目也选择了铁西装备制造产业集群。国内外著名装备制造企业和外围配套企业，正在形成上下游产业链分工与协作的装备制造产业集群。在集群规模和范围效应释放过程中，本地领先企业发挥着重要作用。特变电工、北方交通重工、三一重装等重点企业研发投入占销售收入的比重都超过了 3%。在企业创新能力增强的同时，标准战略正在成为这些企业新的竞争手段。2010 年 6 月，由北方重工集团制订的带式输送机和矿山洗选设备国家标准通过了国家级认定，这标志着中国企业在这两个领域已经站在了全球行业技术前沿。目前，在数控机床、输变电、大型工程机械、冶金矿山、石化设备等关系国计民生和国家安全的重大技术装备和重大产品领域的 77 个主要产品中，沈阳铁西有 44 个产品的国内市场占有率居同行业首位。

第二节　沈阳铁西区装备制造产业集群结构

一、主体企业

大企业主导是铁西装备制造产业集群内企业规模结构最为显著的特点。铁西区内现有规模以上工业企业 600 多户，其中，装备制造企业占 60% 以上。聚集区拥有沈阳机床集团、沈鼓集团、沈重集团等一批百亿企业，同时还拥有沈阳市 70% 以上的存量资产，工业门类齐全，配套能力强大，形成了数控机床、通用石化装备、输变电装备、重矿机械、工程机械、汽车零部件等优势主导产业和铸锻、仪器仪表、模具及压铸件、机床功能部件等基础产业集群（见表5－2）。沈阳机床、特变电工等大型企业已经开始在国际市场上发挥着“中国创造”的影响力。

表5－2 大型骨干企业牵头的装备制造产业集群

行业领域	龙头企业	主要产品	目标（2020年）
数控机床	沈阳机床集团	数控机床、锻压设备、激光加工设备、数控系统	年产值1000亿元，建成国家最大的数控机床研制基地
通用石化装备	沈阳鼓风机集团	大型炼油和乙烯装置、PTA/PX装置、大型煤化工装置等	建成国际一流的通用石化装备研发制造基地
重矿机械	北方重工集团、三一重装公司	大型综采综掘、散料输送等成套设备，大型洗选煤设备、电站磨煤机等关键整机	建成国家重要的重型矿山机械制造基地
输变电装备	特变电工沈变集团、新东北电气集团	超高压、特高压交/直流输变电设备等	建成国际一流的输变电装备研发制造基地
工程机械	北方重工集团	全断面掘进机，道路养护机械、筑路机械、工程起重机等	建成世界一流的全断面掘进机研制基地
汽车及零部件	沈阳华晨宝马公司、沈阳华晨金杯集团、上海通用北盛汽车公司、广汽日野公司	发动机、车桥、变速箱、轮毂、汽车电子等汽车零部件产品，大中型客车、商用车以及专用汽车等整车产品	建成国家汽车零部件出口加工基地

资料来源：作者根据《沈阳装备制造业产业发展规划纲要（2009～2020）》整理。

二、支撑机构

悠久的历史积淀、产业技术基础以及所在地区的创新活动和创新基础为沈阳铁西装备制造产业集群创新能力提升和竞争力强化创造了良好条件（见表5－3）。沈阳科技资源丰富，科技综合实力在全国位居第5位，拥有27所高等院校、独立科研机构120家、国家工程技术中心12个、国家重点实验室9家。目前，沈阳铁西装备制造集群汇集了2所理工科大学、5个国家级科研院所；拥有2个国家工程技术研究中心、2个国家重点实验室、5个国家企业技术中心、20个国家产品检测中心，16个省级工程技术研究中心、10个省级重点实验室、11个省级企业技术中心、9个博士后流动站，拥有各类工程技术人员5万余人，技术工人20万余人①。铁西装备制造产业集群内部的多种关系结构参见图5－2。

① 沈阳市人民政府、辽宁省发展和改革委员会：《沈阳铁西装备制造业聚集区产业发展规划（2010～2020）》。

表 5-3 铁西装备制造产业集群相关支撑机构情况

机构类型	数量（家）	在国内水平	备注
研发机构	40	一流	国家级 14 家；省级 37 家；其他各类联盟 5 家以上
本地院校情况	7	一流	中国科学院沈阳分院、东北大学等
科技中介机构	8	中上	商标、专利服务等
融资机构	26	中上	各种类型的投资公司，包括 1 家风险投资公司
咨询机构	5	中等	
培训机构	3	中等	
物流服务机构	77	中下	面向地区内外的公司
销售服务机构			
其他商务服务机构	14		沈阳铸造协会等

资料来源：根据《沈阳装备制造业产业发展规划纲要（2009～2020）》以及沈阳铁西装备制造产业科技服务平台网站等相关资料整理。

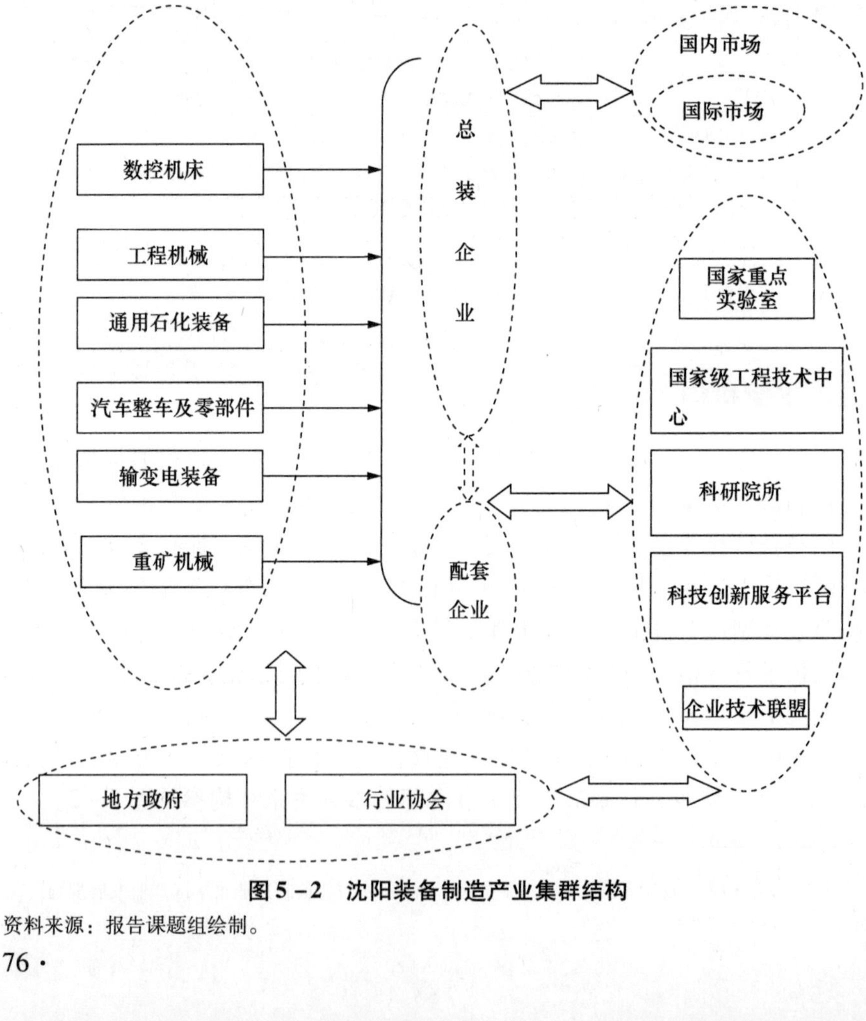

图 5-2 沈阳装备制造产业集群结构

资料来源：报告课题组绘制。

三、公共服务管理

铁西装备制造产业集群围绕建设世界级装备制造业基地目标，在突出装备制造业物流、大宗散杂物流，打造物流基础设施、装备物流信息和物流运营服务平台的基础上，初步形成了以铸锻、化工、冶金、汽车四个专业园区等为支撑，与装备制造业基地相配套的物流体系。此外，独特的政策优势也为铁西装备制造产业集群的快速成长创造了重要条件。除了一般的政策支持外，作为东北老工业基地全面振兴、辽宁沿海经济带和沈阳经济区的重要组成部分，铁西装备制造产业集群具有非常独特的政策优势。这些政策涉及财政资金资助与奖励、高新技术企业税收优惠、土地优惠等多个方面（见表5－4）。

表5－4 铁西装备制造产业集群的政策支持

政策层次	关键内容
国家支持装备制造业发展示范区的政策	设立总额为200亿元的装备制造产业投资基金，对重大技术装备专项等给予15%的国债专项补助资金，加大税收返还力度（5年）等
沈阳市的创新政策	对新批准的企业与科研院所、高等院校联合共建的国家、省、市级工程技术研究中心，分别给予200万元、50万元、30万元的专项资金支持；对在沈企业依托科研院所、高等院校在企业中建立的国家级重点实验室给予200万元的专项资金支持
集群内的特殊优惠政策	经济区设立企业发展基金，对特殊重大项目，根据项目贷款额度给予1%～5%的财政贴息；免收工商注册及工本费、土地登记费等费用；投资者按规定价格在开发区售让土地使用权时，符合条件的项目，给予土地出让价格10%～60%的财政补贴等

资料来源：作者根据调查资料整理。

第三节 沈阳铁西装备制造产业集群的创新能力

这里将从创新意识、创新资源、合作网络、创新活动、创新绩效和创新环境六个方面对铁西区装备制造产业集群的创新能力进行分析。为此，我们通过对铁西新区的30家企业进行问卷调查，共获得27份有效问卷。对样本进行分类统计处理和汇总，样本情况见表5－5。

表 5-5 调查样本基本情况

企业性质			销售收入		
类型	样本数（家）	比重（%）	类型	样本数（家）	比重（%）
国有企业	10	37.03	1 亿元以上	11	40.74
外资控股企业	4	7.41	5000 万～1 亿元	4	14.82
民营控股企业	24	55.56	1000 万～5000 万元	9	33.33
			1000 万元以内	3	11.11
总计	38	100	总计	27	100

资料来源：作者根据调查问卷计算。

一、创新意识

对于集群创新意识主要从企业所在区域的创业和创新价值观、企业的创业和创新意识、企业对市场和技术机会的认知度，以及企业对利用外部创新资源的认知度四个方面进行分析。

就铁西新区“企业所在区域的创业和创新价值观”而言，该项的平均值为 0.40。“人们对生活水平持有的看法”、“想创业或创新致富的人的比例”，以及“成功人士获得的社会地位和尊敬”等指标值分别是 0.26、0.30 和 0.63。这些评价指标结果表明铁西人较强的创业和创新价值观。

就“企业表现的创业和创新意识”而言，得分相对较低，平均值为 -0.48。我们可以看到大多数企业认为创新和创业机会不多，该项指标值为 0.00。同时，由于集群内惨烈的市场竞争影响到企业对“创新的风险承受能力”，所以该项指标值仅为 -0.96，绝大多数的企业能够接受“损失约三分之一”的财产风险。

就“企业对市场和技术机会的认知度”而言，集群内的企业具有一定的认知度，该项得分的平均值为 0.53。此外，铁西企业对“利用外部创新资源的认知度”不是很高，该项得分的平均值为 -0.04。在同非同行业、本地及外地大学科研机构合作而言，认为尤其需要加强同行企业之间的合作。

整体上讲，集群当地具有浓郁创业、创新文化，对创新风险具有一定的承受能力，对市场和技术机会具有较清晰的认知，需要加强对外部大学科研机构创新资源的认识。

二、创新资源

对创新资源情况主要从集群内企业的研发基础设施情况、企业研究开发投入强度和技术人员投入强度三个方面进行分析。

就“集群内企业的研发基础设施情况”而言，有 44.44% 的公司设有专职的研发机构。但企业设置的研发机构水平却处于较高的层次，达到市级实验室技术中心水平以上的企业比例仅为 51.85%。

就“企业研究开发投入强度”而言，在过去一年中，集群内有 55.56% 的公司研发投入占销售收入的比重有所增加，这些企业的平均研发投入强度为 10.92%。这说明集群内有 1/2 的企业积极从事研发工作，并进行了一定的投入。

就“技术人员投入强度”而言，在过去一年中，集群内有 38.46% 的公司核心技术人员占员工总人数比重有所增加，这些企业的技术人员投入强度为 7.66%。这说明集群内企业越来越重视在研发和核心技术人员上的投入。

整体上讲，集群内研发投入和技术人员投入有所增加，但是需要激励更多的企业加强创新资源的投入。

三、合作网络

对集群内合作网络情况主要从企业所在区域的合作网络基础、合作的参与程度和企业合作创新的深度三个方面进行分析（见表 5 - 6）。

表 5 - 6　集群内企业合作创新的参与程度

序号	合作创新网络结成方式	参与的比重（%）
1	与区域内企业在共同开发、交易、融资方面进行洽谈	59.26
2	与区域内企业在共同开发、产品与服务交易、融资方面进行合作	37.04
3	向大学科研机构进行技术咨询	74.07
4	与大学科研机构进行合作研发	29.63
5	从大学科研机构接受技术转移	11.14
6	从大学科研机构、其他企业引进人才	69.23

资料来源：作者根据调查问卷计算。

就“企业所在区域的合作网络基础”而言，铁西装备制造产业集群初步具备了合作的网络基础。其中，回答“经常有技术交流会、产品展览会”的企业比重为 22.22%，分别有 74.07% 的企业认为没有因对方不守信用而受挫折的情况，14.81% 的企业认为这种情况不太多。但是，在知晓“以促进合作为业务的专业协调机构”、“地方政府合作研发项目”和“技术信息交流平台或场所”三项的企业比重分别为 25.93%、30.77% 和 40.74%，这说明这些方面的合作网络基础工作还有待加强。

就“合作的参与程度而言”，集群内企业对合作创新的参与度还需要加强，见表5-6。其中，集群内部企业间合作参与程度又高于同大学科研机构的合作。同时，在过去的1年中，有69.23%的企业都从外部（大学科研机构和其他企业）引进了人才。

就“企业合作创新的深度”而言，集群内参与合作创新的“洽谈/合作/咨询/合作/转移件数/引进人数”的平均数为7.77件。

整体上讲，集群已经初步具备了合作网络基础，企业间合作好于同大学科研机构的合作，尤其需要加强同大学科研机构合作的参与程度和创新的深度。

四、创新活动

对创新活动情况主要从企业研究开发能力和企业产品开发、商业化能力两个方面进行分析，见表5-7。

表5-7　集群创新活动情况分析

企业研究开发能力	回答“是”的比重（%）
在过去1年中，贵公司是否实施过研发项目	51.58
在过去1年中，贵公司是否申请过专利	33.33
在过去1年中，贵公司是否取得过国家、省、市级研究成果	29.63
企业产品开发、商业化能力	回答“是”的比重（%）
在过去1年中，贵公司是否进行了新产品的生产与加工	92.59
贵公司是否拥有国家级或省级、市级驰名商标	29.63
在过去1年中，贵公司是否设立了经营新产品的部门或子公司	66.67

资料来源：作者根据调查问卷计算。

就“企业研究开发能力”而言，该集群内有一定数量的企业实施过研发项目和申请过专利，所占比重分别为51.58%和33.33%。研发水平较高，仅有29.63%的公司在过去的1年中，取得过国家、省、市级研究成果。在过去1年中，集群内企业实施研发项目、申请专利和取得国家、省、市级研究成果的平均项目数为0.38。

就“企业产品开发、商业化能力”而言，有92.59%的企业在过去1年中进行了新产品的生产与加工，有29.63%的企业拥有国家级或省级、市级驰名商标。

整体上讲，集群企业的产业开发能力与商业化能力较强，好于企业的研发能力，集群的研发水平亟须提高。

五、创新绩效

对集群创新绩效的情况主要从企业销售收入增长和企业技术水平提高两个方面进行分析（见表5-8）。

表5-8　创新绩效情况的分析

企业销售收入增长	回答“增加”，“较大贡献/有贡献”的比重（%）
与前年相比，贵公司去年的销售收入有何变化	77.78
与大学科研机构、其他企业的合作对销售收入增加有多大程度贡献	14.81
企业技术水平的提高	回答“提高”，“较大贡献/有贡献”的比重（%）
与同行相比，贵公司去年的技术水平有何变化	51.85
与大学科研机构、其他企业的合作对技术水平提高有多大程度贡献	18.52

资料来源：根据调查问卷计算。

就“企业销售收入增长”而言，面对金融危机的冲击，依然有77.78%的企业过去1年中销售收入增加，并且有14.81%的企业认为与大学科研机构、其他企业合作创新对此有“较大贡献”或“有贡献”。

就“企业技术水平的提高”而言，有51.85%的企业认为过去1年中技术水平得到了提高，有18.52%的企业认为大学科研机构、其他企业合作创新对此有“较大贡献”或“有贡献”。

整体上讲，集群创新促进了企业销售收入的增长和技术水平的提高，同时，有近20%的企业认识到加强同大学科研机构和其他企业合作创新对销售收入增加和技术水平提高的重要性。

第四节　铁西装备制造产业集群的成长动力与发展趋向

一、铁西装备制造产业集群成长动力

（一）政府推动

如何将全国乃至全世界的装备制造企业和资源聚集到沈阳，这是能否实现把铁西区建设成为具有国际竞争力的世界级的装备制造业基地的重要前提。数量少、规模小、产业链短、价值链低端、本地配套差的集群，不是有竞争力产业集群发展的条件。针对沈阳装备制造集群现状，辽宁省和沈阳市采取多种措施，积极吸引国内外装备制造企业进入，并融入本地产业体系。例如，2010 年 5 月 27 日，召开了沈阳铁西机床·电气产业集群主题招商推介会，共吸引了国内外 110 多家机床、电气企业。这些制度设计的重要功能在于为本地化创新体系构建创造了技术学习的机会，因为大量高质量企业的进入无疑会"露出"某些专有知识，而这些知识正是后来企业实现赶超的重要途径。与此同时，为了更好地服务装备制造产业发展，沈阳市还成立了"装备制造业发展工作推进组"。其中，探索符合装备制造产业集群创新能力的新型组织方式就是沈阳市"装备制造业发展工作推进组"2010 年的重要工作之一。目前，该区域正以新松机器人公司和机床集团的合作为突破口，探索产学研用相结合的高新技术产品市场化规模化的途径和模式。

（二）行业共性技术平台建设

围绕重点行业的创新平台搭建，又为沈阳装备制造集群升级提供了新的动力源。2010 年 6 月 30 日，由沈阳特种机床联合会 54 家会员单位同中国科学院、东北大学、沈阳工业大学等单位共同发起组建了沈阳特种专用数控机床产业技术创新联盟。这种创新组织集成了特种专用机床设计、数控机床检测、机床模具设计与加工和数字化设计等服务，也聚集了区域内企业、大学和科研机构的创新资源，对于特种专用数控机床公共研发平台建设，实现资源共享，优化升级产业链具有重要的战略作用。

（三）开放式自主创新

在全球化时代，不最大限度在最广泛的范围内利用创新资源，就无法实现高效率的创新。沈阳装备制造产业集群中的一些领先企业已经认识到了这一点，开始从买产品、买图纸等引进基础上的模仿创新，向通过资本运作、在国外设立研发中心等方式优化配置全球创新资源，形成以我为主的创新体系。例如，沈阳机床、沈阳重型、沈阳远大企业集团等企业主动实施跨国资本运作，通过并购或成立控股公司的方式，在海外建立研发基地，强化自主创新能力，抢占市场制高点。

二、铁西装备制造产业集群创新发展方向

尽管近年来铁西装备制造产业集群进入到了一个前所未有的发展良机，有的企业订单已经排到了几年之后，但是，如何构建一个能够支持集群持续创新的机制，仍然是一项艰巨任务。当前需要重点加强如下几个方面的工作。

（一）科学定位国有企业

装备制造产业的战略性，决定着国有企业或者国有资本必须进入，而且要发挥主导作用。这就需要协调好中央直属企业、地方国有企业以及其他类型企业之间的利益关系。建议那些涉及重大国计民生的装备行业，可以弱化国有企业的盈利导向，强化其国家职能，该类国有企业的重要职能就是保持最低有效生产规模（但能够快速形成大规模生产能力以满足特殊时期的特殊需要）和保持相对独立的生产技术体系（包括人才储备）。调查发现，这类国有企业事实上在发挥着“创新孵化器”的作用，培养了大量的技术骨干和新的创业者，而这些主体又成为该类国有企业的外围配套企业甚至竞争者。对于其他竞争型的装备制造企业，国有或国有控股企业必须强化盈利导向，同时积极鼓励非国有资本进入。

（二）培养集群软实力

除了合理选择投资者、招商引资等集群形成初期的必要政策支持之外，围绕沈阳铁西进而沈阳装备制造的品牌和品质提升设计相关制度，应是当务之急。地方政府要逐渐从侧重招商引资的初级工作，转向有助于提高集群声誉和持久吸引力的相关制度安排和机制创新，这将直接影响着沈阳铁西装备制造产业集群的进一步发展。这些措施可以涉及区域声誉文化培育与强化、区域内产业关系网络优化、企业家精神和创业氛围营造等内容。这些涉及软实力的相关制度设计是集群本地化特点和专有竞争优势维持的关键之所在。

（三）建设新型产业关系网络

铁西装备制造产业集群是一个多种行业聚集的现代工业区，每个行业相对自成体系，地区内的产业配套率不是很高。实际访谈显示，有的领先企业或主导企业的本地化采购比率仅为30%左右。这种状况与成套装备的市场需求有很大关系（定制化），有的客户的“点装”也限制了本地采购比率。这种情况从另一个方面反映出本地配套质量和水平还停留在较低层次，在高品质供应商没有进入当地的条件下，全球化采购客观上弱化了本地产业关联。因此，积极采取措施在吸引世界高水平零部件厂商进入的同时，可以重点培养一批本地化的高水平零部件供应商，在总设计、总装厂与零部件供应商以及用户之间形成一种稳定的合作伙伴关系。

（四）推动有条件的优势企业上市

作为一个技术含量相对高、资本密集型的产业聚集区，沈阳装备制造产业集群的资本结构较为单一，较多地依靠国有资本和外资资本，对更广泛的社会资本吸纳不够，这主要是没有充分利用资本市场特别是证券市场的投融资功能。目前，仅有沈阳机床等少数几个企业是上市公司。政府应采用重点扶持和培养等方式，推进沈鼓、北方重工、远大、沈阳机床、北方交通重工等骨干企业尽快实现上市和增发，推进蓝英自动化、中科仪等一批符合条件的中小企业在中小板和创业板上市，从而让这些企业调动更多的资源，向优势领域集中，同时也逐渐让这些企业接受市场的检验，成为能够抗击多重风险的有持续竞争力的领先企业。

第六章　集群与辽宁经济发展的路径选择

第一节　产业集群：新时期经济发展的重要方式

一、政府与产业集群发展

随着经济全球化和国际产业资本转移的发展，区域产业竞争力的强弱越来越取决于该地区产业集群化发展的程度。产业集群、产业竞争力和区域经济发展日益密切。产业发展已经进入了一个新时代——产业集群决定产业竞争力，因此，产业竞争决定的机制也相应发生了变化①。一个地区或一个国家的经济能否持续发展，除了自然资源、劳动力、技术等要素之外，产业组织方式也是一个重要条件。作为一种产业成长过程中的组织方式，产业集群的兴起、发展、成熟与衰退，正在与区域经济发展的稳定、持续与波动高度相关。促进有活力的产业集群快速成长、发育，促进衰退阶段的产业集群寻找到新的增长空间，或者新的成长动力源泉，是全球化时代产业组织政策的重要内容。

集群按照地域范围、集群要素间的联系程度，可以区分为国家级和地区级两个层次。根据 Charles（2000）的研究，产业集群的不同层次与政策内容之间存在着较大的关系（见表6－1）。根据不同层次产业集群的内部联系状况，政府可

表6－1　政策模式在地域范围和集群联系程度上的差异

	联系紧密	联系松散
国家级	战略干预	推进辅助远景项目
地区级	日常事件和集团行为	处理具体问题（如制定规则）

资料来源：OECD. 创新集群：国家创新体系的推动力［M］. 科学技术文献出版社，2004：290.

---

① 蒋珊．产业竞争力新趋势：产业集群决定产业竞争力［J］．南京社会科学，2004（9）：18～22.

以采取不同重点的政策方向。例如，对于那些联系紧密的国家级产业集群而言，国家的战略干预至关重要，而对于那些联系松散的地方级产业集群而言，如何通过长期规划促进内部的交流与合作则变得十分迫切。

无论何种类型的产业集群，作为一种市场组织方式，它在发展过程中，通常会产生一些“市场失灵”问题①。能够服务于集群多数企业的技术基础、专业技能人员的培训与供给、自然资源的保护与综合开发、集群内部的市场秩序、企业之间的合作关系建立、基础设施的建设与更新、融资环境的改善等，通常是产业集群发展过程中最为需要的一些公共物品。任何一个企业或几个企业都不愿意，也没有能力来解决这些问题，这恰恰是政府作为的重要领域②。

20 世纪 80 年代之后，许多国家经济和产业政策内容发生了新变化，其中最有代表性的政策动向之一就是放松管制。这种政策变化，使得公有制和经济结构调整进入到了一个新阶段，技术及创新成为社会变革的新动力。在这种环境变化下，欧洲一些国家经济政策的重点转向了产业集群发展，其政策和主要内容是促进部门、产业之间的合作和关键技术的积累和转让，其中，集群项目成为新的知识创造与应用政策的着力点。例如，1997～1999 年，芬兰政府提供一笔总额为 5.4 亿欧元的追加研发投资，其中绝大多数用于了集群发展的技术创新活动（见表 6－2）。

表 6－2　芬兰的 R&D 投资与集群发展

部门	国家技术局	芬兰科学研究院	高校	产业部门	技术研究中心和贸易产业部
所占比例（%）	54	20	20	4	2
主要投向	新兴产业经营 集群项目 技术服务 技术研究	优秀成果中心 研究项目 博士研究员 国际化	科研条件和设备 研究生院的扩大和创建 数据资料转让、信息服务与合作	集群项目	集群项目与效益评估

资料来源：SITRA－Finnish. National Fund for Research and Development（2000），Assessment of the Additional Appropriation for Research，SITRA Report Series 2.

① 根据斯托基和泽克豪泽的总结，导致市场失灵的原因可以分为如下六个方面：存在交易信息的不完全和不充足的可能性；交易成本有碍交易的实现；由于信息不足或分布不均衡导致无力保障合同的实施，有些市场是难以存在的；有些买家或卖家的市场力量会注意破坏公平定价的条件；某些交易具有“外在性”；有些商品和服务无论消费者付费与否都可享有，天生具有公共的特点。市场失灵或不完全的表现形式主要有：公共物品、外在性、自然垄断、信息不完全。资料来源：Stokey and Zeckhauser（1978），转引自欧文·E. 休斯. 公共管理导论［M］. 中国人民大学出版社，2001：113～114.

② 世界银行 1997 年的世界发展报告指出，“每一个政府的核心使命”包括了五项最基本的责任：确定法律基础；保持一个未被破坏的政策环境，包括保持宏观经济的稳定；投资于基本的社会服务和社会基础设施；保护弱势群体；保护环境。

区域政策的制定是一个自下而上的过程，在这个过程中，区域行为人的参与变成一个必要条件，也是制定新的区域政策的新方式。产业集聚的最大好处是信息共享，节约交易成本，促进创新，而且产业集聚、集群还是一个国家或地区竞争优势的重要来源。政府把集群作为一种控制未来的方式，为企业提供战略信息，因为企业不一定能意识到它们相互依赖的局面。所以许多国家都把鼓励产业集聚、集群作为促进知识技术共享、技术扩散、加强内部合作的重要手段。

欧洲国家促进产业集群的做法大致可以分为四种类型。第一种是丹麦、芬兰等国家的以“国家竞争优势培育”为目标的做法。丹麦事业与工业部成立产业对话团体，负责对产业发展中的国家资源分配提出整合性意见，同时以集中投资及政策计划方式直接支援特定的群聚。芬兰则是以竞争及网络政策来发展国家集群。第二种是旨在促进中小企业间的网络建设。意大利的同种类型小企业在密切合作的基础上，成功地建立了工业园区，通过几种资源来解决技术或商业难题，例如 Sassuolo 的制陶术和 Prato 的纺织业就是如此。丹麦的做法则是建立一个中小型企业网络，其中的“网络经济方案”使该国 1/3 以上的中小企业相互签订了协议。第三种方式是以区域发展为前提。例如，英国的威尔士的供应商协会（Welash Supplier Association），以及苏格兰的发展协会（Development Agency）。其中后者对于电子产业群 Silicon Glen 发展功不可没。硅谷的发展也与 20 世纪 40 年代美国的大量国防合同密切相关。第四种方式是促进产学研相结合。德国的 RTD（Research and Technology Development）合作研究计划就很具有代表性。

作为一个发展中国家，印度的中小企业产业集群也十分发达，这是其国家竞争力的一个重要支撑力量。印度产业集群已经发展了几十年，大约有 350 个城市和 2000 个村落产业集群，生产领域涉及最终消费品、资本品和中间产品等 8000 个门类。Dhawal、Mehta、V. P. Kharbandat 和 Dietrich Brandt（1999）在对印度与德国、意大利等国家产业集群进行比较研究过程中，认为印度产业集群的发展与政府的支持分不开，政府的系统支持首先对这些集群都经过了仔细的筛选，并针对不同的产业集群有具体远景规划要求。这些系统支持表现在①：加强公共基础设施建设、提供中小企业融资服务、发展第三方服务机构、建设小企业创新平台、建立研发中心、促进出口等各方面。为了继续保持经济良好发展，目前，印度的政策支持重点已经从传统产业集群逐渐转向了高科技及创新型产业集群。

改革开放以来，特别是 20 世纪 90 年代以来，我国南方一些地方的经济发展也呈现出明显的“块状经济”、“专业镇”等产业集群特点。在当地政府政策的大力支持下，广东、浙江、江苏、福建等的产业集群正在由传统的劳动密集型向

① 转引自余明龙，任选锋．中印中小企业产业集群发展的比较制度分析［J］．南亚研究季刊，2004：13～17.

技术密集型转变，产品的质量和竞争力显著提升。在国内外产业集群发展的影响下，山东、河南等一些北方地区，也开始积极发展产业集群，促进地方经济持续发展。“十一五”时期，我国各地将进入一个基于特色产业集群竞争的新阶段，如何发展与地方经济、产业基础、市场等相适应的产业集群，成为新时期竞争的焦点。

二、辽宁产业集群的发展环境与条件

当今世界，经济全球化趋势深入发展，科技进步日新月异，生产要素流动和产业转移加快，一批极具创新活力与竞争优势的跨国企业在全球范围聚集优势资源，进行产品研发与生产，深刻变革和影响着世界的科技分工和经济结构，这些宏观环境变化将对辽宁经济发展带来新机遇和新挑战。模块化的生产方式、资本等生产要素的流动性，使产业集群形成与发展成为可能，新一轮竞争力的驱动要素与载体已经越来越与产业集群交织在一起，产业集群已经成为区域经济增长的重要力量。如何整合区域经济与科技资源，营造良好的区域发展环境，培育具有地方特色和国际竞争优势的产业集群，将成为辽宁省提高区域竞争力，应对全球化挑战的重要战略举措。

产业集群是经济发展的一种模式，也是产业发展的一种内在要求，更是产业成长的一种重要路径。当今世界，产业的全球化分工日益深化和细化，任何一国、一地都不可能在整个产业部门具有绝对竞争力，经济竞争更多的是表现为基于区域的产业链的竞争，产业集群竞争力成为一个国家和地区竞争优势的重要来源。传统的部门齐全、自我配套、自我循环的产业体系，虽然能够减少产业的纵向交易成本，但是，也会产生诸如重复建设、产业同构等问题。由于产业集群能够获得建立在专业化分工基础上的报酬递增、规模经济等优势，从而成为具有高端竞争优势的产业升级模式，进而促进区域经济的发展和繁荣，许多地方都把产业集群作为经济发展的重要推动力。只要结合本地产业基础、自然状况，突出产业链条的优势环节，突出专业化分工优势，加强企业间的互动学习和合作创新，并将这些内容与本地化的生产能力整合起来，就能不断升级产业价值链，拓展与创造新的价值链，形成与本地经济、社会发展相适应的区域生产协作体系，形成本地属性的核心竞争力，增加区域财富，从而逐步完成依靠资源禀赋的比较优势向基于学习与创造能力的竞争优势转变。

辽宁的产业结构特征一方面增加了结构调整的难度，另一方面也为产业集群发展创造了巨大市场空间。辽宁是一个工业大省，重工业所占比重较高，2004年全省重工业增加值为1844.8亿元，是轻工业的4.5倍。但是，重化工业具有附加值高、投资规模大、建设周期长、需求潜力大、产业链条长、中间产品比重高、产业带动力强等特点，客观上使产业集群的成长空间很大。在多年的市场竞争与产业成长过程中，辽宁正在形成一批有较强实力和技术能力的大型企业，如沈阳机床、沈阳鼓风机、鞍山钢铁、抚顺石化等，这些企业正在成为辽宁产业结构优化升级的重要力量，也在成为我国产业竞争提升的杰出代表。其中，自主创新及其体系是这些企业成功的关键要素。沈阳鼓风机（集团）有限公司的经验就是，自主创新能力和竞争力来源于高素质的人才队伍、高水平的研发投入、高效的创新体系。2004 年，沈阳鼓风机（集团）有限公司 2880 名员工中，工程技术人员占到了 21%，在工程技术人员中，高级工程师占到了 33%；研发强度（R&D 经费/销售收入）达到了 4.7%；拥有国家最早的技术中心，企业内部与设计部分离的研发部专注于基础理论研究，同时与西安交通大学、大连理工大学、东北大学、中科院沈阳金属所等构成了沈鼓的外围分技术中心，形成了新型产学研合作机制。目前，沈鼓产值达 15 亿元，国内市场占有率达到 90%①。这些成功经验将为辽宁产业集群的快速成长创造良好的物质基础。

辽宁拥有较好的产业基础，配套体系（产业链）正在形成与加强。作为全国著名的老工业基地，辽宁具有深厚的产业技术基础和人才队伍，装备制造产业和原材料工业在全国具有举足轻重的地位。依托沈阳、大连等城市，辽宁装备制造产业的研发、试制、生产、服务等环节形成较好的分工协作体系，许多装备类产品在国内外具有较强的竞争力。目前，在我国有能力生产的 200 余种成套设备中，沈阳占 1/3 以上，沈阳市有 40 余种装备类产品在技术含量和市场份额方面居国内领先水平。为了进一步发挥沈阳装备制造业的产业优势，2004 年，沈阳市斥资 3 亿元设立装备制造业发展基金；2005 年，又筹集资金 20 亿元支持装备制造业发展②。产业集群在经济发展中的重要作用，已经得到了辽宁省各级政府的高度重视，并在“十一五”时期，明确提出了产业集群的发展任务。有了政府的积极规划与引导，辽宁产业集群将进入一个新的发展阶段。

第二节　辽宁经济增长与产业集群成长

一、辽宁产业集群发展现状

作为全国重要的老工业基地，辽宁的产业基础形成于“一五”时期我国的工业化发展战略，在国家的大力支持下，辽宁初步形成了以能源、冶金、机械、

①② 关于沈阳鼓风机（集团）有限公司的媒体报道，引自 http://www.nen.com.cn.

建材为主的重工业基地，在中国工业化和现代化建设过程中，特别是中国工业体系建设过程中做出了历史性的贡献。改革开放以来，尤其是20世纪90年代以来，辽宁因其基于自然资源建立的产业结构，逐渐进入战略调整阶段，产业转型和经济体制转变，成为包括辽宁在内的东北地区当前经济发展中最主要的任务。2002年，中央提出了“支持东北地区老工业基地加快调整和改造”的重大战略决策，随后两年国家又出台了一系列具体的政策措施，为辽宁经济发展提供了难得的历史机遇。在国家宏观政策指导下，结合辽宁实际情况，辽宁近些年先后实施了结构调整、外向牵动、科教兴省和可持续发展等重要战略。这些战略及相关战略举措的实施，极大地促进了辽宁经济结构调整力度，使辽宁国民经济和社会保持了较快发展。目前，辽宁国民经济和社会发展正处于结构进一步优化与升级，综合竞争力进一步提升，地区经济布局进一步协调的关键阶段，亟须一种新的战略思路和战略安排。

产业集群引导和支撑着区域经济发展。根据辽宁省经济和信息化委员会的资料，到2009年底，辽宁省年收入10亿元以上的工业产业集群有120个，分布在96个园区中，其中企业数量为2.7万个，从业人员为140.6万人，实现销售收入8634亿元，年缴税金221亿元。从发展规模看，2009年销售收入超过100亿元的产业集群有33个，实现销售收入5529亿元，占总销售收入的64%。10亿元至100亿元的产业集群87个，实现销售收入3105亿元，占总销售收入的36%。产业集群已经成为辽宁沿海经济带、沈阳中部城市群和辽西北发展的重要载体。特别是在产业集群发展模式牵动下，辽宁沿海经济带的产业聚集特点日益显著。一些龙头企业是辽宁省重点产业集群形成的主体。这些以龙头企业为核心的产业集群，技术水平较高，产品具有国际竞争力。此外，中小企业产业集群在促进技术进步和产业升级方面也发挥着积极作用。目前符合工信部重点示范“双百”标准的中小企业产业集群有20个。其中大连软件产业集群有企业660多家，年销售收入400亿元，成为“国家软件出口基地”；大石桥镁质材料产业集群有企业600余家，年销售收入369亿元，被国家确定为“中国镁都”。瓦房店轴承产业集群有企业600多家，年销售收入150亿元，被授予“中国轴承之都”；法库陶瓷产业集群有企业142个，年销售收入147亿元，已经形成了较为完善的协作及创新体系①。

二、辽宁产业集群发展特点

就总体状况而言，辽宁产业集群多数处于集群发展的初级阶段。虽然某些产

① “回眸‘十一五’：辽宁省三大产业发展迅速”，2010－12－30，引自东北新闻网；http://www.chinadaily.com.cn/dfpd/liaoning/2010－12－30/content_ 1492609.html. 作者引用过程中作了相应改动。

业具有明显的集聚特征，但产业集群有机整合的带动和辐射作用并未得到有效发挥。从理论和实践意义上讲，地理自然“扎堆”的或者共享基础设施的若干同类企业，不是界定产业集群的基本标准。

规模小是辽宁产业集群尚处于初级阶段的显著特点之一。一些产业集群发达的地区，也是综合经济实力强的地区。这些地区的产业集群规模都很大，多样化的产业集群有力地支撑了本地的经济发展。例如，早在几年前，福建省产业集群的平均产值就达到了500亿元左右，占其工业总产值超过了50%。目前，辽宁省有一定规模的产业集群大概在100个左右，其中60%以上的产业集群规模不足百亿元，即使规模在100亿元以上的产业集群也大多是依托原有产业基础形成的“拼凑型”或“加总型”集群，如沿渤海船舶及配套产业集群、沈大机床产业集群、大连石油化工产业集群、抚顺石油化工产业集群、辽南镁质材料产业集群、鞍本辽钢材深加工产业集群、大连电子信息产品制造产业集群等。相比较而言，产值的平均规模为几十亿元左右的产业集群，难以支持工业大发展。

集群内部的无序竞争是辽宁产业集群尚处于初级阶段的另一个显著特点。集群之所以能够成为区域财富创造的中心，在很大程度上源于地方性的关系网络及其专有资产性质，即集群内企业之间是充分竞争基础上的合作关系，对集群外企业而言，则是一种合作基础上的充分竞争关系。换言之，在同类产品或服务行业中，集群外企业面对的是一个具有很多共同特点，特别是相同成本优势的一群企业，而不是单个企业。这是一个成熟的有竞争力的集群所呈现出的一种规律。但是，在辽宁省许多产业集群内部并没有充分分享合作溢出效益，而是相互挖客户，拼命降价，相互内耗，无规范竞争行为，使得集群本身可能具有的竞争优势荡然无存，这恰恰是集群处于初级阶段的最好体现。

没有形成产业价值网络则是辽宁产业集群处于初级阶段的本质特点，其表现就是产业价值链短和内部不存在分工协作体系。由于产业价值链没有充分延展，产业关联度水平低，产业内企业之间产品结构趋同，企业彼此之间内在联系较少，缺乏应有的专业化分工协作，使得多数企业都是独立作战，缺乏协作优势，难以形成本地化的产业优势。以装备制造业为例，拥有一批有实力的大型主机制造企业是发展产业集群的重要条件，但如果零部件、元器件产业薄弱，缺乏成套能力，服务不发达，没有形成以主机制造厂为核心、上下延伸的强大产业链，那么，就不能形成高水平的产业集群，产业的总体规模、经济效益和竞争力也难以提高。

政府过度介入是辽宁产业集群处于初级阶段的集中体现。正是看到了产业集群的内在功能和发展特点，不少地方政府把产业集群视为促进经济发展的重要手段，这种做法无可厚非。但是，产业集群有其内部成长规律。顺应产业集群规律的政府介入或适当干预将为产业集群快速成长和释放规模经济效应提供必要催化剂，否则可能会扼杀其内在自生机制。在有的产业集群发展中，还存在政府缺位、越位现象。有的关心“引资”、“摆项目”而忽视本地化产业体系构建，有的缺乏行业组织，市场混乱，等等。

总体上看，辽宁的产业集群已经初步完成了产业集中，即宏观层面的或者广义的产业集群已经形成，全省基本上围绕着装备制造和原材料两个大集群来布局。但是，更加地域化的、专业化的产业集群还在发展过程中。在辽宁产业逐渐走向集中的同时，一些地方的产业集群也逐渐进入到了成长的关键阶段，值得注意的是，辽宁各地产业集群发展状况很不均衡，有的正处于集群的初始阶段，刚刚完成了产业的初步集中，如沈阳铁西和大东两区的汽车零部件产业集群；有的已经完成了产业集群的第一阶段，正处于机制创新的转折阶段，如营口大石桥的镁质材料产业集群；还有的产业集群，已经在国内外产生了一定影响，如海城的纺织产业集群。在经济发展中，辽宁各地产业集群各具特色，下面简要介绍沈阳、鞍山和锦州等地的集群发展状况。

三、辽宁部分产业集群成长模式

（一）沈阳市产业集群模式：专业化的功能园区模式 + 县域经济

沈阳产业集群发展的一个重要特点是：专业化的功能园区模式加县域经济模式。所谓专业化的功能园区模式，就是依据现有工业园区、开发区和高新区，通过政策引导、招商引资、合理布局产业，将功能相近、技术经济联系紧密的企业聚集在一起，实现生产要素的规模经济优势。所谓县域经济模式，就是结合县域经济特点，合理确定发展方向，依据专业化、精细化特点，实现“小商品、大市场、大产业”的发展目标，带动县域经济发展。这两种模式有一个共同特点，就是强调产业配套，一方面通过吸引有一定实力的大企业进入特定区域，带动中小企业进入与发展，目前，沈阳已经形成21个产业集群，如铁西新区汽车零部件产业集群、法库陶瓷产业集群、农业高新区食品产业集群等产业集群，这些产业集群建设将使沈阳工业实现质的飞跃。截至2005年末，沈阳市产业集群（工业园）口径，已开工项目431个，新入住企业402个，实现产值380亿元。其中，如铁西新区汽车零部件产业集群、法库陶瓷产业集群、农业高新区食品产业集群、于洪家具产业集群、东陵鞋业产业集群、辽中不锈钢产业集群、新城子农产品加工产业集群这7个重点产业集群已开工项目198个，实现产值219亿元。2007年，这7个重点产业集群产出预期达100亿元左右[①]。

① 透视沈阳产业集群放大效应，2006－01－13，http：//www.lswb.com.cn/lnrb/200601/11497420060113.htm/. 作者改编整理.

产业集群的发展不仅促进了沈阳市工业结构升级和产业综合竞争力的提升，还使得县域经济有了新的经济增长载体。例如，法库县依托丰富的陶土资源，建立了陶瓷工业园，现有陶瓷生产企业 29 家，生产线 99 条，产值达到 24 亿元，初步形成了矿山开采—陶瓷生产—运输—服务业的产业链。法库县借助陶瓷产业集群，带动了工业经济的发展，加速了地方工业化进程。2004 年，第二产业增加值比重超过第一产业 5.19 个百分点，初步实现了由农业大县向工业强县的跨越，工业经济已经成为法库县经济发展的主导力量。到 2005 年 8 月末，法库县规模以上工业产值实现 16.2 亿元，是上年同期的 3.3 倍，固定资产投资完成 10 亿元，规模企业由上年的 38 户增加到 47 户，引进国内优势企业 59 户①。

（二）鞍山市产业集群模式：资源型 + 大企业 + 非公有制经济②

目前，鞍山市已发展形成了两大类型的产业集群：资源开发型产业集群和市场带动型产业集群（见表 6 -3）。鞍山市产业集群的最大特点是“资源型 + 大企业 +

表 6 -3　鞍山的产业集群模式

集群类型	产品	集聚地	企业	产业链条	集群绩效
资源开发型产业集群	钢铁	鞍山市	大型国有企业（鞍山钢铁集团）+ 民营企业（年销售收入超亿元的有 20 余家）	工艺链条：采矿—烧结—冶炼—轧钢；价值链条：销售—生产—技术—服务体系	实现年产钢 1200 万吨
	镁制品	海城和岫岩	民营企业 400 多家	镁资源开发—初加工	年销售收入 200 多亿元
	滑石	海城的牌楼镇、马风镇	100 多家	开采、加工	年销售收入 60 多亿元
	玉石	岫岩	开采企业 5 家，玉石加工企业及加工点 3000 多个	开采、加工、销售	年开采量 2000 吨；从业人员 4 万余人
市场带动型产业集群	纺织	海城西柳镇、感王镇	企业 100 多家，个体户 2000 多户	西柳服装市场—纺织—印染—服装	从业人员近 20 万人，集群企业年产值 60 多亿元
	箱包	南台	销售企业	南台箱包市场	从业人员 3000 余人，日上市人数 2 万多人，年营业额 50 亿元

资料来源：鞍山大力发展产业集群营造非公经济成长环境，辽宁日报，2006 -01 -20.

① 透视沈阳产业集群放大效应，2006 - 01 - 13，http：//www.lswb.com.cn/lnrb/200601/11497420060113.htm/. 作者改编整理.

② 鞍山大力发展产业集群营造非公经济成长环境，辽宁日报，2006 -01 -20.

非公有制经济”。近年来，鞍山市提出了“国有经济以鞍钢为主，地方经济以非公有制经济为主”的战略方针，积极推动非公经济迅速发展，非公经济已成为地区经济和产业集群的主力军。鞍山市依靠丰富的矿产资源及蓬勃发展的专业市场，一方面积极发挥鞍钢的龙头和骨干作用，带动周围配套、辅助生产企业，形成了大型国有企业、民营企业共生发展，涵盖采矿—烧结—冶炼—轧钢工艺链条，包括销售—生产—技术—服务体系的钢铁产业集群；另一方面，充分发挥市场机制和本地商业传统，在海城形成了东北地区唯一一家有着广泛影响的纺织产业集群①。

（三）锦州市产业集群模式：政府+市场+“园中园”②

“十五”以来，锦州市各县（市）区经济越来越呈现出产业集群化的趋势，目前全市产业集群主要有三种发展模式：企业自发形成的产业集群，政府引导的产业集群，以高新技术为核心的“园中园”产业集群。锦州市凌南新区一带的汽车下游产业集群，是最为典型的自发形成的产业集群。早在2003年就有欧亚、通用汽车等品牌汽车销售4S店相继在这里落户。在龙头企业的带动下，到2005年末，这里的汽车企业已发展到50家，其中销售企业24家，维修企业20家，还有6家汽车零部件企业，2004年实现销售收入4.2亿元，占据区域经济的“半壁江山”。除自发形成的产业集群外，以高新技术产业园区和经济技术开发区为代表，锦州市各级政府引导扶持了各具特色的产业集群，这些园区一方面集中了全市一批重点企业，成为区域经济新的增长点，另一方面还成为招商引资的窗口，吸引大量的域外资本。围绕IT技术的研发、生产、销售和系统集成，锦州市还在高新技术产业园区和经济技术开发区陆续组建“园中园”。到“十五”末期，锦州高新技术产业园区的软件园已聚集了全市50%以上的软件企业，产品达百余种。

此外，大连的软件产业集群、抚顺的石化产业集群等也初具规模，有关辽宁省其他类型产业集群的详细论述，请参见本书前面相关章节。

四、辽宁产业集群发展中的主要问题

尽管在政府的积极引导和市场的动态牵引下，辽宁省的产业集群初具形态、初具规模，产生了一定效果，但是尚未与本地经济社会发展高效融合，尚未成为竞争力的主要源泉，规模小、层次低、范围窄、创新弱、产业配套能力差等问题

① 根据中国纺织工业协会资料，第一批中国纺织产业基地市（县）共有14个，其中，广东4个，江苏5个，浙江3个，福建和辽宁各1个。

② 宁旭．锦州产业集群悄然兴起，占据区域经济半壁江山［N］．原载辽宁日报，http://www.nen.com.cn．作者引用时作了相应改动．

普遍存在。这些问题制约了辽宁产业集群的进一步发展壮大，也限制了产业集群潜能的进一步释放。

（一）规模小

一些产业集群发达的地区，也是综合经济实力强的地区。这些地区的产业集群规模都很大，而且多样化的产业集群有力地支撑了本地的经济发展。例如，2003 年浙江工业总产值几十亿元以上的产业集群为 149 个，约占全省制造业基地的 50%①。2004 年，福建已经初步形成了 60 个产业集群，总产值达到 3800 亿元左右，占全省工业总产值的 52%②，平均每个产业集群产值达到了 350 亿元。相比较而言，辽宁能形成规模的产业集群仅为几十个，产值的平均规模为几十亿元。有些具有一定地方特色的产业尚未走上集群式发展道路，例如，阜新市的特色产业玛瑙业，除了杨记玛瑙一家外，其他都属于小作坊，不仅规模小，而且产品档次也低，市场竞争力较为有限。

（二）本地化的产业配套体系尚未形成

产业价值链没有充分延展，产业关联度水平低，产业内企业之间产品结构趋同，企业彼此之间内在联系较少，缺乏应有的专业化分工协作，多数企业都是独立作战，缺乏集团作战优势。装备制造业一直是辽宁的传统优势产业，拥有一批有实力的大型主机制造企业，但是，高水平的产业集群还没有形成，零部件、元器件产业薄弱，缺乏成套能力，服务不发达，没有形成以主机制造厂为核心、上下延伸的强大产业链，产业的总体规模、经济效益和竞争力难以提高。这种状况是辽宁省装备制造产业集群的共同特点和共同问题之一，在多数城市的产业发展中也是广泛存在的。

（三）创新机制缺乏

进入 20 世纪 90 年代，创新逐渐取代了自然资源、土地、劳动力等传统生产要素，成为区域财富创造和经济增长的主要动力。与此相伴，产业集群的动力基础越来越取决于知识流动、技术扩散的广度和深度。我国其他许多地方纷纷出台相关政策，积极构建区域创新平台，将产业集群升级为创新集群。与国内外发达的产业集群相比，辽宁产业集群缺乏相对完善的创新机制，其主要体现是创新尚未成为企业成长的主要动力和盈利的主要手段，也并未与企业的现有盈利手段有效整合。即使是创新活动比较活跃的，具有一定先导意义的高新技术产业集群——高新技术产业开发区，其技术进步状况也不容乐观。例如，2003 年，在全国 53 个国家级高新区中，沈阳高新区企业 R&D 经费支出仅为 4.9 亿元，排在第 20 位，R&D 投入强度（R&D 经费支出占高新区产品销售收入的比重）为

① 中国产业集群编辑部．中国产业集群 第 1 辑［M］．机械工业出版社，2005：6.

② 中国产业集群编辑部．中国产业集群 第 2 辑［M］．机械工业出版社，2005：16.

1.67%，仅相当于全国高新区平均R&D投入强度的68%。

第三节　辽宁产业集群发展战略的路径选择

一、战略框架设计

这种设计更多是针对一个新兴的或者有一定基础的产业集群发展而采取的一种策略，例如辽宁未来的新的产业增长群的设计与规划，这种设计不是政府简单的规划，而是一个自上而下和自下而上相结合，以自下而上为主的一种相关利益关系者的共同参与活动。其中，政府起着召集人、协调人的角色，不直接干涉产业集群的具体运作①。

借鉴荷兰产业集群发展的政策方法，辽宁产业集群发展的战略框架设计大体可以包括三个阶段（见表6-4）。第一阶段是决策准备阶段，目的是确定集群发展战略的可行性，重点是评价集群战略的潜在价值和政府的作用空间。通过各方面的信息收集，特别是一些非营利机构的公正调查与分析报告，有助于集群战略的正确决策。第二阶段是战略决策后的启动阶段，这一阶段的核心是充分运用各种政策工具和方法，调动集群可能参与者的积极性。第三阶段是集群战略的全面实施与评价阶段，重点是为集群顺利发展提供良好的外部环境，包括加强集群新动力源泉的培育，市场秩序的规范，良好的贸易服务以及及时监控集群发展态势，密切各参与者合作关系，动态规避和消除集群中的系统风险等。

辽宁产业集群发展战略大体可以分三步走。第一阶段（2006～2010年），目标是建成1～2个具有明显国际竞争力的产业集群，培育3～5个在国内领先的具有竞争优势的产业集群，培育10个左右的能够显著支撑地方经济的产业集群（各种专业化的乡镇），培育10个具有国际竞争力的大型企业集团。第二阶段（2010～2020年），目标是再建成1～2个具有明显国际竞争力的产业集群，20个左右的在国内领先的产业集群。第三阶段（2020～2030年），重点是培育5个新兴产业集群，带动传统产业集群升级换代，并形成辽宁新的经济增长点和增长群。

① 当然，我们的研究，在很大程度上是一种局部调查研究，只是在一定程度上揭示了辽宁工业发展中产业集群的部分状况，为了制定出高效的辽宁产业集群发展规划，需要进一步加强研究，通过全面、细致的全省调查，准确地把握产业集群发展状况，按照统筹全局、突出局部优势的基本原则，合理布局，形成有效竞争、持续创新的新型产业基地。

表 6－4 辽宁产业集群发展战略设计与政府作用

阶段	第一阶段	第二阶段	第三阶段
	决策准备	启动阶段	实施与评价
目的	确定集群发展战略的可行性	利用政策工具调动集群参与者的积极性	促进集群健康发展
工作内容	评价集群战略的潜在价值，包括集群的地理位置、潜在的规模、增加值、增长速度；对辽宁整体经济发展、竞争力提升的贡献；对其他集群的影响等 政府作用的评价：集群发展中是否存在系统风险，如集群内产业关联有限、企业间合作差、缺乏公共交流平台、创新动力不足、市场需求不确定等；政府能够解决哪些问题，可供选择的政策工具有哪些	提供公共物品，包括组织创新研究项目的探讨、技术研讨会、下一代技术分析与预测等，公布与宣传辽宁经济发展方向，特别是产业重点，引导社会资源 委托非营利机构帮助中小企业进行商业计划制定，提供人员与管理培训，自下而上的市场调研等 通过公共职能部门或者专门机构实施集群监控等 加强公共基础设施建设 通过财政资金注入、贷款贴息，发展创业投资，完善融资环境等	发展中介组织，培养经纪人 构建各种基础平台，包括创业园、孵化器、公共技术服务中心、新型产品试验中心等 提供战略信息，包括建立集群的网络平台或门户网站，组织召开各种层次的研讨会等 不断调整政策

资料来源：作者根据 OECD. 创新集群：国家创新体系的推动力［M］. 科学技术文献出版社，2004 年，第 269～273 页内容归纳整理、改编。

二、发展思路

产业集群是新时期辽宁经济增长的现实路径选择，优化布局是辽宁产业集群的发展基础。培育和发展产业集群需要有一整套相互衔接的指导思想、发展目标、工作重点和政策措施。在分析主要产业现有条件的基础上，结合国内外经验，我们认为辽宁产业集群的基本思路是：立足辽宁产业基础，依托三大功能区划，以有核心竞争力的产品为龙头，骨干企业为支撑，多种经济成分共同发展，以企业自主创新能力培育和体制机制创新为根本动力，以环境建设和多种政策工具为手段，以专业园区（经济技术开发区、高新技术产业开发区）为产业生产组织载体，以产业上下游、横纵向关联与协同为纽带，深化区域专业分工协作，全面促进各种资源要素向集群区域集中、集聚，推进产业整合和产业优化升级，建设成具有国际竞争力的新型产业基地。

结合“十一五”时期经济社会发展战略，新阶段辽宁产业集群发展战略要与城市和城市群功能区划以及地方经济发展相协调，在空间上初步形成辽宁中东部、辽南和辽西三个大产业集群（见表 6－5、表 6－6、表 6－7、表 6－8），装备

表 6－5 未来辽宁三大产业集群及产业分布

	辽宁中东部产业群	辽南产业群	辽西产业群
依托经济区	辽宁中部城市群经济区	辽东半岛沿海经济区	辽西沿海经济区
依托城市	以沈阳为中心，包括鞍山、抚顺、本溪、营口、辽阳、铁岭等7城市	以大连为龙头，包括丹东和营口3个城市	以港口城市锦州、盘锦、葫芦岛为骨干，包括阜新、朝阳等5个城市
产业集群的行业分布	先进装备制造业基地和高加工度原材料工业基地、高新技术产业和农产品加工示范区	石化基地、电子信息产业和软件基地、先进装备制造业基地、造船基地和高新技术产业基地	临港工业和外向型经济，形成具有辽西特色和优势的新型产业群
目标	全国有竞争力的新型产业基地	东北亚国际物流中心	辽宁新型增长区域

资料来源：作者整理。

表 6－6 辽宁中东部产业集群的依托城市、企业与主要产品

	主要产业	主要企业	主要产品
沈阳	汽车及零部件、装备制造、电子信息、化工医药、农产品	金杯、沈飞、沈阳机床、东软等	轻型客车、汽车发动机、数控机床、石化冶矿装备、医疗机械、通讯芯片、丙烯、无公害农产品等
鞍山	钢铁、先进装备制造、纺织、矿产品加工	鞍钢、鞍特钢结构、鞍钢机总、金堡纺织、辽宁东方巨业等	汽车和家电用钢、冷轧硅钢、薄板坯连铸连轧、特种矿山设备、高档纺织品、镁砂制品、玉石制品等
抚顺	石油化工和精细化工、冶金、机电、轻工	抚顺石化、华丰集团、辽宁抚顺特钢、抚顺挖掘机等	合成树脂产品、化纤产品、纳米涂料、轴承钢、海绵钛、大型石化炼化设备、优质铝板等
本溪	冶金、建材、化工、现代中药、钢铁深加工	本钢、北钢、辽宁工源水泥、北方化工、九鼎集团、北方曲轴等	高档家电板、镀锌板、新型化工品、机械器材及配件、新型管材管件等
辽阳	化工化纤塑料、冶金和有色金属加工、装备制造机器零部件配套、农产品深加工	辽阳石化分公司、辽阳石油化纤公司、辽阳钢管有限公司、辽阳钢铁有限公司等	宽幅无纺布、差别化纤维、高精度铜板带材、高档箱纸板成套设备、混凝土搅拌设备等
铁岭	能源、新建筑材料、机械加工制造、汽车零部件配套加工	清河发电有限责任公司、铁煤集团、铁岭铁煤新新水泥、铁岭阀门股份、华晨橡塑等	高密度纤维板、自洁彩板、仪器仪表、汽车橡塑产品等

资料来源：作者整理。

表 6-7 辽西产业集群的依托城市、企业与主要产品

	主要产业	主要企业	主要产品
锦州	石化、新材料、农产品加工、汽车零部件、电子信息、机械装备制造、电力、医药	中油锦州分公司、圣戈班石英、元成生化、万得公司、金华公司、新日硅、锦州电力电容公司、九泰药业等	石化产品、石英玻璃、太阳能电池单晶硅产品、汽车启动机、半导体功能率器件一条龙产品、输变电设备等
阜新	能源、机械、化学工业、建材、农产品深加工	阜新矿业集团、阜新液压件厂、阜新晶体有限公司、阜橡公司、阜新仙鹤制药、辽宁大金钢结构公司等	矿产资源综合利用、汽车动力转向泵、子午线轮胎、电容器产品、橡胶制品等
盘锦	油气采掘、石化、机械输料和新型建材	辽河石化分公司、大力集团、华锦集团、长江龙集团特种机械、盘锦华意环境公司、佳美公司、久和型材公司、东跃钢结构彩板公司等	沥青、环烷基润滑油、氮肥、工业特种油漆、新材料零部件、船舶零部件等
朝阳	汽车及汽车零部件、建材建机、绿色食品加工、冶金、纺织	东风朝柴公司、思益公司、兰凌公司、建平陶瓷、北票宏发食品、凌钢、辽宁轮胎集团、朝纺等	柴油机、汽车底盘、陶瓷、玻璃、乳制品、干鲜果蔬等
葫芦岛	石化、有色金属、船舶机械、能源、精细化工	中油锦西分公司、锦西炼化总厂、葫芦岛有色金属、葫芦岛船舶重工、辽宁渤海水泥等	无机化工、合成树脂、电解铜、重大石化成套设备、船舶等

资料来源：作者整理。

表 6-8 辽南产业集群的依托城市、企业与主要产品

	主要产业	主要企业	主要产品
大连	国际航运、石化、电子信息和软件、先进装备制造、造船	大显集团、华录集团、大连重工·起重、瓦轴等	数字化视听、数控机床、石化通用设备、大型油轮、FPSO（浮式生产储油船）等
丹东	汽车及汽车零部件、机电设备及仪器仪表、电子信息、纺织、食品饮料	曙光股份、新泰输变电设备、金丸集团、东方测控、东宝、金海纺织等	车桥、曲轴、整流器、环保设备、汽车音响、精品丝绸等
营口	镁质材料、轻纺工业、冶金、石化、建材	青花、华晨、营口卷烟厂、东北钢琴集团、营口化纤厂、营口五矿中板等	电熔镁砂、镁合金、钢琴、造船板、乙烯等

资料来源：作者整理。

制造、资源型、市场型和高新技术四个次产业集群，在各市县形成各具特色、专业优势显著的三级产业集群或专业化的新工业区。

（1）装备制造产业集群。在成套设备、以机床为代表的基础设备、以汽车为重点的交通运输设备3个领域实现重点突破。在产业布局上，形成以沈阳、大连为中心的两个装备制造业集散地，建设沈西工业走廊、辽西沿海装备制造业产业带，培育10个以上具有产业特色的产业集群，形成专业化生产、区域性协作、社会化配套的产业格局①。

（2）资源型产业集群。发挥辽宁省自然优势，形成各具特色的资源开发与开采、粗加工与深加工、品牌与服务、经济与环境相互协调的新型资源型产业集群。重点是依托国有大型骨干企业，积极发展中小非国有企业，促进石化、冶金、建材等重点产业向集约化、高级化、系列化和深加工方向发展。抓紧研究原材料工业发展的资源约束问题，一方面采取有效措施，建立原油、矿石等原料的可靠来源；另一方面积极探索、培育新增长点，做好接续产业发展，保证经济、社会协调发展。

（3）市场型产业集群。与县（区）域经济相结合，重点引导和促进一批历史悠久、有广泛声誉的自发形成的特色、专业化的生产区、市场发育成长，积极发展纺织、服装、食品、造纸、家电、日用品、医药、工艺美术等轻工业、劳动密集型产业。其重点是鼓励中小企业发展，同时吸引国内外大企业，引进先进技术，走市场和技术双因素推动的发展之路。

（4）高新技术产业集群。依托沈阳、鞍山和大连三个国家级高新技术产业开发区和锦州、营口、辽阳、葫芦岛等省级高新区，重点发展电子信息、生物工程与制药、新材料产业，推进数控系统成套技术及装置、高亮度发光二极管外延片系统等重点高技术产业化项目，形成集成优势、特色优势和竞争优势“三位一体”的沈大高新技术产业长廊，辐射周边形成各具特色的次一级高新技术产业集群，加速信息化带动工业化步伐，广泛应用高技术和先进适用技术改造提升传统产业，并促进资源型、市场型产业集群逐渐依靠技术创新形成持久竞争力。

第四节　新时期辽宁产业集群成长的政策取向

一、制定辽宁产业集群发展规划

要发展产业集群，就必须在充分发挥市场配置资源的基础作用的前提下统筹

① 辽宁省装备制造业十一五发展规划正式出台［N］．辽宁日报，2006－01－22，引自 http：//www.gov.cn.

规划，合理布局，加强政府的宏观规划、引导和促进作用。政府通过城市发展规划、产业区域布局与规划、区域基础设施建设、投资等政策，影响产业集群的发展水平和方向，使产业集群发展与辽宁经济结构调整、产业结构优化和升级、区域经济整体竞争力提升、辽宁老工业基地全面振兴的宏观战略有效结合。近些年来，福建经济持续快速发展的一个重要原因就是，以产业集群发展为切入点，从规划、财政金融支持、品牌推广、技术扩散等多角度，促进产业集群发展。2004年11月4日，中共福建省委、福建省人民政府颁布施行了《关于加快产业集聚培育产业集群的若干意见（试行）》，从战略高度规划、指导产业集群发展，而《福建省“十一五”工业产业集聚及产业集群发展建设专项规划》，则从打破行政区划，在全省合理布局产业集群的角度，研究确定重点培育的产业集群，指导重点产业集群制定发展规划，开展产业集群示范工作，并带动各市县加强对本地产业集群的规划和指导。针对广东专业镇的产业结构、技术结构和产品结构升级问题，广东省出台《关于建设产业升级示范区加快产业集群发展的意见》，指导产业集群发展。

由于辽宁省是一个老工业基地，原材料工业所占比重较大，它所产生的资源浪费、环境污染等问题比较突出，为此，未来辽宁产业集群发展规划必须纳入到国民经济和社会发展规划体系，通过政策引导，大力发展循环经济，鼓励产业集群向生态化方向发展。根据辽宁省“十一五”国民经济和社会发展战略，结合阜新、鞍山、抚顺、本溪、盘锦等资源型城市经济转型，鼓励和支持循环经济型企业发展，开发引入关键链接技术，开展能源、水的重复和梯级利用及各种副产品、废弃物的接续循环使用，在生产的全过程降低资源、能源的消耗和污染物的产生，加快建设生态工业园区，实现物流、能流、技术集成、信息流、基础设施的集聚与共享，最大限度降低生产消耗和成本。

二、构建区域产业—创新体系

产业集群是一种简化的国家创新体系①，其最关键和使用的系统要素有助于促进一个国家国民经济各领域的创新，并促进产业集群由低端向高端发展。对于区域特色显著的地方性产业集群，与区域创新体系更为接近，产业成长与创新相互促进、创新与区域财富创造与经济增长相互协调，正在成为许多有竞争力的产业集群的典型表征。一般而言，区域产业—创新体系的构建与发展，其重点是通过区域内技术基础条件改善，满足产业集群内的技术升级以及中小企业的技术服

① Bergman, Edward M. and Edward J. Feser. Innovation system effects on technological diffuseion in a regional value chain, European planning studies, 2001, Vol. 5, p. 5. 转引自 OECD. 创新集群：国家创新体系的推动力［M］. 科学技术文献出版社，2004：1.

务需要。就目前困扰辽宁省不少产业集群中小企业技术升级和技术进步的问题而言，搭建产业共性技术服务平台是当务之急。参照国内外相关经验，可以采用政府出资组建、企业牵头与政府资助、行业协会组建、依托龙头企业组建等多种模式，积极吸引国家投资，同时发挥省市县级政府公共财政作用，重点支持一批与集群共性技术、关键技术需求相适应的，技术集成度高、产业支撑力强的项目，促进科研机构之间、科研机构与高等院校之间的结合和资源集成，鼓励科研院所与国内外研究机构、高等学校、企业建立联合实验室或研究开发中心，促进知识流动、人才培养和科技资源共享，形成各具特色的集群创新合作机制。同时激励与引导大型企业建立研发机构，发挥技术开发中心、工程技术中心作用，支持大型企业技术中心向社会开放。全面贯彻落实《中小企业促进法》，支持创办各种形式的中小企业，充分发挥中小企业技术创新的活力。

创造良好的制度环境也是区域产业—创新体系的长远工作之一，其中，一项重要工作就是促进科技成果转化和产业化，以及技术推广，这是区域产业集群持续竞争力的源泉所在。其最终目标是，以本地优势资源和特色资源为基础，建立高度专业化、"全过程式"的创新服务体系，把辽宁省重点产业发展与高新区建设结合起来，充分发挥高新区在自主创新和资源整合方面的优势，使沈阳、鞍山、大连形成具有核心竞争力的特色产业集群。作为一项战略举措，创造良好的制度环境可以包括如下内容：鼓励境内外科技人才依托各类产业集群来辽宁省创办科技型企业，允许境内各类企业、个人与境外经济组织和个人合资、合作设立外资企业；高新技术成果作价出资占企业注册资本的比例，由出资各方协商约定；鼓励国内外投资者采取包括有限合伙在内的多种方式在产业集群区域设立创业投资机构，凡在辽宁省注册和对高新技术产业领域的投资额占其总投资额的比重不低于70%的创业投资机构，均适用高新技术企业的政策；鼓励高新技术企业和其他市场主体实行技术分红、股份期权、年薪制等智力要素参与收益分配的制度等。

三、适度政府干预

随着产业集群思想及其重要性得到广泛的认识，产业集群正在成为许多地方经济发展的一种策略选择，并积极加以部署引导。但是，如果没有依照和充分发挥本地的产业基础、技术基础、企业条件、市场空间、商业文化环境等特色，只是简单地模仿、照搬其他地区的产业发展路径，其结果只能是貌似相同的产业集群，却存在巨大差异和差距的区域经济。这就需要政府适度干预与引导集群发展，避免新一轮资源恶性争夺和市场恶性竞争。20世纪80年代之后，政府职能转变的一个重要特点就是直接干预经济活动的行为越来越少，而规范、监督、引导和服务市场的行为越来越多。现代的经济政策，特别是产业集群政策是区域政策、创新政策、产业政策、贸易政策高度协同的一种政策。在产业集群发展初期，由于市场环境和集群基础还不完善，在以市场为导向，企业为主体的大原则下，政府可以通过适当的集群政策，引导社会资源流动，使企业、产业发展目标与宏观经济增长目标有机结合。

结合国内外经验，在产业集群发展中，特别是在产业集群政策制定过程中，可以通过产业发展重点项目的选择和布局，来间接引导社会资源集聚到特定区域和部门。因此，合理选择和布局重点产业项目，适当的政策导引，将有助于多样化的、有竞争力的产业集群的产生、发展和壮大，并与地方经济社会发展高度耦合，放大产业集群的经济效能。

四、加强产业集群内部合作伙伴关系建设

集群内部企业、市场中介机构、政府等参与者之间形成良好的生产、创新网络，共享基础设施、关键共性技术平台、中介服务，但是这种合作伙伴关系并不能自发形成，即使能够自发形成，其形成不仅是一个漫长的过程，而且有着严格进入限制，并不是所有企业都可以享受合作网络的好处，因为要想从合作中受益，除了必要的投资之外，更需要一个参与者有可以获得合作溢出效应的条件，比如一定的知识积累，一定的技能和人才等。在这方面，在产业集群中居于多数地位的中小企业，必将处于不利位置。随着时间的积累，如果没有合适的补偿机制，中小企业的创新活力将会受到抑制，中小企业将难以成长，更为重要的是，将无法形成专业化、规模化的区域生产配套体系，而后者是一个成功产业集群持续竞争力的重要保证。

企业是决定一个地区创新活力高低和经济发展绩效优劣的关键，企业内部的团队精神对于企业与外界的合作至关重要。20 世纪 80 年代以来，工业企业之间的合作成为一种新经济现象。这些合作伙伴可以是区域性的、本地的、行业的，其中本地化的或者集群内的参与者的不同层次合作尤为重要，它们有助于发挥不同参与者的资源互补性和技术协同性，提高产业供应链质量，形成本地化的专用知识，构成核心竞争力基础。在诸多合作中，基于知识和技术共享的合作最为普遍，技术互补或技术互补的参与者可以成立合资企业，也可以与大学和研究所合作。包括研究开发伙伴关系在内的产业合作伙伴关系，能够消除企业技术开发的不确定性、资源障碍、资金阻力等问题，并将知识溢出内在化。同时，帮助企业获得技能，监视新的发展趋势，进行核心业务外的领域的探索研究等。对于政府而言，产业合作伙伴关系能够促进资金来源的多样性，研究生培训的加强，以及公共研究开发成果的利用和商业化，扩大社会效益。因此，结合辽宁产业集群发

展需求以及国际技术发展新趋势，促进多层次、多形式的产业合作伙伴关系，将是未来重点加强的一个政策领域。

五、强化企业家队伍建设

目前，市场需求以及国内外经济环境变化，尤其是老工业基地振兴需要数量更多的、速度更快的、质量更高的企业，这就需要一大批有技能的人，一大批有创业愿望的人，能够在合适的空间去创办、经营和发展企业。产业集群与初创型中小企业之间存在很强的互动关系，产业集群的规模壮大和绩效显著，离不开大量的中小企业，而大量的中小企业及其相关产业配套能力，又为大量的同类企业集中，降低信息和交易成本，创造了巨大机会。在这个过程中，企业家精神是最为重要的因素之一，创新活动、生产率提高、经济增长、就业增加等都需要企业家精神。目前，与其他省市一样，辽宁的企业家正处于新旧交替阶段。这种交替体现在两个方面：一是在国有企业所占比重高的产业集群，一些国有企业经营者正在由传统的任命制向现代的市场化过渡，而且现在的企业经营目标、绩效评价标准、市场环境与传统有很大差异，所以更需要一大批能够领导创新、应对复杂国际贸易、勇于承担社会责任的新型企业家队伍；二是在非公有制经济，特别是民营经济十分发达的产业集群正处于第一代创业者向第二代发展者转变的重要时期，以往的家族制或者衍生于集体或全民企业的管理体制与经营机制亟须转变为能够适应全球化、多样化、专业化的新体制新机制，例如现代的企业经营制度，职业经理人制度等。因此，企业家队伍的建设及管理人才队伍的培训，必将成为政府集群发展政策的重点之一。同时，创造出一种鼓励冒险、勇于承担风险的创新、创业文化也非常重要。

六、建立区域合作机制

建立区域合作机制，打破地方分割，促进区域分工与协作，是辽宁产业集群发展的重要保障。集群发展是一个区域协同发展的过程，需要资源要素的顺畅流动与交易，也需要生产销售服务体系的有机协调，而非各自为政。以往的经验表明，大而全、小而全、相互分割，所带来的只能是产业同构、恶性竞争，而不是经济社会的良性发展。因此，有必要进一步加强地区之间的行政协调与利益平衡，从产业的整体发展而非局部发展出发，合理分工协作，构建新型利益分配关系，促进和谐发展。与合作机制建立相关的另一项重要工作是，要充分利用中直企业创造的资源条件和市场空间，建立地方与中直企业的协调合作机制，推动辽宁省产业集群的形成。加快辽宁老工业基地振兴，把辽宁建设成为我国新型产业基地和新的重要增长区域。

创造良好的市场环境，大力发展集群内部的各种市场中介组织，如行业协会、管理咨询机构、律师事务所、会计师事务所、国际信息网络组织、职业培训机构等，促进集群成长与集群品牌建设、自主创新紧密衔接，也是产业集群健康发展的重要内容。

此外，加强辽宁产业集群的规划与管理、加强产业集群的基础研究和调研，将有助于辽宁产业集群健康发展。

第七章 东北老工业基地自主创新现状

第一节 东北老工业基地自主创新水平评价

一、区域自主创新能力测度指标

科技进步和创新已经成为经济社会发展的首要推动力量，自主创新能力正在成为调整经济结构、转变增长方式、提高国家竞争力的中心环节，建设创新型国家和创新型地区将是面向未来的重大战略选择。由于是一种新的战略，学界对自主创新的认识不尽相同。过去许多人认为，自主创新是指一个国家在不依赖外部技术的情况下，而依靠本国的力量独立开发新技术，进行技术创新活动，即摆脱技术引进方式下对国外技术的依赖，依靠自己的力量所进行的原创创新，原创创新是自主创新的核心问题（赵大庆、强燕平，2006）。

在国家相关政策文件中，自主创新包括三方面的内容：原始性创新、集成创新和引进、消化基础上的再创新。其中，原始性创新是指要获得更多的科学发现和技术发明。集成创新是指将各种相关技术有机融合，形成具有市场竞争力的产品和产业。引进消化基础上的再创新是指在引进国外先进技术基础上，通过技术学习、技术积累创造更多更好更有价值的能促进、适应我国经济社会发展的新产品、新工艺，形成新的核心竞争力和经济增长点。从理论上看，自主创新是一种创新模式，它强调的是一种"以我为主、为我所用、我尽其用"的创新，其本质是技术创新的组织或动员能力（王伟光，2006）。按照创新的发动者和主要行动者不同，可以分为国家层面、区域（地方）层面、产业层面和企业层面的自主创新。依据不同的分工，不同层次的创新主体（政府、企业、科研机构、高等学校和其他力量）可以相互协调，围绕某种目标配置科技资源（科技人力、物力和财力），实现科技资源配置的社会最优化。

自主创新是以一种国家科技发展战略提出的，就其实质和内涵而言，自主创新与技术创新存在着很大的相似性，其基本机理大致相同。在没有形成一个统一的自主创新能力评价指标体系之前，许多学者都是在利用技术创新测度指标来衡量自主创新。如何对技术创新能力进行衡量，一直是理论界、政策制定者和企业所关注的问题。技术创新过程的性质特点决定着“无法直接衡量技术创新的质量和数量”（Hill，1979）。采用某些替代性指标来反映自主创新活动，就成为一种比较现实的选择。

目前存在着许多不同的技术创新衡量方法和测度指标，可以将这些方法和指标分为三个层次三个方面（见表7－1）。在技术创新研究中，许多经济学家喜欢使用R&D、专利、生产率等指标。而创新系统方法则向人们展现了另外一种测度创新的新思路。相比较而言，R&D指标侧重于从“投入”方面测度技术创新，专利指标关注的是技术创新产出以及制度的影响①，创新的系统方法则是把技术创新视为一种知识创造过程（Niosi等.1993；Kristensen和Lundvall，1991；Pavitt和Patel，1988；Dalum等，1988；Lundvall，1992），倡导从多层面来“综合”解释创新（见表7－2）。关于区域自主创新的衡量，可以沿着上述技术创新测度思想，基于系统的视角，从投入、产出、环境等层面进行。

表7－1　测度技术创新能力的层次和主要指标

指标内容＼测度层次		企业	产业	国家	备注
测度指标	投入	R&D、资本、劳动力、教育、工程技术人员比例、FDI/MNEs			还包括一些无法在“量”上进行测度的因素
	产出	专利（在国外申请或授权数）、新产品、新工艺、出口、技术贸易、科技/学术论文、高技术产品、经济增长/生产率			
	环境	政治法律、社会文化、经济规则、网络、学习机会/能力、市场结构、政策、科技体制			直接或间接地影响投入和产出

资料来源：王伟光．中国工业行业技术创新实证研究［M］．中国社会科学出版社，2003.

表7－2　国家创新系统的测度内容

衡量创新单位	• 有R&D设施的私人企业数，政府实验室，大学，其他研究组织 • 创新机构的产权控制（私有、公共、合作或混合形式） • 创新机构的地区分布

① 当然，这种划分是相对的，有些指标之间存在着一定的相容关系，例如R&D和专利；有些指标可能具有投入和产出的双重身份，例如，有些研究就把专利视为一种投入。

续表

衡量流动指标	• 公共或私人对研究活动的融资 • 技术流动：大学研究和工业 R&D 之间的知识流动（专利的学术引用数，科学出版物等）以及企业间的许可协议 • 国民经济内的合作：反映创新企业之间的网络 • 国内社会创新的扩散 • 人员流动：大学—产业，企业—企业，老企业—新企业
衡量绩效指标	• 直接指标：研究人员人均专利授权数，或每百万美元经费的专利授权数，专利、科技论文占世界总量的份额 • 间接指标：高技术产品的进出口，技术贸易余额，国际支付余额

资料来源：Niosi 等（1993：222－224），作者整理。

二、东北地区总体自主创新能力不强，且内部高度不均衡

（一）自主创新投入：中等偏上

东北地区自主创新投入处于全国中等偏上水平。在所有衡量自主创新能力的指标中，创新投入是东北地区表现最为突出的一个指标。尽管辽宁和黑龙江两省创新投入排名均有所下降，但是，东北三省创新投入排名均高于 15 位，即该区投入水平至少高于我国其他 16 个省区（见表 7－3）。

表 7－3　东北地区自主创新的投入水平

	2006 年		2005 年	
地区	得分	排名	得分	排名
辽宁	55.47	7	54.95	5
吉林	37.78	15	33.7	15
黑龙江	44.53	10	40.42	9
上海	68.87	1		
北京	63.5	1		
全国平均	47.74	—	42.08	—

资料来源：作者根据科技部全国综合科技进步监测研究报告（2005、2006）整理。

（二）自主创新产出：中等偏下

东北地区自主创新活动的产出水平与全国平均水平存在很大差距，居于全国中等偏下水平（见表 7－4）。2006 年东北三省的自主创新活动产出水平较 2005 年均有小幅度提高，除辽宁省创新产出水平相对较高之外，吉林、黑龙江两省仅

为全国平均水平的60%左右。值得注意的是，东北三省创新产出水平与发达地区的差距很大，即使是创新产出水平较高的辽宁省，其得分也仅为上海的45%左右，另外两个省则仅为30%左右。这表明，尽管东北创新产出水平有所提高，但由于增长幅度较小，与那些创新活动效果提高幅度大的发达地区相比，创新产出的落后差距更大了。

表7-4 东北地区自主创新的产出水平

	2006年		2005年	
地区	得分	排名	得分	排名
辽宁	42.57	5	39.03	7
吉林	22.49	20	26.99	18
黑龙江	28.55	15	27.5	17
上海	88.61	1	86.96	1
全国平均	42.26	—	45.37	—

资料来源：作者根据科技部全国综合科技进步监测研究报告（2005、2006）整理。

（三）自主创新环境：下游偏上

东北地区自主创新环境处于全国下游偏上水平。与2005年相比，2006年东北地区的自主创新环境没有多大程度的改善。除了辽宁省科技进步环境排名有所上升之外，其他两个省却出现了较大幅度的下降，而且与全国平均水平还有一段差距（见表7-5）。

表7-5 东北地区自主创新的环境水平

	2006年		2005年	
地区	得分	排名	得分	排名
辽宁	55.57	5	49.78	7
吉林	42.73	21	42.29	17
黑龙江	39.53	27	38.99	22
北京	77.47	1	77.68	1
全国平均	51.06	—	48.67	—

资料来源：作者根据科技部全国综合科技进步监测研究报告（2005、2006）整理。

（四）东北地区内部自主创新能力高度不均衡，辽宁省自主创新能力最强

东北地区内部自主创新能力高度不平衡，辽宁省自主创新能力显著优于其他

两省，吉林和黑龙江则各有优势。根据2006年自主创新的12个指标排名分布情况可以发现，辽宁省58.3%的指标排名位于前10名，而排名在全国下游水平的指标仅有一个，是东北地区此类指标最少的一个省份，另外两个省有25%以上的指标属于全国落后水平。

（五）东北地区自主创新能力的总体判断

综合东北地区自主创新的投入、产出与环境状况（见表7－3、表7－4和表7－5），尤其从所有评价指标看，东北三省77.8%的指标排在了前20名之内。更考虑到辽宁省自主创新能力在全国的水平（见表7－6），我们认为，东北地区自主创新能力在全国属于中等偏上水平。

表7－6　2006年东北三省自主创新12个指标的排名分布　　单位：个

	排名1～10	排名11～20	排名21～31
辽宁	7	4	1
吉林	3	5	4
黑龙江	4	5	3

资料来源：作者根据科技部全国综合科技进步监测研究报告（2006）整理。

第二节　重化工业主导东北地区自主创新

一、东北创新资源主要集中在重化工业部门

围绕自然资源开发、采掘、加工与制造，东北三省借助早期工业的发展和国家的支持，沉淀了一批优秀的科技资源，积累了较为雄厚的研发力量，形成了基于资源禀赋的创新体系。这种情况在重化工业部门表现得最为突出，例如材料技术体系（见表7－7）。辽宁省目前拥有与材料有关的国家及省属研究机构21个，设有材料学科的高等院校近20所，如中科院金属所在新型纳米材料、金属功能材料等领域在国际上居于领先地位。沈阳化工研究院、大连理工大学、东北大学等都有很强的材料科研力量；吉林省在新材料领域具有较强的基础与优势，拥有长春汽车材料研究所、吉林大学、中科院长春光机所、长春应化所等科研单位的研究力量，在光电子材料等领域有很好的技术优势；黑龙江省哈尔滨焊接研究所、哈尔滨玻璃钢研究所等都在同行业中处于领先地位，哈尔滨工业大学、哈尔滨工程大学等在军工和民用材料领域都占有重要地位。

表 7－7　东北区域创新体系：材料产业

机构	研究方向	基础条件
中国科学院金属研究所	高性能金属材料、新型无机非金属材料和先进复合材料	沈阳材料科学国家（联合）实验室、金属腐蚀与防护国家重点实验室、高性能均质合金国家工程研究中心、腐蚀与防护国家工程技术中心等
中国科学院长春应用化学研究所	高分子化学与物理，稀土化学与物理和电分析化学	2 个国家重点实验室和 1 个中国科学院开放实验室
沈阳化工研究院	农药、染料及有机中间体为主的精细化学品的研究与开发	农药国家工程研究中心和染料国家工程研究中心
哈尔滨焊接研究所	电站、核能、石油、石化、煤炭、冶金、矿山、船舶、汽车、摩托车、工程机械、机车车辆、建筑、桥梁、海洋工程、航天航空、仪器仪表、电子部件、轻工机械及日用家电等各行业	

资料来源：作者整理。

这种技术体系为东北材料产业发展创造了有利条件，孕育和成长了一批新型材料企业，并在全国具有举足轻重的地位。例如，沈阳金昌普新材料公司的耐热合金，依托沈阳金属所的科研成果在全国具有非常强的竞争力；大连振邦氟涂料公司是国内最早实现氟涂料生产的企业，也是世界上第一个实现水性氟涂料产业化的企业；大连路明公司是国内稀土发光材料及制品领域的龙头企业；中科英华是亚洲热缩材料产销基地，创立了中国的热缩产业。

二、装备制造企业自主创新活动最为活跃

装备制造企业是东北地区自主创新活动最为活跃的创新主体。根据调查，2006 年，辽宁占工业企业 33.7% 的装备制造企业从事了 46.2% 的创新活动。在被调查的 813 家企业中，有技术创新活动的为 484 家，占 59.5%，比制造业平均水平高出 11.3 个百分点。装备制造业的 7 个行业中，只有金属制品业略低于制造业的平均水平，其他 6 个行业均高于制造业的平均水平，其中仪器仪表及文化、办公用机械制造业有技术创新活动的达到 41 家，占 82.0%，比制造业平均水平高出 33.8 个百分点①。

吉林省的调查也显示，自主创新资源和活动绝大多数集中在制造业部门，而

① 辽宁统计局。

制造业的自主创新活动又有绝大多数比例集中在重化工业部门。创新活动最为活跃的行业中，有90%左右集中在重化工业部门。R&D活动、专利申请、新产品销售收入等指标也显示装备制造、石油化工等行业是自主创新活动最为活跃，产出效果最为显著的工业部门（见表7-8）。

表7-8 2006年吉林省创新活动的行业分布（前五位）

指标	主要行业
有创新活动企业占全部企业数比重	医药制造业，专用设备制造业，通信设备，计算机及其他电子设备制造业，仪器仪表及文化办公用机械制造业，工艺品及其他制造业
申请专利的企业占本行业全部企业数比重	仪器仪表及文化办公用机械制造业，医药制造业，化学纤维制造业，电气机械及器材制造业，专用设备制造业
开展内部R&D活动的企业占本行业全部企业数比重	仪器仪表及文化办公用机械制造业，通信设备，计算机及其他电子设备制造业，医药制造业，化学纤维制造业，工艺品及其他制造业
企业新产品销售收入占新产品销售收入比重	文教体育用品制造业、纺织服装鞋帽制造业、交通运输设备制造业、专用设备制造业、纺织业

资料来源：作者根据相关资料整理。

三、部分大型重化工骨干企业自主创新能力较强

随着国家产业技术政策的完善和强化，东北地区装备企业普遍进行了新一轮的技术改造，装备水平和工艺技术有了相当程度的提高，部分生产工序实现了自动化程度很高的高速数控加工。一些企业的关键设备和工艺达到了国际先进水平，开始从生存型企业向发展型企业转变。例如，哈航集团拥有现代化的厂房和具有国际先进水平的数控柔性加工装备，先进的理化试验和计量测试装备，产品研发全部采用计算机辅助设计与制造一体化技术。长春轨道客车股份有限公司通过加大技术改造资金投入力度，已经建成先进的不锈钢车体、铝合金车体、碳钢车体三条生产线和配套试验检测设施，正在建设具有国际水准的轨道客车研发中心，生产规模和技术水平在国内同行业企业中处于领先地位。齐齐哈尔铁路车辆有限责任公司配置了世界一流的现代设备和设计、检测手段，从美国、英国、德国、日本引进多条自动化生产线，重点产品和关键工序的制造设备已经达到或接近国际先进水平，整机和配件研发制造能力基本符合美国AAR标准和主要国家铁路运输的要求。沈阳重型机械集团有14种产品获优质奖章，11种产品获得技术进步奖，90多种产品填补国内空白，其生产的冶炼设备、烧结机、新型干法水泥磨机等处于国内领先地位等。

这些大型骨干企业一方面将对东北区域创新体系建设提出新要求，同时，作为区域创新体系的重要行为主体和基础力量，它们也将促进东北区域创新体系的战略转变。更为重要的是，这些大型重化工业企业将是决定和制约东北地区“再工业化”过程的重要微观经济单元。也就是说，东北地区“再工业化”过程、结果以及未来前景，在很大程度上取决于这些大型重化工业企业自主创新能力的提升水平。

第三节 自主创新尚未成为东北地区发展的根本力量

一、东北地区重化工业优化升级的自主创新需求强烈

（一）东北地区“再工业化”亟须自主创新强力服务

围绕地方资源禀赋与传统产业发展，东北地区形成了资源型的区域创新体系。随着社会主义市场经济体制的逐步建立与完善，以及经济全球化与科技发展新趋势，东北地区的经济社会与科技系统正处于剧烈的变革过程中——“再工业化”的新阶段。其中，作为区域经济社会发展的重要组成部分，东北区域创新体系也需要进行深刻变革，优化科技资源配置，促进“再工业化”进程，形成有利于区域经济结构转变、产业结构优化升级、综合竞争力提升的创新驱动型的区域创新体系。

“再工业化”是基于东北地区工业化阶段、资源禀赋、市场需求与技术基础的阶段性选择，东北地区“再工业化”在本质上是经济结构调整和产业结构优化，后者最主要的原动力来自于自主创新。从根本上来说，产业的形成、分解和新兴工业的诞生都是技术进步的结果。以自主创新推动经济结构调整和产业优化升级，主要表现在两方面：提升原有传统产业和发展壮大高新技术产业。东北地区自主创新能力在全国处于中等偏上水平，拥有较为雄厚的科技资源优势和良好的科技基础，企业技术创新水平呈上升趋势，科技与经济结合取得了显著进展。但是，这些要素和基础并没有更多、更大范围地转变为现实生产力。东北地区重化工业部门更大规模发展、更高质量发展和更加协调发展，亟须自主创新的服务、支撑与引导。

（二）资源型产业转型亟须自主创新引擎驱动

依托自然资源禀赋，东北地区形成了50多个资源型城市，资源型产业成为支撑这些城市发展的主导力量。例如，黑龙江七台河煤炭工业占工业产值的比重

高达80.2%；鹤岗为50.2%；大庆石油采掘业占工业产值的比重是72.8%①。与此同时，也造就了全国重要的原材料与加工产业基地。其中，石油化工就是东北地区重要的支柱型基础产业之一。

由于缺乏强大的自主创新支撑，在一定程度上延缓了这些资源型城市产业发展和经济转型。尽管资源型产业对东北经济社会发展做出了历史性贡献，但是随着大部分地区资源开发进入后期阶段（见表7－9），这些资源型城市正处于产业转型阶段。在资源型城市中，第二产业中的采掘业与配套产业作为主导产业形成了紧密的产业链，产业关联度大，配套产业的依附性强，整个城市经济发展对资源具有高度的依赖性，产业转型的基础薄弱。在这种宏观背景下，如何转变经济发展模式，尽快摆脱资源性束缚，强化自主创新，走出一条新型工业化道路，就成为当务之急。

表7－9　东北地区矿业城镇的类型

类型	幼年	中年	老年
非金属	八道沟镇、刘房子镇	大石桥市、海城市、瓦房店市、蛟河市、九台市、郭家店镇、阿城市	
化工		宽甸县、凤城市	
黄金		桦甸市	清原县、呼玛县
煤炭	铁法市、七台河市	舒兰市、珲春市、双鸭山市	抚顺市、阜新市、南票区、北票市、鹤岗市、鸡西市
冶金		鞍山市、本溪市	
石油	松源市	盘锦市、大庆市	
有色		葫芦岛市、盘石市、通化县、红旗岭镇、嫩江县	
综合		白山市、辽源市	

资料来源：中国社会科学院工业经济研究所研究报告。

（三）装备制造业综合竞争力亟须自主创新支撑提升

装备制造业是东北老工业基地的优势产业，然而，东北老工业基地的装备制造业多以传统技术为主，总体技术与国际先进技术水平有较大差距，大约落后20年，大多数先进电子信息设备的核心技术和机械产品技术主要依靠国外引进。

① 中国社会科学院工业经济研究所．“东北资源型城市产业转型的科技支撑战略研究”研究报告，2005年2月．

造成这种状况的一个主要原因，就是东北装备制造业目前还不具备很强的、系统的产品自主开发能力。除了创新投入强度低、重技术引进、轻消化吸收以外，缺乏发达的产业分工体系、配套和支持产业发展滞后、专业化协作程度低等，客观上也限制了东北装备制造业自主创新的成长空间。例如，船舶产业的配套设备装船率仅为15%左右，吉林汽车零部件产业尽管有一批行业龙头企业，但没有企业形成500万~1000万辆的整车配套能力。此外，基于传统技术的东北装备制造业对现代技术的吸纳能力不强，也极大地限制了其新型装备制造业或者先进制造技术的应用与发展。例如，东北装备制造业相当一部分企业甚至部分骨干企业仍然沿用传统方式处理信息，在产品设计、制造、物流、营销环节，信息应用程度和制造技术水平比较低，对市场需求进行快速反应的能力差。

表7-10 东北地区工业发展质量（2005年）

	工业增加值（亿元）	比去年同期增长（%）	各地区工业增加值所占份额（%）	各地区增速为全国增速的倍数
全国总计	66425.2	16.4	—	—
河北	3219	22.9	4.8	1.40
辽宁	3007.4	20.1	4.5	1.23
吉林	1200.8	11	1.8	0.67
黑龙江	2166.3	15.3	3.3	0.93
上海	3994.7	12.5	6.0	0.76
江苏	8054	22.5	12.1	1.37
浙江	4904.7	18.1	7.4	1.10
河南	3228	23.3	4.9	1.42
广东	8290	17	12.5	1.04

资料来源：国家统计局．中国统计年鉴（2006）[M]．中国统计出版社，2006.

工业增加值是衡量一个地区工业发展质量，特别是自主创新能力和价值创造能力的重要指标。尽管东北三省工业生产总规模在全国位居前列，但是由于传统产业的结构性影响以及区域产业创新体系内在的薄弱环节，使得该地区的工业竞争优势没有与规模优势结合起来。2005年，东北三省共实现工业增加值6374.5亿元，占全国工业增加值的9.6%，这一比例仅为广东该比值的77%，江苏的79%，这意味着东北三省一年的工业增加值总量不足广东或者江苏一个地区的80%（见表7-10）。东北地区工业结构变革与升级势在必行，而基于区域产业创新体系的企业自主创新能力培育则是促进结构变革与优化升级的关键因素。

二、东北地区自主创新能力无法满足和支撑“再工业化”发展需求

（一）自主创新规模和强度无法满足和支撑东北地区“再工业化”发展需要

尽管东北地区总体自主创新能力在全国处于中等水平，但是，东北地区自主创新投入的规模和强度与全国平均水平还有很大差距，无法满足东北地区“再工业化”过程中重化工业高级化、集约化和知识化发展的需求。近些年来，东北地区都很重视自主创新，自主创新投入规模不断扩大，2005 年东北三省的 R&D 经费支出、科技活动经费支出和地方财政科技拨款分别达到 212.92 亿元、370.62 亿元和 46.8 亿元，并保持着 15% 以上的增长幅度，促进了东北地区自主创新能力的提高。然而，2005 年东北三省的 R&D 经费支出、科技活动经费支出和地方财政科技拨款的增长速度不仅远远低于北京、上海、广东等经济发达地区，也低于全国平均水平（见表 7 - 11）。吉林、黑龙江两省的 R&D 经费支出、科技活动经费支出和地方财政科技拨款规模都比较小，在全国处于中等程度。特别是反映一个地区自主创新水平的 R&D 投入强度（R&D/GDP），除辽宁（1.56%）超过全国平均水平（1.34%）位居第一梯队之外，黑龙江（0.89%）、吉林（1.09%）两省均位居全国中等偏下水平。

表 7 - 11　东北地区自主创新的投入规模与强度（2005年）

地区	地方财政科技拨款		科技活动经费支出		R&D 经费支出	
	金额（亿元）	排序	金额（亿元）	排序	金额（亿元）	排序
辽宁	28	6	203.14	8	124.71	7
吉 林	6.9	20	90.1	17	39.3	18
黑龙江	11.9	13	77.38	18	48.91	15
东北合计	46.8	—	370.62	—	212.92	—
东北占全国比例（%）	8.9	—	7.7	—	8.7	—

资料来源：国家统计局，科技部．中国科技统计年鉴（2006）[M]．中国统计出版社，2006. 作者计算整理.

（二）高新技术产业还没有成为区域经济发展的新兴力量

随着工业化进程的加速，特别是随着“再工业化”广度的扩展和深度的强化，代表工业结构优化升级和经济发展质量的高新技术产业，将在地方经济发展中扮演着越来越重要的角色。高新技术产业自身的扩散性和高增长性，以及自主创新投入强度的增强，将共同对地区经济结构变化产生积极作用。如果利用 R&D/GDP 比例代表一个地区的自主创新投入强度，用高新技术产业产值占 GDP 比例表示一个地区产业结构和经济发展的质量，自主创新与经济发展质量之间存

在着较强的相关性。基于地区层面的数据分析（见图7－1）结果显示，2005年我国自主创新与经济发展质量之间的相关系数达到了0.558[①]。这说明，自主创新水平的提高对地方经济发展具有显著的正向影响。

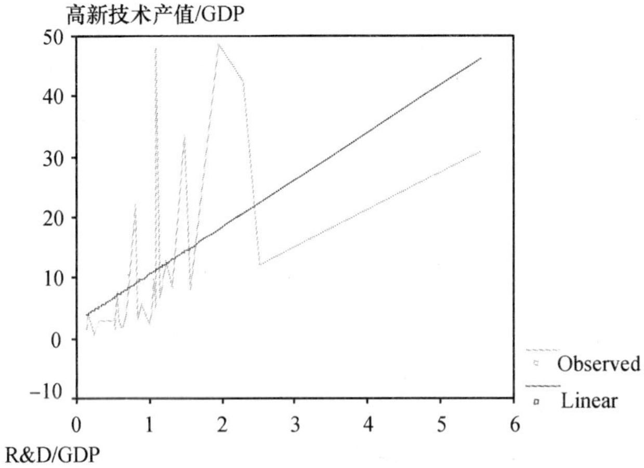

图7－1　自主创新与经济发展：基于地区的一种分析（2005）

总体上看，东北地区的高新技术产业规模比较小、竞争力弱，还无法充分释放其对地方经济发展的支撑作用，更无法引领经济发展。2005年，全国高新技术产业产值占GDP的比重为18.8%，东北三省该指标仅为全国平均水平的30%左右。与全国快速发展的良好势头相比，东北地区高新技术产业发展较为落后（见表7－12）。这说明，东北地区的高新技术产业在全国不具有比较优势，围绕东北地区“再工业化”合理选择重点领域，优先发展现代医药、新材料、现代装备制造等部门，将是东北地区未来一段时间经济发展的重点。

表7－12　东北地区自主创新的投入强度与经济发展质量（2005年）

地区	R&D/GDP（%）	高新技术产值/GDP（%）	高技术产业产值排序	GDP排序
辽宁	1.56	8.0	9	8
吉 林	1.09	5.1	18	22
黑龙江	0.89	5.5	14	14
全国	1.34	18.8	—	—

资料来源：国家统计局，科技部．中国科技统计年鉴（2006）［M］．中国统计出版社，2006.

① 在0.01显著水平下通过了双尾检验。

第八章　逆向式自主创新：东北老工业基地自主创新模式选择

第一节　逆向式自主创新模式的基本内涵与实现方式

一、逆向式自主创新模式的提出

（一）逆向式自主创新模式选择的国际技术转移背景

以往的创新模式大多是基于发达国家先进企业的一种新产品开发方式，强调的是产品开发领先、技术控制的一种方式。对于大多数发达国家企业，这种方式具有一定的合理性，因为大多数企业有着较为完善的研究开发基础和较强的研发能力。即使是那些研发基础较弱、研发能力差的企业，也可以在其创新体系下相对容易地获取外部技术。也就是说，在一个相对完善的制度环境下，特别是某一个或某一类创新型国家，其内部的技术交流与扩散基本上可以是无障碍的。在这种制度环境下，只要拥有一定的实力，企业的创新战略和组织方式就可以采用产品开发领先、技术控制式的模式。当这些技术输出与流动将对某一个或某一类国家产生不可预期的影响时，这些国家也将采用各种措施进行控制。对于一些发展中国家以及发展中国家处于中等发达程度的地区而言，那些领先、控制式的创新模式就缺乏了现实的技术与制度基础。特别是在我国快速发展过程中，来自国外的技术遏制势力还十分强大，包括东北在内的许多企业，根本无法相对“自由”地获得国外技术，即使是那些高技术含量相对低的实用型技术也是如此。这种国际技术转移的宏观背景，决定了发展中国家必须选择一种适合其自身特点的自主创新模式。

（二）逆向式自主创新提出的国家科技发展战略背景

结合我国经济社会发展的阶段特点和所面临的国家经济、科技、政治环境，全国科学技术大会于2006 年提出了“增强自主创新能力，努力建设创新型国家”

的战略任务。我国信息化、工业化、信息化与工业化的融合，以及产业结构优化升级和综合竞争力的提高，特别是走新型工业化发展道路，离不开强大的自主创新能力作为基础。实现经济社会又好又快的发展，也同样离不开自主创新。作为我国经济发展总体战略的重要组成部分，东北地区改造、振兴与建设新型产业基地，更需要自主创新。自主创新是指通过拥有自主知识产权的独特的核心技术以及在此基础上实现新产品的价值的过程。自主创新包括原始创新、集成创新和引进技术再创新三种具体形式。

原始创新，是指重大科学发现、技术发明、原理性主导技术等原始性创新活动。在本质上原始创新是“元创新”（Meta－innovation），即一种观念上的根本性创新，由元创新将会发展出更多更大范围的“衍生创新”。原始创新成果通常具备三大特征。一是首创性，前所未有、与众不同；二是突破性，在原理、技术、方法等某个或多个方面实现重大变革；三是带动性，在对科技自身发展产生重大牵引作用的同时，对经济结构和产业形态带来重大变革。这种创新在微观层面上将引发企业竞争态势的变化，在宏观层面上则有可能导致社会财富的重新分配、竞争格局的重新形成。

集成创新是把各个已有的技术单项有机地组合起来、融会贯通，构成一种新产品或新的经营管理方式，创造出新的经济增长点。集成创新的主体是企业，集成创新的目的是有效集成各种要素，更多地占有市场份额，创造出更大的经济效益。从技术层面来说，集成创新可以是纵向的。在产品的生产链中，几个环节的整合或位置的掉换就可能带来巨大的经济效益。集成创新也可以是横向的。随着科技的发展，各学科、各领域间的融合越来越普遍，在知识爆炸的时代，各方有用知识都可为我所用。

引进技术再创新是指在引进国内外先进技术的基础上，学习、分析、借鉴，进行再创新，形成具有自主知识产权的新技术。这种创新形式，实际上是由于技术要素在国际间自由流动引进的。在引进技术再创新的过程中，实际上还隐含了两个重要的过渡阶段——消化和吸收。消化是指通过反复学习与实践，达到对引进技术的熟练使用，并且能够使引进的技术创造出效益，这是熟练掌握引进技术的使用方法的过程。吸收是指在消化基础上，通过对引进技术的分析与研究最终掌握其核心技术，并将之与自身的技术特点结合形成自己的技术，这也就是技术国产化的过程。

上述三种自主创新的基本模式是基于我国整体经济发展、科技基础而进行的总体科技发展战略部署。不同发展程度的地区，其自主创新模式的内涵与形式将各具特点。

（三）逆向式自主创新的基本内涵

逆向式自主创新是一种强调利用现有创新基础，广泛吸收各种技术，立足相对成熟市场，从现有成熟产品出发，从掌握加工组装技能、生产组织技术等简单的技术应用者，逐渐转变为以更大规模新产品开发、新工艺改善甚至成为技术输出者的一种技术创新战略。针对重点领域的集中攻关、旨在强化创新参与者之间联系的合作创新和集成创新，以及在某些技术环节的跨越式创新，都是保障和促进逆向式自主创新的战略导向和实施指导思想。在多样化自主创新的实施路径中，企业应强化自有知识产权意识和策略，以逐渐获得、拥有、掌握和控制核心技术，最终成为市场竞争中的技术领导者。

从技术创新的基本理论模型看，这是一种"逆向化"的线性创新模式。线性创新模式强调的是，技术创新是由基础研究到应用研究，再到开发研究，最后形成创新成果和实现产业化。与之不同，逆向式创新则是指先从现有产品生产与改善出发，围绕市场需求变化，不断做出产品和工艺等方面的改进，并对现有生产体系进行"适宜性"调整，当遇到技术难题，将逆向寻求创新前端——掌握创新源头知识的科研机构或高校的支持，或者依托其工程技术机构，进行"应用性研究"，甚至进行原理性的、概念化的"准基础性研究"。

从创新主体技术创新演化的实践阶段看，与领先企业技术推动式的产品开发、生产组织不同，从事逆向式自主创新的企业基本上处于跟踪、模仿、学习先进企业阶段，限于技术积累、创新条件和开发能力约束。这类企业基本上是从成熟技术的引入、学习出发，先追求大规模的生产能力和快速满足既定市场需求，然后随着"学习效应"的增强以及竞争的加剧，开始进行大规模的渐进式的增量创新，最后演化成为一个具有技术自生能力的大企业或领先企业。在这个意义上，逆向式自主创新类似于"反求工程"，但两者又不完全相同。

反求工程早在20世纪60年代就为日本所采用，它是指以现代设计理论和方法为基础，通过反求分析、反求设计、探索消化、吸收他人的先进技术和设计理念的一种产品生产方法。它主要是通过对引进技术和设备的解剖分析，掌握其功能原理、结构参数、材料、形状尺寸，尤其是关键技术，进行产品再设计。这种适用于20世纪的反求工程却难以大规模地适用于东北地区，因为当今世界对于知识产权保护的强度与广度远高于20世纪。即使创新者能够"反求出"原始创新技术的全部构成要素，也无法快速形成生产能力，只有在对重要构成要素进行变革的基础上才有可能使该技术有别于原始创新技术。也就是说，这种模式在技术创新过程中可能面临更多的技术上、市场上以及制度上的风险。但是，无论是反求工程还是逆向式自主创新，都是技术后进者追赶甚至赶超领先者的一种途径。

二、逆向式自主创新模式的实现方式

作为一种技术进步的实现途径，逆向式自主创新模式的具体实践方式不是单一的，而是多元化的，不存在所谓的最优模式，只存在适用模式。具体采用何种模式，取决于企业资源条件、技术基础、产业特点和市场环境等多种因素的交互作用。结合已有研究成果，可将逆向式自主创新的具体实现方式，概括为如下几种类型①。

（一）渐进性创新

渐进性创新方法适用于在多方面技术和多个产品领域与发达国家都存在较大差距的企业。由于我国企业与发达国家企业的技术差距较大，而且该产业的技术构成又较为分散，因而企业想通过单一技术项目的引进而实现跨越式增长是不现实的。所以，企业应立足现有基础，通过有计划、有重点、有步骤地对系统技术进行学习与创造性应用，不断增加技术积累，最终实现总体技术创新实力的提升。当然，如果存在某项技术对其他技术有很强的带动作用，也不妨通过引进重点技术项目的办法带动相关技术的积累与发展，这可能会收到事半功倍的效果。

（二）并购式创新

并购式创新适用于规模比较大，资金比较雄厚，企业文化比较成熟的企业。如果被并购方的技术与原并购方的技术存在一定的互补性，那么并购后的创新效果可能会更理想。企业的技术积累经常是一个缓慢的过程，但一次成功的兼并或收购却可以迅速扩大企业的技术拥有量、产能和市场份额，而这一前景总是很有诱惑力。然而，并购不可避免地会带来管理成本的提高。在欧洲和美国进行的研究都表明，并购带来的益处很少有期望中的那么大。美国著名企业管理机构科尔尼公司多年的统计数据显示，只有 20% 的并购案例能够实现最初的设想，大部分的并购都以失败告终。因此，企业在采用并购式创新方法时一定要慎重。

（三）联盟式创新

联盟式创新适用于具有一定技术实力与规模的企业，它对企业自身条件的要求比并购要宽松，但效果可能会更好些。与并购相比，企业技术联盟的风险要小很多，而且也同样可以迅速增加企业的技术拥有量。技术联盟是介于市场与企业之间的一种中间组织，联盟中的企业可以将部分知识、技术共享，这当然可以扩大企业的技术量，而且又可以避免因并购带来的管理成本的增加。企业通过技术联盟来增强技术创新能力，其成功率要高于并购这种途径。另外，联盟也可以作为企业并购的前期准备阶段，这可以大大提高并购的成功率。

（四）自我完善式创新

自我完善式创新适用于技术创新能力较强，与发达国家技术差距不大的企业。由于企业与发达国家企业并无明显技术差距，因而不需要再引进技术。如果

① 关于东北地区自主创新模式的选择，将在本章第二节借助案例的形式对不同类型行业创新途径进行实证分析。

该企业与其他企业不存在技术互补性，那么从技术创新角度看也没有并购的必要。对于自身技术创新能力较强的企业来说，重要的工作是不断发现现有技术的缺陷与漏洞，然后再通过不断的自我完善来改良现有生产工艺、作业组织方式等，并逐渐发展新技术。该类企业应该动员所有能够动员的力量来查找缺陷与漏洞，并让大家群策群力，共同寻找解决办法。只有这样，该类企业才能充分利用现有技术，挖掘现有技术的潜在发展机会，使现有技术利用效果达到最大化。当然，如果采取与自己具有相同技术实力的企业进行技术联盟，通过相互比较来查找缺陷与寻求解决路径，也不失为一个好的办法。

（五）探索式创新

探索式创新适用于具有一定的技术实力和较好经济实力的企业。如果某项技术对于企业非常重要，企业没办法通过引进技术、并购其他企业或与其他企业联盟等形式从外部获得该技术，而且该项技术又无其他相近或相似技术可以替代，那么它就只能进行探索式创新。

第二节　逆向式自主创新模式：基于东北“再工业化”进程的阶段选择

一、逆向式自主创新是后发地区实现技术追赶的重要途径

国际经验表明，逆向式自主创新是许多技术后发国家赶超技术领先国家的一种战略选择。20 世纪五六十年代的日本之所以能够在较短时间显著地提高了生产率和竞争力，在很大程度上源自其对美国等技术领先国家的先进技术的吸纳与再创新，使之逐渐从一个“技术应用国”转变为了“技术创造国”，成为当今少数几个具有强大创新能力的技术强国。韩国技术能力的形成与强化，也是一种典型的逆向式自主创新模式。20 世纪 60 年代，韩国在“进口替代”型转为“出口导向”型的过程中全面引进国外的资金、技术、原材料，利用本国廉价劳动力优势进行组装加工，20 世纪 70 年代和 80 年代分别实行了技术引进、消化和改良的模式和引进为主、自主开发的模式，到 20 世纪 90 年代基本实现了“自主创新立国”。目前韩国已经成为世界上信息技术最发达的国家之一，是最为发达的新兴经济体之一。

我国正处于创新型国家建设的重要阶段，东北地区自主创新能力的提升是实现国家宏观创新战略的重要组成部分。2003 年 10 月，党中央在《中共中央国务院关于实施东北地区等老工业基地振兴战略的若干意见》（中发〔2003〕11 号）

中明确指出，东北地区要充分挖掘和发挥现有工业基础优势，提高企业自主创新能力和技术装备水平，形成具有较强竞争力的现代产业基地，必须依靠科技进步和创新，培养和造就大批高素质的劳动者和各类专门人才，是振兴老工业基地的重要保证。2007 年十七大报告再次将全面振兴东北地区老工业基地作为“推动区域协调发展，优化国土开发格局”，最终实现“国民经济又好又快发展”的重要内容。如何根据我国创新型国家建设的整体战略部署，结合东北地区特点，走出一条符合东北经济、社会发展需求的自主创新之路，是全面振兴东北工业的决定性要素之一。

从东北“再工业化”面临的生产集约化、生态化等诸多挑战看，自主创新能力的提升将为东北老工业基地改造与振兴和进一步发展提供新的驱动元素。东北的总体自主创新能力处于全国中等偏上水平，但是，与发达地区相比，东北地区的技术进步基础条件还很差。东北地区目前的自主创新的基础和制度禀赋尚不足以支持大规模的“独创式”创新或者根本性创新，也即基于“原始创新”的技术进步道路，并不适合东北地区。从东北地区科技条件和产业基础看，进一步加强与规范引进技术的消化吸收与再创新，实施“逆向式自主创新”，将是一种较为现实的技术选择。

二、逆向式自主创新模式选择符合东北重化工业发展的内在要求

重化工业是东北地区重要的支柱产业之一，由于缺乏较高水平的技术能力作为基础，许多产品的竞争力不强。薄弱的技术能力尚无法转变为企业生产能力和水平显著提高的引擎，无法形成产业的规模优势。在石油化工领域，合成氨和乙烯是最为重要的两种化工产品，但东北在这两个化工产品的生产能力上并不占优势。2006 年东北三省合计生产合成氨 197.15 万吨，这个水平仅相当于山东省的 1/4，河南省的 1/3，山西、四川、河北各省的一半左右。2006 年东北三省合计生产乙烯 176.12 万吨，这一水平还不足上海一市的产量水平，仅比江苏、广东各省略强①。东北重化工业的技术弱势主要表现为：拥有自主知识产权的核心技术少，一些关键技术和核心技术以及大型生产装置，如大型合成氨、乙烯制造、大型磷肥制造、工程塑料、高吸水性树脂、专用涂料、新品种农药和染料、聚甲醛、聚碳酸酯等，仍然主要依靠从国外进口。目前外国重化工企业在中国有机化工、合成材料、高分子材料、催化剂和润滑油等领域申请的专利已占国内同类专利总数的 60% 左右，这对东北重化工业的产品价值链升级、价值链深化和产业链延伸十分不利。重化工产业的这种发展现状，决定着东北地区技术创新还将在

① 国家统计局．中国工业统计年鉴（2007）［M］．中国统计出版社，2007．

相当一段时间内依靠国外技术引进。引进消化吸收并逐渐实现“进口替代”和国产化，是当下东北地区自主创新的主要任务。

重化工产业基本上属于成熟技术、适用技术主导的一个工业部门，它并不需要大量的根本性创新。基于市场的渐进性的增量创新将是主导技术路线，而那些能够变革现有生产体系的根本性创新，由于投资巨大和风险高，只能是那些巨型跨国集团关注的焦点，而且开发周期将很长。对于技术落后和跟随者的大多东北企业而言，国际领先企业的技术创新战略并不适用，而选择增量式创新模式，逐步逆向推进到更高层级的技术平台，则是较为可行的一种路径。增量创新的最大好处是，任何一个国际产业分工链条上的参与者都有机会在某个环节创造出符合本地化特点的专有技术，比较容易实现局部重点技术发展，突破技术限制。在国际产业转移和我国工业化快速发展的过程中，东北地区正在承担着为我国甚至世界提供现代重化工装备与材料的历史使命，通过大规模的外包、生产将有助于东北企业获得学习效应。多种类型的学习效应及其基础上的技术积累，将促进东北地区重化工企业从逐渐掌握外围技术过渡到创造和控制核心技术，为技术能力的跃升创造条件，这是东北地区又快又好地发展所必需的初始技术条件之一。

基于东北重化工业整体技术实力不强的事实，让其致力于开发原始创新显然是不现实的。东北重化工业应该从实际出发，以发达国家重化工业现有先进技术为目标，遵循逆向式自主创新模式，强化模仿学习、消化吸收先进技术和有重点地实施某些关键领域的局部突破和重点跨越，从而逐步提升整体技术创新实力。

三、逆向式自主创新将为未来东北地区全面技术进步奠定新基础

根据产业发展和工业结构演化的一般规律，东北地区“再工业化”将随着市场发展、技术进步融入新的内容，进入到更新的发展阶段。其中的一个重要标志就是重化工业化的集约化、高技术化和高新技术产业的规模化发展。世界经济发展经验，尤其是后发国家的赶超经验表明，在工业化的追赶阶段，伴随着大规模固定资产投资和重化工业的快速增长，技术创新也将进入到一个新的增长期。一方面，重化工等传统工业部门在发展过程中将面临严重的资源短缺、环境恶化、生产率下降以及竞争日益加剧等窘境，产业发展的劳动、资本等传统动力要素逐渐让位于技术创新等新增长因素。这意味着以重化工业快速发展为特点的东北“再工业化”，将面临和进入到一个新的创新时期。另一方面，现代技术的快速发展以及技术生命周期的缩短，技术进步与产业之间的连接日益紧密，一些新兴产业部门不断出现。这些新兴的基于创新的知识型产业在创造新发展空间的同时，也为重化工业等传统产业部门的升级改造创造了条件。高新技术的高度渗透性、扩散性以及重化工业部门的高技术吸纳性，孕育着新兴产业部门的广阔前

景。这意味着，基于产业内部的结构演进，将为东北地区的技术学习、技术积累和技术创造提供技术进步的新机会。

20 世纪 90 年代以来，R&D 全球化趋势开始增强，为东北地区全面技术进步创造了条件。一般地，创新全球化包括三个方面的内容：一国生产的技术在全球范围内的利用；创新的全球性和全球技术合作①。创新全球化的基本单位是创新或创新项目，不同类型的创新全球化，其主体和表现形式不尽相同（见表 8－1）。在创新资源的全球范围流动过程中，东北地区可以凭借其原有技术和产业基础，从技术的国际流动以及技术引进获得更多的学习机会。最近，跨国公司对东北的关注，将进一步增强这种机会。当然，东北地区能否从这种机会实现创新效益的最大化，不仅取决于相关的制度安排，也取决于企业自身学习的动力和偏好。当企业获得某种技术的机会增多和成本下降时，也存在着外资“挤出”本地企业自主创新的可能。但无论如何，旨在实现技术、产品“进口替代”和国产化，甚至“出口替代”的逆向式自主创新，将为东北地区未来发展奠定新的技术基础。也就是说，逆向式自主创新不过是基于东北目前发展阶段的一种阶段性选择，我国现代化的战略任务和东北地区的战略地位，决定着未来东北走向全面的技术创新阶段，并逐渐成为技术领先地区。

表 8－1　创新全球化的形式和主体

层次	主体	形式
本国创新的全球化利用	追求利润的企业和个人	创新产品的出口；技术和专利的许可转让；创新产品的外国生产（合资企业等）
创新的全球性	跨国公司	在国内和全世界进行研发和创新活动（研发的国际化）
全球科技合作	大学和国立研究机构，各国的企业和跨国公司	科技项目合作，人员交流，合资企业等

资料来源：柳卸林，胡志坚．“跨国公司的创新全球化战略与中国企业的对策”，载中国科技促进发展研究中心．中国科技政策与发展研究：2001 调研报告精选［M］．科学技术文献出版社，2002：83～93.

① Daniele Archibugi and Simona Iammarino, The policy implications of the globalization of innovation, Research Policy, 28, 1999, pp. 317－336. 转引自柳卸林，胡志坚．“跨国公司的创新全球化战略与中国企业的对策”，载中国科技促进发展研究中心．中国科技政策与发展研究：2001 调研报告精选［M］．科学技术文献出版社，2002：83～93.

第九章　东北老工业基地自主创新体系建设

东北地区经济发展阶段、产业基础、技术条件和市场环境决定着东北自主创新具有“逆向式”的特点，不同企业基于自身资源禀赋选择了各具特色的自主创新之路。如何让更多的企业主动开展技术创新活动，升级其产品价值链，拓展产业链，形成具有东北特色的创新基地，有赖于良好的外部环境。当前，立足和服务于东北地区“再工业化”的自主创新体系建设是当务之急。参照发达地区经验，东北地区自主创新体系建设一定要与其产品、生产、企业与产业结构相协调，形成一个依托重化工业部门、面向高新技术产业成长的区域技术创新体系。

第一节　强化国有企业自主创新主体地位

一、充分释放国有企业在自主创新体系建设中的支柱性效应

（一）正确认识国有企业在自主创新中的基础性作用

与以往不同，现在的国有企业主要是指国有和国有控股企业，它不仅是社会主义市场经济体制的基本经济单位，还承载着国民经济和社会发展以及国家安全的战略使命。除了追求利润等经济发展目标之外，我国国有企业还要发挥对国民经济发展和国家竞争力提升的战略性作用，是实现国家战略意志的特殊企业。随着自主创新战略的提出与实施，作为国家重要经济领域的支柱和主导力量，国有企业也必将发挥和释放其在自主创新体系建设中的基础性作用。

新中国成立初期我国在东北地区进行了大量投资，形成了庞大的国有资产，东北地区成为国有企业最为集中的地区之一。许多大型国有企业分布于冶金、石油化工、装备制造等重化工业部门，拥有相对丰富的资源和较好的自主创新基础。例如，2005 年辽宁、黑龙江和吉林国有企事业单位专业技术人员在全国分别排在第 9、13、17 位。就不同类型企业在东北区域创新体系中的地位而言，国有企业占据绝对主导地位，这一结构特点与东北地区经济结构高度吻合。国有企

业是东北区域创新体系的中坚力量，而包括民营科技企业在内的非国有企业发展相对迟缓。在东北区域企业自主创新主体中，国有企业的主导地位突出。统计显示，37.4%的国有及国有控股企业集中了东北地区50.5%的企业科研机构、53.9%的科技人员、61.9%的科技经费、52.5%的科技活动项目、51.9%的专项申请、45.3%的专利申请、49.2%的发明专利授权，提供了46.7%的就业，创造了70.4%的工业产值（见表9－1）。

表9－1 与经济结构高度吻合的创新资源结构：基于企业类型的分析 单位:%

指标		国有及国有控股企业	三资企业	其他企业
科技资源	企业科研机构	50.5	4.8	44.7
	科技活动人员	53.9	2.7	43.4
	科技活动经费内部支出	61.9	1.6	36.5
	科技活动项目数	52.5	2.0	45.5
	专项申请数	51.9	0.8	47.3
	发明专利申请数	45.3	0.8	53.9
	发明专利拥有数	49.2	1.4	49.4
企业概况	企业数量	37.4	14.7	47.8
	产值	70.4	17.7	11.8
	从业人员	46.7	2.5	50.8

资料来源：作者根据《中国科技统计年鉴》（2003）计算。

这些国有企业不仅是东北地区工业自主创新的主体——自主创新投入主体、自主创新应用主体和自主创新交易主体，还是区域技术扩散、知识流动的主体。这些大企业在进行自主创新的同时，带动了一大批协调配套企业开展技术试验、技术生产和工艺改进等不同层面的技术创新活动。我们在对沈阳企业自主创新调查过程中发现，有相当数量的中小企业客观上已经成为大型国有企业新技术、新工艺的实验厂。这些中小企业在试验过程中，一方面积累了大量的创新实践经验，逐渐形成了一些独特的技术服务技能，这些技能又成为这些企业新的利润增长点；另一方面，中小企业又将试验过程中的相关信息反馈给其提供配套的大型国有企业，促使后者优化创新设计，从而形成了良好的创新互动局面。所以，有必要通过制度创新、机制和体制创新，让这种良性创新连续出现在更多的企业创新合作中，形成具有东北特色的自主创新体系。

（二）进一步深化改革，强化国有企业创新的投入、应用与扩散的主体作用

近些年，包括东北地区在内的我国国有企业改革总体推进顺利，但是，由于

现代企业制度尚处于建立与完善过程，国有企业技术创新动力不足。产权关系不明、产权边界不清等问题，投资者的所有权和企业的法人财产权没有得到严格确认。国有企业在多数情况下还是政府的企业，企业缺乏充分的自主权，企业的盈利与否在一定程度上与企业的持续发展关系并不大。许多企业的技术引进、技术改造多是政府行为，而不是企业行为。此外，国有企业管理者的绩效考核体系没有包括技术创新指标，在很大程度上限制了国有企业的创新步伐，其创新主体地位有待进一步强化。

根据党的“十七大”精神和东北振兴规划要求，结合东北地区特点，旨在强化国有企业自主创新主体地位的改革可以集中在两个方面。一是进一步明晰产权，构建合理的公司治理模式，激励创新，让自主创新与企业整体发展战略高度统一。要继续大力发展国有资本、集体资本和非公有资本等参股的混合所有制经济，还要积极引进战略投资者，吸收外资和民间资本参与国有企业改革①，更要承认知识产权，支持创新者依此参与生产和分配，否则将不利于自主创新②。二是鼓励做大做强优势重化工大型骨干企业，支持企业基于市场机制，通过兼并重组等方式，扩大规模③。

二、形成国有企业与民营科技企业协同发展的良好局面

作为创新重要源泉和产业发展重要驱动要素，东北民营科技企业近几年发展迅速，取得了显著的成绩，展现出了相当的活力。但是，与国内发达地区相比较还存在着较大的差距。这些差距主要表现在：东北地区民营科技企业利税低，研发投入少，制约了技术创新的发展；民营企业规模不大，资金不雄厚，行业过于集中，产品技术含量附加值低；民营科技企业管理机制落后，企业整体素质亟待提高；技术创新资金短缺，融资渠道不畅等。在这种情况下，目前东北地区民营

① 外资进入国有企业，对于深化国有企业改革具有积极意义。但是，在这种资本重组过程中，要特别重视外资对一些重点工业企业的“产权控制”及其基础上的“技术控制”。这两种类型的控制，通常会割断东北乃至全国的产业技术体系，其后果十分严重。参见王伟光．关于沈阳黎明航空发动机有限责任公司自主创新的调研报告［J］．中国科技产业，2005（8）．

② 国外经验证明，过去的技术发展之所以缓慢，是因为“对发展新技术的激励仅仅是偶然的。通常创新可以被别人无代价地模仿，而发明创造者得不到任何报酬。直到现代，不能在创新方面建立一个系统的产权，仍是技术变化迟缓的主要根源”。参见道格拉斯·C. 诺思．经济史中的结构与变迁［M］．上海三联书店，上海人民出版社，1994：185.

③ 从理论上看，规模较大的厂商具有创新的天然优势，这些优势包括：能够同时支持多项 R&D 活动，进而分散风险；具有 R&D 的规模经济，如拥有必要的人力资源及设备；较强的营销能力也能促使其增加 R&D 投入。原有的营销网络、广告宣传或其他类型的促销方式，均有利于拥有新产品的大厂商迅速进入新市场，进而提高 R&D 的投资回报；节约成本的过程创新，将使大厂商的单位成本下降、产量增加，其总收益要远远高于小厂商。参见唐晓华．产业经济学教程［M］．经济管理出版社，2007.

科技企业还难以成为自主创新的中坚力量。

结合国有企业深化改革和国有经济战略调整，激发国有企业科技资源存量优势，并释放其对民营科技企业的辐射和带动作用。东北地区可以运用灵活机制和政策，进一步加强国家和省级高新技术产业园区、大学科技园、创业服务中心（孵化器）和民营科技企业创业中心建设，调动民营科技企业创新积极性，重点在电子信息、现代装备、新材料等领域培育一批年产值规模较大、竞争力较强的大型民营科技企业（集团），初步形成多层次、宽领域、相互竞争、聚集发展的民营科技企业群，使之逐渐成为东北区域创新体系的一支有影响的主力军。其中，进一步发展高新区将是一个重要手段。经过多年实践，东北高新区在建立和发展过程中不断完善市场机制，大力发展民营高科技企业，成为东北地区民营科技企业的重要栖息地和集聚区。目前，东北地区的 7 个国家高新区内的经济结构以民营企业为主，民营企业占主导地位；产业结构以高新技术产业为主，高新技术产业占据主导地位，整个经济结构和产业结构充满活力。

第二节 优化自主创新支持方式

一、实施区域重化工业重大科技项目工程

充分发挥政府资金示范与引导作用，是优化自主创新支持方式的重要途径。自主创新的知识外溢性以及局部赶超的战略性，客观上需要政府在充分发挥市场对创新资金配置作用的基础上，优化自主创新资助、支持方式。设立创新专项资金，集中财政力量，并广泛吸收社会资金，加大事关东北重化工业技术改造与升级的关键技术开发，是一种最为直接有效的方式。例如，沈阳推进了 13 项对全市经济社会发展具有支撑和引领作用的重大科技专项，并从 2006 年起，沈阳又将连续 5 年累计投入 25 亿元科技创新专项资金，其中 20 亿元用于企业技术改造，为率先建成国家创新型城市奠定基础。

组织实施重大科技项目是另外一种发挥政府集中性财力，引导和聚集社会资源，实现重点技术领域跨越式发展的重要手段。国家重大项目因其战略性、牵动性和示范性很强，一直是发达国家和地区促进重大科技发展的战略举措。20 世纪 90 年代以来，一些后起国家和地区也将该类项目的组织实施作为实现重大技术攻关和关键技术跨越式发展的重要手段。能够承接和组织这类项目，不仅需要一定的技术基础和较好的产业配套体系，更需要高效、开放的组织与协调。承接这类项目不仅是实现关键技术突破的有利时机，也是围绕关键技术形成新兴产业

体系或者更新原有技术体系的一个机会窗口，同时更是以新组织模式促进科技与经济的结合，将潜在生产力转变为显性生产力的重要契机，从而在重大科技项目的组织实施过程中，实现国家利益与地方利益、科技利益与经济利益的高度统一。目前，国家正在组织实施大飞机、核聚变等一批重大科技工程项目，将为东北地区整体技术能力的提升创造良好的机遇。

东北地区可以凭借良好的重化工业技术基础和生产及配套体系，联合承接或协作国家重大工程和科技项目，实现产业“从研究中学习、从设计中学习、从试制中学习、从生产中学习、从配套中学习”，这对于提升东北老工业基地，尤其是装备制造业总体技术水平和完善产业技术体系至关重要，也将为东北地区“再工业化”、“装备中国”、“强大中国”奠定坚实的物质技术基础。为此，可以依托第一重型机器、哈尔滨三大动力设备厂、沈阳输变电设备厂、第一汽车制造厂、大连造船厂等行业巨头，利用产业优势，积极部署一些国家重大工程和科技项目的攻关研究和前期研究，充分发挥其在承接国家重大科技项目方面的优势，实现中央和地方自主创新体系的协调与整合，促进创新型国家建设。

二、打造多层次区域性创新公共服务平台

经过近几年的产业布局与区位结构战略性调整，东北老工业基地振兴和改造过程中的“再工业化”进入到了一个重要转折阶段。为了促进生产型、制造型工业区域向创新型产业基地过渡与转变，包括公共研发、公共试验制造、公共技术服务等在内的自主创新公共服务平台与体系的构建将成为东北地区“再工业化”高级化发展战略实施的重要任务。我国大型工程或基础设施建设步伐加快以及重工业化的阶段性特点，对一些初级装备及其产品的需求旺盛，这些产品大多数可以依托东北现有中华工业基础，实现加工和制造，并输送全国。因此，在市场需求确定的情况下，旨在追求生产规模扩大的产业发展的公共需求，主要集中在了加工、制造领域，而对支撑加工与制造的长期战略投资——技术创新公共服务平台，缺乏预先部署。即使有此种意识，规模较大以及带有某些公共性特点的投资，使得任何一家企业都没有能力或不愿意投资，这种市场失效必须通过政府参与的公共服务供给来满足，这种做法在经济发达国家和地区十分普遍。而且，经济越是发达，对这种公共投资的需求也就越大越高。

与许多地方一样，东北地区以往的技术创新发展仅重视创新项目的经费基础，而忽略自主创新服务体系和平台建设，使得科技成果转化的中间环节薄弱，技术优势不能转变为产业优势。当前，东北地区自主创新公共服务机构数量少，规模小，缺少大型专业性强的公共服务平台，公共技术服务水平较低，无法满足企业自主创新的巨大需求。科研基础设施老化，亟待更新，是东北地区自主创新

体系中最为薄弱的一个环节。虽然东北地区原有科技资源发达，但是某些关键设备更新（增量）明显慢于全国平均水平（见表9－2）。这种状况如不及时得到改善，东北地区将势必缺乏可持续发展的动力。

表9－2 东北地区落后的科技基础设施

地区	每名R&D活动人员新增仪器设备费（万元/人）		科研与综合技术服务业新增固定资产占全社会新增固定资产比重（%）		科研物质条件综合评价
	数值	排序	数值	排序	排序
辽宁	3.1	18	0.43	10	16
吉林	1.9	29	0.16	24	29
黑龙江	1.49	30	0.14	27	30
领先地区	9.54	安徽	4.91	北京	

资料来源：作者根据2003年全国科技进步统计监测及综合评价结果综合整理。

区域性自主创新公共服务平台建设，是东北地区自主体系建设的基础和保障。东北地区可以鼓励和引导各级生产力促进中心、孵化器、科技园、创业中心等，围绕装备制造、冶金和石油化工等区域优势重化工业部门（见表9－3），开展相关领域重点、关键和核心技术开发活动。同时，采用政府出资、吸收社会资金参与、半市场化运作等方式，创新区域性自主创新公共服务平台建设模式，组建一些跨地区、跨行业、跨企业等共性技术开发平台。例如，鼓励东北三省联合申报和组建区域性的国家级工程技术（开发）中心、国家重点实验室、重点产业竞争前技术开发与工程化平台等，为地方重点产业部门自主创新能力提升创造良好条件。

表9－3 基于东北重化工业基础的自主创新的公共平台

	建设重点
产业技术创新平台	建设装备制造、石化、精品钢材、汽车、光电工程、北药、现代农业等工程中心
应用基础研究平台	建设纳米材料、清洁能源、光机电一体化、机器人、航空航天、生物医药工程等实验室
科技企业孵化平台	建设软件、光电子、生物医药、新材料、精细化工、新兴环保、现代农业等特色孵化器群体
科技创新服务平台	建设社会化、网络化的科技中介服务体系
国际科技合作平台	建设国际科技合作示范基地

资料来源：作者根据《东北地区振兴规划》整理。

第三节 引进与培养创新型团队

一、人力资本与创新型团队是东北地区自主创新体系建设的基础

20世纪中叶以来，许多发达国家的经济发展比以往任何时候都更加依赖于知识的生产、扩散和应用，并率先进入到了创新经济时代①。在创新经济时代，基于知识创造、知识积累、技术学习的创新性质，技术创新和科技进步对经济增长的影响越来越大。如果从整个经济发展的历史来看，18世纪以来出现的几乎所有的经济增长，最终都可以归功于创新②。技术创新对经济增长的贡献率在农业经济时代不足10%，在工业经济后期达到40%以上，目前则高达80%以上③。当前世界经济增长的一个主要特征就是创新和发明所发挥的作用愈来愈大，影响愈来愈深远，几乎渗透于生产与生活的各个领域。为此，许多发达国家和地区都在积极建立大量的工业研究实验室以推动技术革新，设立更多的研究性大学以推动基础科学和应用科学的发展。这些趋势都和人力资本及其知识创造力具有密不可分的关系。彼得·德鲁克也认为，知识生产力已成为生产力、竞争力和经济成就的关键。知识技术密集、人力资本集中的一些知识型产业，正在成为驱动国家层面经济发展的首要产业。

在创新经济时代，被创造出来的新财富的核心是自主创新带来的更大的变革加速度，而基于人力资本的知识资源则是创造新财富的核心。研究发现，那些进入创新经济的企业或地区（把在教育和人们的技能方面的投资当作财富的最大来源）将会繁荣起来。那些不开发人力智力资本的地区，它们的政府机构、工业企业、大学以及非政府组织都存在功能障碍，这些地区将会继续衰落④。

从企业层面看，如何释放人力资本潜能，发挥人力资本优势，是许多企业自主创新过程中面临的一个重要课题。研究发现，组建更好的团队，是激励创新、提高创新效率的一种好方式⑤。现在越来越多的公司要求猎头公司帮助它们组建高级管理团队，而不是只找一个优秀首席执行官。墨瑟德尔塔公司创始人戴维·纳德勒指出："现在是公司董事会重新设计自己并成为一个能为公司提供实际价

---

① 参见王伟光，吉国秀．知识经济时代的技术创新［M］．经济管理出版社，2007.

② 参见威廉·鲍莫尔．资本主义的增长奇迹［M］．中信出版社，2004.

③ 参见世界银行．1998/99世界发展报告——知识与发展［M］．中国财政经济出版社，1999.

④ Jeff Saperstein，Dr. Daniel Rouach. 区域财富：世界九大高科技园区的经验［M］．清华大学出版社，2003.

⑤ "以更好的方式共事"，英国《经济学家》周刊，2006年1月21日．

值的优秀团队的时候了。”在创新型团队之中，成员之间的合作越多，他们解决复杂问题的可能性就越大，从而进一步强化了企业自主创新体系。

对于东北这样一个正处于“再工业化”发展关键阶段的区域而言，如何围绕现有产业基础和未来发展需要，激发原有人力资本存量和优化整合人力资本增量，将是影响和制约东北地区自主创新功能释放的一个基础性因素。东北老工业基地从过去的调整、改造到现在的全面振兴，均离不开甚至越来越离不开高素质的人力资源、创新倍增效应显著的人力资本和协同效应突出的创新型团队的强力支撑。

二、加强东北地区人力资本投资

研发人员规模大、素质高是东北地区良好创新基础的重要表现。但是，由于缺乏良好的激励机制，近几年与自主创新相关的人力资本短缺现象比较严重，已经成为东北地区自主创新体系的一个薄弱环节。沈阳装备制造业企业现有职工35万人，其中技术工人只占23%，技术岗位上初级技工占60%，中级技工占35%，高级技工仅占了5%，可见，技工储备严重不足。未来5年，沈阳市工业高级技能人才缺口将达40万人次。装备制造业很大程度上是以传统的成熟技术为基础的，它的技术进步主要取决于“干中学”和“用中学”，大多数创新属于渐进性的技术改造。没有大量的高素质人才储备，这种创新的学习效应就无法得到充分发挥，也就无法转换为企业和产业的核心竞争力。加强人力资本投资是提升东北地区自主创新能力，推进东北地区老工业基地改造，促进“再工业化”发展，使东北地区成为技术先进、结构合理、功能完善、特色明显、机制灵活、竞争力强的新型产业基地和新增长区域的战略保障。

结合东北地区“再工业化”的发展任务，依托大型骨干企业，协调高等院校与职业培训学校等组织，围绕重化工部门的技术人才、管理人才、贸易人才、生产人才、创新成果转化人才、知识产权保护人才等方面的需求，加大人力资本投资力度，采用专业化培养、定制化培养和合作化培养等方式，不断扩大人才培养规模。政府可以通过人力资本投资减免税或者专项补贴等形式，鼓励企业加大自主创新人才培养力度。此外，通过建立基于绩效考评的，与岗位责任、风险和经营业绩挂钩的薪酬激励和约束机制，形成一个全员创新的良好氛围，将各种类型的自主创新人才聚集到东北地区、聚集到重化工产业、聚集到企业中来，为东北地区自主创新提供持续的人力资本支持。

三、多层次多方式培养与引进关键领域创新型团队

现代技术发展的综合化、复杂化，以及技术生命周期日益缩短，使得企业自

主创新风险持续加大，一些重要领域的技术创新越来越依靠团队力量，而非传统的“个人主义”。东北地区，特别是重化工业部门的自主创新，更需要多层次多类型的创新团队。与一般的团队不同，创新团队具有目标导向明确、成员来源范围广、人员素质高、分工协作紧密等特点。东北地区创新型团队培养和引进可以采用“任务导向”和“重点培养”两种基本方式。所谓任务导向，是指根据东北地区“再工业化”发展的某些专有技术需求，采用国内外公开招标，以外部领军型专家为核心，自主组建团队，但必须有本地区企业技术人员参与的一种方式。这种方式的最大优势是能够以最快的速度解决技术问题，同时，地方参与单位也可以在“创新中”、“合作中”获得便捷的学习效应。所谓重点培养，是指结合东北地区产业技术发展需求，围绕优势领域、优势产品和优势工艺，持续重点培养一批创新型高级人才，特别是战略型专家队伍。

由于创新型团队建设需要一个过程，而且耗资巨大，完全依靠企业或者其他创新参与者的努力难以形成规模，也不能快速形成生产力，即单独依靠市场机制无法迅速解决此类问题。建议东北地区整合和优化“新世纪百千万人才工程”、“高等学校创新团队计划”、“东北地区人才培养特别计划”等现有资源，引导和协同企业、高等学校、科研机构等其他创新单元，针对东北地区自主创新需求，实施“重点技术攻关”、“先进技术突破”等创新型团队培养与引进工程。围绕实施重大专项，成建制从外部引入人才，将项目、人才、产业与区域经济发展高度统一协调起来，实现集群效应，推动企业提高自主创新能力和地区综合竞争力。对于那些地方急需的、由国内外领先的、首席专家牵头的创新型团队，政府可以给予巨额资金支持，同时畅通一切综合服务渠道，将全国甚至全世界最优秀的、最适用的高级人才吸引到东北来，把东北打造成为全国、东北亚乃至全世界的重化工领域高级专业人才的聚集地。

第四节　积极发展创业投资

一、充分发挥创业投资在东北自主创新中的润滑剂作用

（一）激励自主创新

创业资本（Venture Capital）有时也称为风险资本（Risk Capital），是“由专业机构提供的投资于极具增长潜力的创业企业并参与其管理的权益资本”。作为一种独特的融资方式，创业投资与传统的银行融资或股票市场和债券市场等市场融资方式在投资对象、投资方式、投资收益等方面存在很大差异（见表9－4），

正是这些差异使得创业投资在新兴中小企业（尤其是科技型中小企业）发展过程中发挥着重要作用。

作为一种新型创新创业融资机制，创业投资并不是简单地承载提供资金的职能，它还在创新项目孵化、创新成果转化、市场开拓、企业管理等方面发挥着重要作用。从宏观角度看，创业投资在技术创新、高新技术产业发展和传统产业升级改造，以及经济增长等方面具有积极作用。作为一种新型融资工具，在 R&D 支出不变的条件下，创业资本对专利数量以及其他类型的创新测度指标也具有重要影响。Kortum 和 Lerner（2000）发现，创业投资对创新具有显著的正向影响。平均而言，与传统企业 1 美元的 R&D 相比，1 美元风险资本在激烈专利申请的潜力方面的作用要高于前者 3 ~4 倍。Tereza Tykvova 等人（2000）的研究也证明，风险资本在经济整个创新过程中扮演着重要角色①。

表 9 –4　创业投资与一般金融投资比较

	创业资本	一般金融投资
投资对象	新兴（科技型）中小企业	传统大中型企业
投资条件	融资条件不严格，不需要资产担保，投资审查的重点是技术创新和市场前景	融资条件严格，需要资产担保，投资审查的重点是偿还能力
投资形式	股权/权益投资	贷款投资
投资管理	参与企业经营决策	不参与企业经营决策
投资收益	波动性大（不稳定）	波动性小（稳定）
投资人才	复合型人才（技术、管理、金融等）	专业型人才（财务）
全额损失的可能性	大	小

资料来源：杨华初．创业投资理论与应用［M］．科学出版社，2003；高正平．政府在风险投资中作用的研究［M］．中国金融出版社，2003. 引用时改动较大。

（二）促进“再工业化”高级化发展

创业投资促进东北地区“再工业化”高级化发展，主要体现为创业投资能够促进高新技术产业发展，带动产业结构优化升级。20 世纪 90 年代美国经济持续增长，引起许多经济学家的高度重视。尽管产生增长的原因多种多样，但是创业投资对高新技术产业发展的强力支持是一个不容忽视的原因，认为创业投资是

① 参见房汉廷，王伟光．创业投资产业发展的国际比较及其启示［M］．经济管理出版社，2004.

"经济增长的新发动机"[①]。通过资本、技术与市场的有机融合，创业资本促进了高新技术成果的商业化进程和产业化规模，培育和扶持了半导体、计算机、信息技术以及生物工程等尖端技术产业的迅猛发展，并依靠技术进步促进了经济发展。20 世纪 60 年代的新兴半导体行业、70 年代的生物技术和个人计算机产业、80 年代的工作站和网络产业、90 年代互联网的商业化及由此引发的电信产业变革，都得到了创业资本的支持。国内外的统计数据显示，无论是投资项目还是投资资本，高新技术行业一直是创业投资的重要投资领域[②]。

创业投资不仅关注高新技术产业，也十分关注传统产业的升级改造。在英国，大约有 60% 的创业投资是与传统企业改造有关的，例如通过向老企业提供资金，促使其重焕生机[③]。德国的大部分创业投资也主要投向一些传统部门，包括与现代技术紧密结合的传统优势产业。最近几年，我国创业投资的重点领域也由原来单纯关注高新技术产业逐渐转变为既重视高新技术产业的先导性，也非常重视传统重化工业部门的稳定性。2006 年，传统制造业已经成为我国创业投资最为集中的 5 个行业之一[④]。作为重化工业部门集中的区域，东北地区将成为国内外创业投资关注的新热点。

二、吸引创业投资进入东北

创新投入规模与强度是制约东北地区自主创新能力提升的一个重要原因，而缺乏多层次融资渠道，可供支配的创新资金缺乏，则是东北地区自主创新投入规模小、投入强度低的关键原因。东北地区企业自主创新投入主要依靠企业自有资金和政府资金，银行贷款所占比例也较低，作为创新润滑剂的创业投资规模更小。多层次、全方位创新融资体制的建立和完善，将有助于显著提升东北地区自主创新能力。2006 年，辽宁省上市公司 A 股市值在全国排名第九，是东北地区唯一进入全国前十名的省份。但是由于企业缺乏投融资经验，对融资渠道和融资方式还没有充分重视，很多企业在自主创新和发展中对政府资金的偏好很强。根据调查，在涉及企业自主创新面临的主要问题时，90% 以上的企业将资金摆在第一位，这些企业中，又有 90% 左右的企业把政府视为解决企业资金问题的主要渠道[⑤]。在市场经济体制不断完善的今天，仍有如此高比例的企业把政府看作是提供自主创新资金的主要渠道，这表明，东北地区部分企业还没有转变经营观

① 作为一个事物的两个方面，也可以把高新技术产业发展看作是创业投资得以产生发展的重要原因，因为 20 世纪中叶以来，高新技术产业获得了前所未有的发展。

② 王伟光．政府在创业投资发展中的作用［J］．中国科技论坛，2004（4）．

③ 杨炘，刘桓．中国创业投资业的现状、问题和对策研究［J］．科技管理研究，2003（2）．

④ 王元等．中国创业风险投资发展报告（2007）［M］．经济管理出版社，2007.

⑤ 该结果是作者基于沈阳市部分科技型中小企业的实际调查而得出的一种结论。

念，还没有形成一种自我循环的良性发展机制。

几乎任何一个能够进入快速发展轨道的有竞争力的企业，都具有非常强的融资能力。证券市场、创业投资、并购等都是重要的渠道。其中，对于东北地区自主创新而言，形成一种有利于创业投资机构生存和发展的环境，是缓解科技型中小企业创新资金投入不足的一个重要环节。是否拥有自主知识产权，是否拥有市场前景好、产业规模化发展潜力大的好产品，是否有一支优秀的创业团队等，决定创业投资机构是否愿意投资参股、控股被投资企业。

近几年，中国快速经济发展和良好的重化工业体系，使得冶金、石油化工和装备制造等传统产业成为创业投资的新热点。东北是全国最为重要的重化工业基地，拥有一批具有广阔投资前景的大型企业。对于东北大企业而言，特别是那些国有大型企业，可以通过内部制度创新与机制创新，完善企业治理结构等方式，吸引创业投资。小企业则要选择好产品开发方向，组建优秀团队，为吸收创业投资创造条件。创业投资进入东北重化工业企业，不仅有助于改善这些企业的资本结构，也有助于推动国有企业深化改革，加快现代企业制度建设步伐，更有助于自主创新能力的提高和先进实用成果的转化，培育新的经济增长点。目前，东北正在成为国内外创业资本关注的一个新兴区域。鼓励建立和发展一批本地化的创业投资机构，能够为其他地区尤其是国际大型创业投资机构的进入提供必要条件。因为，作为化解市场风险、管理风险与政策风险的一种途径，国际大型创业投资机构在项目选择时，常常选择一些本地的创业投资机构作为投资伙伴。缺乏适量的本地创业投资机构，将延缓区域外有影响的创业投资机构大规模进入东北的步伐，既不利于本地创业投资产业的健康发展，更不利于东北地区多层次、多元化的自主创新融资体系建设。

第五节　加强知识产权保护，创造良好的创新氛围

一、知识产权保护是促进自主创新转变现实竞争力的内在需求

自主创新的实质是以我为主，掌握核心技术，获得自主知识产权，赢得市场竞争的主动权和控制权。知识产权本质上是关于科技成果和知识财富归谁所有、如何使用和转让，以及由此产生的巨大利益怎样分配的制度安排。随着自主创新在经济发展和社会进步中的作用日趋显著，知识产权已越来越成为国际经济竞争的焦点。加强知识产权的创造、保护及利用，已经成为许多发达国家和地区将科学技术优势、创新优势转变为产品优势、企业优势乃至产业优势的重要措施。发

达国家知识产权保护的主要政策手段包括：对专利审查采取实际上的双重审查标准，使本国企业的申请明显处于有利地位；把知识产权与技术标准、产品标准和产业标准结合起来，将技术优势转化为产品优势和产业优势等①。

知识产权保护的另一个积极作用在于能够形成良好的自主创新氛围。知识产权制度扎根于市场经济，以知识成果的产权明确界定和有效保护为主要特征，为技术创新提供了一种内在的动力机制和一个外部的公平竞争法律环境，对促进技术创新具有重要作用。技术创新要获得成功，不能靠强迫命令，只能靠激励、靠引导、靠良好的法律环境来调动广大从事技术创新人员的积极性，知识产权制度是一种非常有效的创新激励手段②。知识产权制度利用法律和经济的手段，通过国家法律的形式，使发明创造者在一定期限内对其技术创新成果享有专用权。他人未经专利人许可，不得使用该发明，从而使发明创造者能够通过自己使用或允许他人使用来回收自己的投入，并进一步获得超额价值。这种制度安排，为权利人提供了最经济、有效和持久的创新激励，保护了技术创新活动在新的高度上不断向前发展。

二、加强知识产权保护，培育良好的自主创新环境氛围

与我国许多地区一样，企业、科研机构知识产权总量少、技术含量偏低、核心技术知识产权受制于人等，也是东北地区知识产权保护工作面临的主要挑战。一方面，发达国家利用专利等知识产权影响和控制着东北某些重点产业领域的技术发展和市场拓展；另一方面，因为知识产权保护投资高以及知识产权保护意识不强，许多企业并不重视知识产权保护。调查发现，拥有某些专有技术诀窍、独特技能的某些东北企业，居然不知道知识产权为何物，还有些知识技术密集型企业居然没有懂得知识产权保护的专业人才等。这些问题的直接结果是不能在全社会形成尊重知识、合理传播和扩散知识的良好环境，客观上也限制了自主创新的规模和速度。

参照发达地区经验，东北地区可以从如下几个方面加强知识产权保护工作：鼓励企业实施专利和知识产权战略，把是否拥有自主知识产权视为是否给予科技计划或相关政府支持的重要标准；进一步积极开展和支持企业获取、形成和应用自主知识产权的试点工作，在高新技术产业和部分重化工业部门，培育一大批具有自主知识产权的骨干企业和领先企业；协同行业协会和企业制定专利产业化和防范应对国际技术壁垒的战略措施，同时完善东北地区省、市专利信息平台建

---

① 科技发展法制和政策研究专题组：国家中长期科学和技术发展规划战略研究《科技发展法制和政策》专题报告，2004 年 7 月.

② 傅家骥. 技术创新学 [M]. 清华大学出版社，1998：346.

设，开展重点企业的专利服务活动，引导、扶持企业加强职务发明专利的申请与实施；健全知识产权法庭和知识产权保护法律援助中心，依法打击侵权、盗版、制假贩假等违法活动。此外，在自主创新过程中，要特别重视引导企业实施专利与技术标准战略。例如，辽宁省通过加强国际标准化总体发展动态和我国标准化战略研究，每年还安排几千万元专项资金，重点资助企业、行业组织等研制结合自主知识产权的国际、国家标准。

第十章　东北老工业基地技术创新与制度创新的关系

第一节　技术创新需要一个良好的制度框架

一、技术创新过程中的制度因素

（一）影响技术创新的制度

技术创新作为一种过程深受其经济、文化、政治等制度环境的影响。正因为如此，创新的系统方法把制度环境视为影响技术创新的核心因素之一。Lundvall（1992）认为“制度建立……是决定创新系统的第二个要素”；Nelson 和 Rosenberg（1993）强调“支持技术创新的制度和机制”；而 Carlsson 和 Stankiewicz（1995）则把重点转向“存在于技术产生、扩散和应用之中的特殊的制度基础”。但是，影响技术创新的制度到底意指何物，学界众说纷纭，莫衷一是。

“制度是一种标准结构，能保证社会联系或交易模式的稳定，而后者是执行重要社会职能所必需的。就技术系统的制度基础而言，我们意指一系列制度安排（包括体制和组织），它们直接或间接地支撑、刺激和限制着技术创新和扩散过程。制度范围相当广泛，例如政治体制、教育体制（包括大学）、专利法以及处理劳动关系的制度，都会影响着技术的产生、开发、转让和使用。”Carlsson 等（1992）认为，这种与技术创新系统相关的“制度基础”主要包括工业研究与开发、学术基础、其他制度和国家政策等内容。Edqusit（1997）认为制度具有两种含义：一是规范行为的制度，如标准、规则和法律；二是有明确目标的正式结构，如组织。前一种制度属于创新主体的外部环境，具有很大的强制性和不可控性；后一种制度是指任何组织形式，具有很强的可塑性，相当于创新主体的内部环境。两者对技术创新过程的影响通常交织在一起，以至于我们无法判断究竟到底何种制度因素在起作用。在具体研究中，多数创新经济学家更重视创新主体的外部环境，因为在相对完善的市场体制下，政府干预很少涉及企业内部的组织活动，除非这种组织有垄断的色彩。

（二）不同制度环境对技术创新的影响存在差异

不同制度环境对技术创新的影响不尽相同，有些制度有利于技术创新，如R&D 实验室、产学研合作、专利体制和技术标准等。但是，有些制度则可能阻碍技术创新[①]。在演化理论中，影响技术创新的制度分为供给和需求两个方面。供给方面的制度包括资本市场的性质和运作模式、财政政策（包括税收）、旨在促进企业家活动的直接补贴和担保计划，以及相关经济和技术信息的生产和分配等。这些制度主要是最大限度地规避或降低创新过程中的风险和不确定性，其目的在于确保技术多样化的创造，以及知识的生产和分配。需求方面的制度主要包括与市场竞争相关的法律制度（尤其是反垄断法）、对新企业进入已有产业进行管制、有关市场准入和对外贸易等一系列复杂的制度安排。这些制度的目的是创造和保护有效的市场机制。在激励技术创新的过程中，政府的关键职能是建立和维持有利于经济动态效率的制度安排（Carlsson 和 Stankiewicz，1991）。

大量的实证研究表明，不同国家的创新系统和创新能力大不相同，这种不同不仅体现在国家规模大小上，也体现在不同国家的创新“历史”上。例如，一些大的国家如英、法、美的军用技术创新能力更强，而一些小的国家如瑞士和瑞典主要集中在民用技术创新方面。资源基础方面的差异则使得各国的强势创新产业迥然不同。例如，法国的核反应堆技术与本国的石油匮乏、水电站较少有着密切的关系；美国在石油化工、纸浆、造纸和其他工艺技术上十分发达，原因是该国具有丰富的石油、森林和矿产资源[②]。

总之，企业制度、生产结构、相关要素价格、组织条件、市场结构、失业程度、工会态度、科技体制、技术政策、诀窍的有效性、对外开放等，都会在不同程度上促进或阻碍着技术创新（Edqusit，1997；Kline 和 Rosenberg，1986；Rothwell 和 Zegveld，1981）。这些制度环境的相互作用，就构成了一个国家、一个地区自主创新的系统架构（Bartholomew，1997）。

二、制度创新对技术创新的影响：基于专利制度福利效应的一种分析[③]

技术上的不确定性、市场上的不确定性、道德风险、R&D 的“公共物品”

---

① 这与制度本身的属性有一定关系。制度一旦建立，就会具有自身的特点，可能不利于发挥其本应发挥的职能，也许与其建立的本意相左，这就需要对制度进行变革或创新，否则已有的制度就会阻碍创新。

② 王伟光．中国工业行业技术创新实证研究［M］．中国社会科学出版社，2003.

③ 王伟光．基于新政府范式的技术创新政策［J］．学习与探索，2002（2）.

属性以及其他方面的不确定性，是政府制定技术创新相关制度的主要理由①。但是，这种制度安排的社会效果如何，尚有一定的争论。这里以专利为例，对技术创新相关制度的福利效应做一简要分析。

专利是政府依法向创新者（发明者）授予的，在一定时期内对其某项实用新型产品、工艺、物质或设计的独占权利。许多国家规定，发明者获得专利的条件是他所发明的成果具有实用性、新颖性和必要性。发明成果本质上是一种信息，信息可以自由传播，信息的使用没有排他性②。如果信息可以免费获得，即不从法律上规定给予信息生产者——创新者或发明者以拥有排他性的权利，其他人就可以轻易地进行模仿而挫伤创新者的创新积极性，从长期看可能不利于社会进步。若给予创新者过长的专利保护，又使其"垄断"地位长期存在，厂商市场力得到强化，难免要产生福利损失。所以，专利制度必须在刺激创新和市场力增强之间进行比较，然后确定一种最优的社会专利制度③。

假设有一个厂商从事 R&D 活动以寻找成本节约型的技术，R&D 投资 x 会使厂商成本由 c 降至 c - x。在创新较小时，创新厂商利润最大化的价格是 P = c（假设所有竞争厂商的单位生产成本仍然是 c）。所以创新并不会引起产量的变化。图 10 - 1 描述了创新使单位生产成本减少 x 单位的市场情况。需求曲线为 P = a - Q，其中 a > c。因为价格不变，所以图中 M 部分表示创新者的创新利润，假设政府给予专利保护期为 T（T≥0），那么创新者就可以从 T 时期的保护中获得利润 M，而从 T + 1 以后的时期中获得零利润。区域 DL 则代表由于专利保护期 T 而导致的垄断力量所造成的社会福利损失。也就是在 t = 1，2，…，T 时期内，

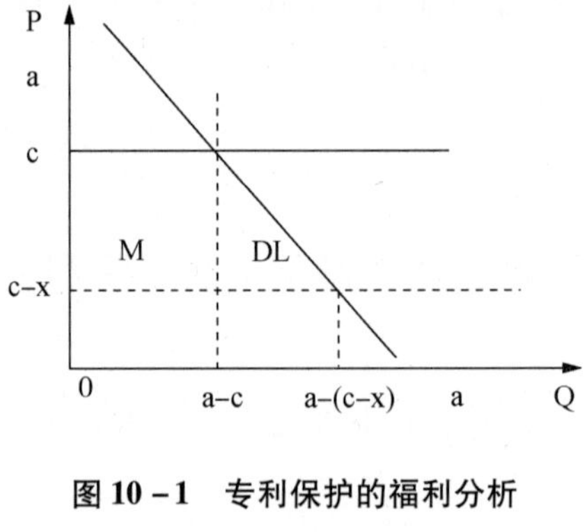

图 10 - 1　专利保护的福利分析

① 关于政府介入自主创新的理论分析，参见本小节相关部分。

② 详见本章第二节"知识溢出与政府干预"部分的相关解释。

③ 参见丹尼斯·卡尔顿，杰夫里·佩罗夫．现代产业组织［M］．上海三联书店，上海人民出版社，1998.

创新的社会福利仅是垄断利润 M（假设该利润可以平分给消费者）。在时期 t = T + 1，T + 2……即专利保护终止时，所有厂商均可获得新技术，这时市场均衡价格回落到 c - x。所以在专利保护期满时，社会收益就是 M + DL 区域。这是因为垄断力量的消除将使产量扩大，从而增加了消费者剩余 DL。

有些文献认为最优的专利保护期应该是无限的，要推动创新，就必须给予创新者以全部的创新利润，并且永久地持续下去。如果不存在无限期的专利保护，创新者就不能从创新中获得全部利润，从而不会在最优的规模上进行创新。由此可见，专利政策的主要功能在于激励创新活动和尽最大可能地使创新的私人收益率与社会收益率接近①，专利制度也会给"垄断"以合法地位，可能不利于市场竞争及产生更多的创新。因此，政府必须在创新激励与垄断权力之间做出权衡。尽管如此，多数人仍然认为专利制度是有效的。

第二节　制度创新溢出效应大于技术创新溢出效应

一、技术溢出效应需要合理的制度设计

（一）知识溢出与政府干预

如果在一个完全竞争的环境中，包括自主创新资源在内的一切资源，都可以根据市场规则实现优化配置，即创新资源的供方可以按照市场价格"出售"，或提供任意数量的创新产品，而需方则可以以既定的市场价格"买到"任意多的创新成果或产品。在这种理想的条件下，政府干预作为一种资源配置手段，没有任何价值。然而，市场却是不完全的，总存在"失效"问题，这就需要政府干预。这种创新产品的"市场失效"，主要源于创新活动的特殊性。自主创新活动有别于一般的经济活动，它的产出品具有"公共物品"属性，创新活动主体无法完全控制，或者独占其努力所带来的好处。按照 Romer 的思想，可以用竞争性、非竞争性和独占性、非独占性组成一个 2 × 2 矩阵（见表 10 - 1）来表示不同商品的特性②。知识，作为创新的结果，可以通过秘密或专利形式独占。由于非竞争性，对于那些没有创造知识的人来说，基于创新的知识具有明显的外部性③。这意味着创新者不仅无法获得创新努力的全部成果，而且也无法阻止他人

① 许多研究都表明，大部分创新的私人收益率要显著地低于社会收益率。

② 按照经济学解释，竞争性是指某产品一旦被某人使用，其他人就无法使用；如果某人使用并不能限制他人使用同一产品，就为非竞争性；如果某人可以控制某种产品的使用，就为独占性，否则为非独占性。

③ 外部性是指任何经济活动的非价格影响，没有直接参与这种经济活动的第三方可以体会到这种影响。

从自己的创新活动中受益。创新的这种外部性使得市场失效成为可能，在这个意义上，市场失效与外部性和溢出的含义相同。市场失效的出现，构成了政府干预经济的理论基础。

表 10-1 知识的性质

	竞争性	非竞争性
独占性	普通商品	知识（R&D 或其他过程生产）
非独占性	公共财产资源	纯粹的公共物品

“技术变革最终有助于提高人民生活水平”也是许多国家鼓励创新和发明的政策基础（Rothwell 和 Zegveld，1981）。这一政策基础实际上与新古典理论和结构主义—演化理论密不可分。Lipsey 和 Carlaw（1988）对新古典政策和结构主义政策进行比较后，认为新古典模型的特点之一是能够产生唯一均衡，有时会因市场失效而偏离均衡；而结构主义演化模型有所不同，它不包含唯一均衡，所以不能用于设计一套科学的福利最大化的政策体系。如何选择两者，取决于政策制定者对经济运行的看法。这样，就形成两种不同类型的技术创新政策的制定方法：新古典方法与演化结构主义的方法。在新古典方法中，各种投入品（劳动、原材料、各种服务和人力资本）通过总生产函数产生经济绩效（国民收入）。其中，生产函数的性质取决于经济结构和经济中的技术，但是这些因素都隐藏在“黑箱”之中，而“黑箱”只不过是投入产出的转换器而已，其内部结构不为人所知。相比较而言，在结构主义方法中，技术（产品图纸和制造产品的过程）都在结构中得以体现，这种结构的内容相当丰富。投入品经过这种结构生产出经济绩效（国民收入及其分配，就业与失业总量等），政策通过政策结构影响着设施结构、投入和技术，从而间接改变着经济绩效。基于这两种不同的政策设计思路，产生了不同类型的技术创新政策。

（二）促进技术进步的制度体系设计：技术创新政策

技术创新政策历史悠久，早在 15 世纪就已经存在①。但是，现代意义上的技术创新政策大致发端于 20 世纪 60 年代左右（柳卸林，1993）。在 20 世纪 70 年代才开始在政府官方文件出现，并逐渐与经济政策和科技政策等公共政策的研究相融合。到了 20 世纪 80 年代，这一政策得到许多国家的重视，科技政策的重心逐渐转向创新政策。但是，学界对“技术创新政策”的含义的看法并不相同②。

---

① 作为具有技术创新政策色彩的一种制度，最早的发明专利制度起源于 1474 年威尼斯共和国。

② 关于技术创新政策的进一步分析，参见王伟光．中国工业技术创新实证研究［M］．中国社会科学出版社，2003.

尽管技术创新政策的含义有宽有窄，但是它们有一个共同特点：都强调多种政策措施的组合以及政府对技术创新的正强化方面的激励，或者重视政府对创新的支持。实际上，技术创新政策的制定、贯彻与实施，也离不开其他经济政策、法律法规的支持与配合。其中，技术创新政策与产业政策、科学政策、技术政策，以及与知识产权保护相关的法律制度之间的联系最为密切，有时很难加以区分，而财政税收、金融、管制等制度措施则是技术创新政策的重要工具。各种政策的重点有一定的差异，这在科学政策、技术政策与创新政策之间表现得尤为明显①。可以将科学政策、技术政策和创新政策以及其他各种支持性政策通称为“广义的技术创新政策”。旨在促进技术进步的制度设计，主要指这种广义的技术创新政策。技术创新政策是旨在推动、规范技术创新活动而采取各种经济、法律、制度等手段的一种公共政策，它包括政策目标、政策工具两个层次（见表10－2）。技术创新政策目标可以分为不同类型的“内容”：有些侧重具体的内容，如专有技术，产业部门和某种类型的企业，如中小企业；有些侧重一般内容，如影响整个创新活动，直接鼓励产业绩效的措施，间接为产业创造良好的环境。不同的技术创新目标有着相应的政策工具与之对应。成功的技术创新有赖于技术“供给”和市场“需求”之间的有机结合。

表10－2　技术创新政策的目标和工具

层次	目标	重点内容		工具	
供给	为R&D创造一个良好的经济、政治和法律环境：创新生产的技术可能性	直接	科学技术知识和人员	科学技术、教育和信息	法律管制和政治
			市场信息和管理技能	教育和信息	
			财政/金融资源	财政和税收	
		间接	政府参与R&D	公共企业	
需求	提供良好的经济、政治和法律环境：创新生产的商业可能性	国内市场	产业结构	公共服务、采购、财政、税收、法律管制和政治	
		国际市场	国际贸易	海外投资和贸易	

资料来源：Roy Rothwell 和 Walter Zegveld（1981）.

二、政府激励自主创新是国际通行惯例

在20世纪40年代以前，政府支持发明和创新的政策主要有三大支柱：专利

① Dodgson 和 Bessant（1996）对三种政策的特点和研究趋势进行了对比分析，转引自王春法（1998）。

体制、技术教育和促进基础科学发展（Rothwell 和 Zegveld，1981）。传统的技术创新政策工具偏好“供给”方面，如支持 R&D 或对 R&D 补贴，吸收国内外新产品和技术。现在越来越多的政策工具关心创新的“需求”方面，如法律、税收、管制和政府采购等。科技政策与工业政策、市场和干预、供给和需求、长远利益与短期利益、大计划与小分散等不同层面的紧密结合，是国外技术创新政策的重要特点（贾蔚文等，1994）。随着经济全球化趋势的增强，这些环境或系统也将对其他国家的企业创新活动产生越来越大的影响。在这种情况下，公共政策的制定不仅受一国经济和社会目标影响，也深受国际环境制约。例如，在 20 世纪 40 ~ 50 年代，军事目标在大多数国家的公共政策中占据着绝对优势，到了 20 世纪 60 ~ 70 年代，诸如生产率等经济政策才占有相应的优势地位。为了获得国际竞争优势，许多国家采取多种措施，以提高其军用和民用工业的创新能力。其中政府补贴[①]对自主创新进行直接投资等就是相当流行的公共政策之一。

Freeman 等人（1997）则把“二战”以来 OECD 国家的科技（创新）政策分为三个不同的阶段（见表 10 - 3）。认为“二战”中后期的创新政策既受到战争本身影响，也深受冷战初期的影响。这一阶段的创新政策主要集中在创新的供给方面，尤其是强调 R&D 能力的培育。在第二阶段，由于意识到创新政策过于偏重供给方面会存在一些问题，各国政府就开始把精力转移到完善创新的经济环境上。进入 20 世纪 90 年代以来，各国创新政策则开始强调目标多元化，原有公共政策的重点、内容发生了较大的变化，越来越多的国家开始重视与创新相关的知识生产与扩散。国外支持企业自主创新活动的政策重点和手段涉及企业研发的各个环节和方面，有的侧重对企业 R&D 投资的免税，有的强调研发设备的更新和采购，有的重视科技成果转让，有的突出了研发人才的培养，还有的关注创业投资，等等。这些政策手段包括免税期、投资税收抵减、R&D 费用双倍扣除、加速折旧、投资税收减除以及减免关税与货物税等税收优惠政策，包括低利融资、分期贷款、融资保证、股权参与、补助金等金融支持政策，也包括政府采购、限制外来投资、进口管制、行政指导、技术协助等其他政策。尽管不同国家对企业研发支持的重点、方式存在一定差异，但是一个普遍共识是，除了对企业进行直接投入支持以外，“制度创新”为代表的间接资助方式更有助于激励企业研发（王伟光，2005）。

---

① 根据 Freeman 和 Soete（1997）的观点，公共补贴的主要作用领域集中在如下几个方面：大学的基础性研究；共性技术及其扩散（如 ICT）；限制企业层次研究开发有效发展的产业结构，如对农业，以及中小企业的技术咨询和研究服务；STS 条件下的基础设施投资，如数据银行以及其他信息服务等。

表 10-3 OECD 国家科技政策的三个阶段（部分）

20 世纪 40~50 年代	20 世纪 60~70 年代	20 世纪 80~90 年代
麦哈顿计划；V1，V2 火箭；军用航天器	经济增长；生产率；民用飞机；核能	共性技术；材料技术；生物技术；市场竞争；ICT
科学咨询委员会	科技委员会和科技部	科学、技术、产业部
物理学家；化学家	物理学家，化学家；经济学家；工程师	“硬科学”；生物学、生态学；社会科学；经济学
武器系统；基础科学；政府实验室	经济增长；武器系统；工业 R&D；大学扩张	结构变革；环境；网络；武器系统
根本性创新	增量型创新	扩散
科学技术经费的大膨胀	持续较慢的经费膨胀	经费稳定，有时稍微下降

资料来源：Chris Freeman 和 Luc Soete（1997）.

三、构造高度专有性的东北制度创新环境

任何一个地区、国家的经济发展和社会进步都离不开技术创新与制度创新。技术创新与制度创新之间存在密切的关系，技术创新将对制度创新不断提出新的要求，而制度创新则在制度设计与变迁过程中保障和促进着技术创新。作为技术创新的核心内容或者重要环节，自主创新更离不开制度创新。制度创新对自主创新的保障作用主要体现在建立、维护、激励自主创新的体制机制环境。

对于我们这样一个发展中大国，正处于体制转轨与制度创新的关键阶段。技术进步速度的加快、社会生产力水平的提高、国家综合实力和竞争力的增强，需要一系列相关制度设计与创新。就激励自主创新的制度设计而言，如何参照国外成功经验，结合我国科技基础、产业条件和市场环境，利用多种政策手段对技术开发的全过程予以支持，将技术创新的溢出效应充分释放出来，在最大范围成为绝大多数企业、产业和地区技术进步的受益者，并逐渐成为世界知识创造者、生产者、应用者和扩散者，是未来自主创新激励制度设计的重要目标取向。

东北作为一个老工业基地，在其“再工业化”发展和结构深刻变革的时期，更需要一种机制、体制和制度的调整与创新。这种制度创新的外部性要远远大于单纯的技术溢出效应。换言之，如果缺乏与之相匹配的制度设计，技术溢出效应的存在和进一步扩大将面临“溢出壁垒”。相反，如果相关制度安排合理完善，不仅将使更多、更高水平的创新资源聚集东北，还能创造出一种聚集资源的制度创新环境——既规范着本地区的创新行为，影响着创新结构和绩效，也能形成一种制度示范的软实力。相对于单纯的技术、单纯的产品、单纯的企业而言，这种

“制度示范”具有高度专有性，无法在其他地区复制。正是因为这一点，世界上绝对不会出现第二个“硅谷”，以硅谷为代表的美国制度创新氛围，是美国保持竞争优势和世界领先的决定性因素之一。有一个英国学者曾经感叹，英国之所以与美国的差距越来越大，关键在于英国缺乏美国那种制度环境和制度基础。

一个与国家或地区技术、生产、产品、市场相适应的、持续性的自主创新，必须有一个与之相对称的制度创新环境，两者互相影响、渗透与促进。其中，就目前阶段而言，与东北地区自主创新相对称的制度环境，应该是一个基于东北“再工业化”进程相适应与吻合的、渐进式的、增量动态演化的制度体系。旨在强化东北地区自主创新能力的制度环境建设可以分为三个阶段：服务于东北“再工业化”、支撑东北“再工业化”、引导东北“再工业化”高级化。与这三个阶段相对应的制度创新重点分别是：形成激发大规模技术应用的环境、完善大规模技术应用、技术学习的环境，以及创造技术学习、技术整合与技术创造“一体化”的环境。这种具有东北专有特性的制度环境，不仅是支撑、促进东北自主创新，提高东北地区竞争力的重要保障，也是东北地区“再工业化”合理演化的基础条件。

第三节　制度创新是东北地区自主创新能力提升的关键

自主创新之所以无法满足和支撑东北地区“再工业化”的发展需求，自主创新之所以尚未成为东北地区经济发展的根本力量，重要的原因在于东北地区缺乏一套激励自主创新，让自主创新释放最大扩散、服务、支撑与引导效应的制度环境。任何一个地区、国家的经济发展和社会进步都离不开技术创新与制度创新。技术创新与制度创新之间存在密切的关系，技术创新将对制度创新不断提出新的要求，而制度创新则在制度设计与变迁过程中保障技术创新。作为技术创新的核心内容或者重要环节，自主创新更离不开制度创新。制度创新对自主创新的保障作用主要体现在建立、维护、激励自主创新的体制机制环境。

一、自主创新宏观调控机制滞后

在计划经济模式下，东北地区严重忽视科技在生产力发展和经济增长中的决定性作用，也就不可能形成科技资源配置的优化机制，只是简单地将经济总量的扩大和经济增长看成是劳动力投入增加和投资增加的一种结果。于是，部门和企业只看重资金投入、规模扩张、大搞建设，而较少考虑经济增长的内涵。东北产业创新体系是受计划经济体制影响最为严重的一个区域，受国家宏观政策影响大，不重视产业链条拓展与延伸，这客观上滞缓了自主创新内生性功能的释放。

国有企业集中、中央直属企业集中、中央直属科研机构集中这“三个集中”构成了东北老工业基地区域创新体系的制度基础。这种制度基础一方面为东北科技资源积聚、科技能力积淀创造了条件，也为东北经济社会发展做出了巨大贡献，这是优点。另一方面，这三类制度基础的主要使命在于强化国家意志，实现国家目标，难免使得国家任务与地方发展之间存在不衔接问题。自主活动主体隶属于不同宏观管理部门，它们的目标与绩效考核体制存在很大不同。除了科技主管部门资源可以实现跨部门跨领域配置外，其他部门基本上是体制内流动，纵向分割严重，横向合作很差。在科技战略与技术创新宏观调控机制缺位的条件下，东北科技资源的聚集优势未能得到有效整合和高效利用，企业创新没有行之有效的宏观协调与管理机制保障。因此，如何加强中央直属单位与地方科技竞争力、经济发展之间的紧密联系，实现“中央带动地方、地方服务中央”的资源积聚效果和良性互动发展，将是落实科学发展观、加快东北老工业基地振兴的保障机制。

二、自主创新成果转化和本地产业化机制滞后

自主创新成果转化率高和自主创新成果本地转化，进而形成产业化，是创新支撑本地经济发展的一个重要体现。自主创新成果转化率高，意味着各种创新主体的创新活动适应和满足了经济社会发展需求。自主创新成果的本地转化并形成规模化生产，意味着基于本地创新资源的产出已经实现了潜在生产力向规模化的现实生产力的转变，并成为地方经济发展的新增长点。从理论和实践上看，这种模式比较符合自主创新一般规律的内在要求，也是获得自主创新更多溢出效应的重要途径。但是，由于缺乏一套自主创新成果转化和本地产业化机制，如创新成果转化风险补偿机制不健全，创业投资规模小而少等，东北地区的自主创新成果转化比率还比较低，本地转化率更低。调查显示，在“十五”期间吉林长春市共取得拥有自主知识产权的科技成果 2045 项，科技成果转化率仅为 31.7%。其中只有 268 项科技成果实现了就地转化，科技成果就地转化率为 13.1%[①]。

技术市场交易情况是反映一个地区技术商品市场发育程度和技术产业化水平的重要标准。2006 年，东北三省输出技术排名均高于吸纳技术排名（见表 10－4）。这意味着东北地区的许多科技成果或者技术并没有成为本地经济发展的重要源泉，却反而成了其他地区经济发展的重要力量。从积极的方面看，东北地区的

① “长春市科技成果转化情况及存在的问题”，中国统计信息网，2007－10－29.

技术市场交易比较活跃，任何主体的技术交易都是按照市场机制自由进行的，这表明东北地区的技术交易平台比较完善，为未来东北地区更多的技术开发与交易创造了条件。但问题的另一方面是，东北地区属于技术的净流出区域，即输出技术低于吸纳技术，这表明东北地区的科技体系与经济体系之间存在着一定裂隙，本地的科技系统与经济系统尚未有效衔接，从而导致许多科技成果没有在本地实现产业化。缺乏更大规模和更加专业化的科技服务机构，缺乏一批能够识别技术潜力的专业队伍，缺乏良好的本地化转化机制等，是导致出现这种结果的部分原因。而缺乏规模较大、实力较强的创新主体，事实上是最为重要的原因。例如，2006 年，在全国技术输出的主体中，无论是企业还是高校和科研机构，排名前 10 名中没有一家在东北三省。因此，结合本地的资源、产业与科技特点，创新组织方式，培育新的有竞争力的创新主体，是强化东北地区创新竞争力的关键所在。

表 10－4　东北地区自主创新成果转化与产业化情况（2006 年）

卖方地区	输出技术			吸纳技术		
	合同数（项）	成交金额（亿元）	全国排名	合同数（项）	成交金额（亿元）	全国排名
辽　宁	12546	80.7	4	10927	57.2	6
吉　林	4196	15.4	19	3946	17.0	24
黑龙江	1755	15.7	17	2676	16.4	25

资料来源：作者根据国家统计局《中国统计年鉴》（2007）整理而得.

三、自主创新参与者之间的联系机制滞后

宏观调控机制的缺失导致了自主创新资源配置无法实现优化；成果转化和产业化机制的缺失导致了自主创新与本地产业、经济发展失去了连接纽带；自主创新参与者之间的联系机制的缺失，则在微观层面导致了创新主体之间创新活动不能实现良性互动，最终导致东北地区自主创新低于其资源禀赋所决定的“社会最优水平”。这些机制的缺失与滞后，显然无助于企业自主创新主体地位的强化。

东北地区建立以企业为主体、以市场化为导向、产学研紧密合作的创新体系，形成全社会创新资源向企业集聚的良好制度环境，需要进一步强化企业创新主体地位。企业自主创新主体地位的建立与强化，离不开现代企业制度的建设与完善，更离不开完善的企业内部创新激励机制。目前，东北地区企业自主创新机制还不完善，创新成果成为企业员工参与分配的制度安排还没有建立起来。尤其

是一些国有企业因为担心国有资产流失，基于知识产权的股票期权等激励制度，其实施面临着较大困难。

企业成为自主创新主体是提升东北地区自主创新能力的基础，但是，如果缺乏与高等院校等其他创新活动参与者之间的交流与协调，企业也无法承担起其在区域创新体系中的分工职能，即创造出更多更好、更符合市场需求、更有竞争力的产品。相对于其他微观创新制度安排而言，自主创新参与者之间联系体制重构显得尤为迫切。由于科研院所管理部门职能转变尚未到位，科研管理行政化弊端还未消除，院所责权划分不明确，科研组织创新自主权有待加强，其直接结果是使得条块分割、缺乏科技思想的现象仍然存在，其深层次影响则是割断了企业—科研机构—高校之间的创新联系，使得自主创新体系产生了“联系断裂”现象。高校、各种科研机构与企业之间发展目标、利益追求方面的差异，也进一步强化和深化了这种“联系断裂”。高校和研究机构，总体上是个人主义至上，团队作用有限；没有形成基于信任的合作机制；重学术、轻技术；重成果、轻转化。其中，转制院所的现代科研院所制度尚未完善，没有真正实现与科技、经济发展规律相适应的院所制度，科技成果前沿性与社会公共性不强，应用性成果缺乏市场导向。对于企业而言，自主创新作为一种重要的战略投资，其目标是获得收益，至少在不远的将来可以获得利润。因此，企业与其他类型创新参与者之间的合作创新并不理想。这种情况使得许多产业的“产学研”合作只停留在了形式上，没有多少实质内容，我们对东北地区部分企业的调查也证明了这一点。当前，科技系统独立封闭的循环体系以及强烈的“学术导向”倾向仍然比较突出，尚未形成面向市场主动出击，或者积极“服务市场、开拓市场、创造市场”的良好科技—经济联动机制。

第四节　激发东北地区制度创新溢出效应的制度安排

一、强化区域创新体系的宏观协调

强有力的宏观科技指导、监督与服务，是区域创新体系战略转变的制度保障。只有加强区域宏观协调，发挥各自优势，才能够将科技资源的规模优势转变为创新优势和竞争优势，才能将科技资源的集成与优化配置转变为激发科技经济整合的基本动力，才能将科技经济整合转变为区域竞争优势的根本源泉。近年来，立足打破行政区划界限，整合和优化配置科技资源，提高科技资源综合利用效率而进行的区域科技宏观协调和区域创新体系建设，已经成为许多地方的科技发展战略取向。在科技部指导下，上海、江苏和浙江于2003年11月共同签署了《沪苏浙共同推进长三角区域创新体系建设协议书》，这是我国第一个省级政府间签订的共建区域创新体系的协议。在各方的共同努力下，“泛珠三角”的科技创新合作机制正逐步形成，京津冀地区的科技互动机制也正在建设之中。

面对我国区域创新竞争的新特点和东北地区老工业振兴的需要，在国家东北振兴战略和科技部“振兴东北老工业基地科技行动”指导下，东北三省于2004年3月签署了《东北三省联合建立区域科技创新体系协议》，这标志着东北三省共建区域创新体系的工作正式启动。这种机制有助于解决科技研发中各自为战的弊端，整合科技资源，挖掘科技潜力，发挥科技在振兴东北老工业基地中的支撑作用。2006年7月，辽宁、吉林、黑龙江三省政府签署了中国首部区域性立法协作框架协议，目的在于实现东北三省的政府法制资源共享，协调东北地区政府规章，降低立法成本，提高立法质量。通过这种合作框架安排，有助于形成有利于区域产业创新体系的政府部门间的协调机制、区域立法参与机制、区域间的行政执法协调机制，也有助于建设区域间统一高效的信息资源共享网络平台、创新综合服务平台等创新支持体系。从而最大限度地释放制度创新的溢出效应，引导东北地区自主创新的方向，扩大创新规模，提高集成创新的效率。

二、优化创新参与者联系机制

东北地区具有良好的生产性资源和创新性资源，例如有素质较高的人力资本，有水平较高的生产设备，有相对充裕的资本，有相对完善的政策环境。但是，这些资源要素要转变为竞争性资源，转变为有竞争力的现实生产力，转变为区域经济增长的不竭源泉，还需要适当的生产作业、分工协作等经济组织层面上的变革与创新。

当前，应抓住发达国家产业发展重点转向新兴产业的国际产业分工变化的有利时机，将资金、资源、技术密集的重化工业产业部门作为参与国际分工的外向型主导产业部门。利用地缘区位优势，通过国际贸易逐步扩大矿产品等资源性产品的进口，增强东北地区产业发展的资源持续供给能力，加强与东北亚各国的国际经济合作。鼓励实力较强的企业对发达国家的夕阳型企业进行收购与兼并，以技术、劳动力、资金投入等参与发展中国家的资源开发，这是东北地区产业外向化及盘活资产的一个重要途径。围绕大型成套设备、精密仪器、电子信息、核能等高成长的战略性行业，依托一些大项目、大工程等吸引更多的生产要素特别是资本和人才向重点地区流动和聚集，形成一种开放性的生产性资源与创新性资源的集中和集群大氛围，是将资源聚集优势和存量优势转变为区域竞争优势的前提条件。通过参股控股、外包、R&D 联合体等交互性战略投资，促进工业企业组织变革与内部机制创新，则是内部各种资源要素释放竞争潜力，并与外部资源形成新的发展动力群组的有效手段。

三、构建与区域资源—产业相称的企业自主创新机制

结合现代科技发展特点和产业分工深化趋势，依托东北 7 个国家级高新技术产业开发区，围绕装备、石化、钢铁、农产品深加工、医药等优势产业，数控系统、电子信息、生物和医药、新材料等高新技术产业领域，抓住传统产业升级改造和新兴高增长型产业发展机遇，进一步整合优化科技资源，促进科技和经济社会发展紧密结合，建立以市场为导向、企业为主体、高等院校和科研院所为依托、技术市场和中介组织为纽带的开放型应用技术创新体制。最终形成科技创新与经济发展协调与互动的机制，实现从注重引进、跟踪模仿向以自主创新为主的路径转变，实现从注重单项技术突破向注重集成创新方向的转变，实现技术优势向产业优势的转变，促进科技成果转化和产业化，促进区域经济结构优化与升级，最终全面振兴东北老工业基地。在东北现代装备制造产业技术创新机制中，要特别重视创造一种创新文化氛围——造就一批敢于承担风险，愿意和有能力创新创业的企业家群。同时，通过自主创新激励机制的构建，激活创新资源存量，优化科技资源增量，使东北地区的科技资源优势转变为竞争优势。

四、促进基于产业融合的创新集聚

信息化与工业化融合是现代经济发展的一个必然过程，也是产业发展界限日渐模糊的一种表象，是产业融合的驱动力。基于现代技术的效率改善与产业融合，是信息化与工业化融合的本质。其中，效率改善是这种融合的最大魅力。由于计算机等信息技术应用于工业自动化领域，使汽车、金属加工、纺织等行业节约劳动力 30% ~40%，最高可达 85%。又如在我国工业领域，机械、电子、航空、航天、造船及轻纺等部门的大中型企业已普遍使用计算机辅助设计，使工效提高了 3 ~5 倍，产品设计一次成功率达 90% 以上。这种融合能够自发地引导劳动力、资金、技术等要素在不同产业之间的配置与优化，实现创新与产业发展的良性互动。这种融合具体体现在不同产业之间不同环节或层面的一种交互影响与渗透，产业融合是发生于产业之间的技术、业务和市场的融合，技术融合是产业融合的内在原因和前提，业务融合是产业融合发生的过程和必要准备，市场融合是产业融合的最终结果①。

---

① 马健．产业融合理论研究评述［J］．经济学动态，2002（5）．

由于电子信息等新技术的迅速发展和扩散，许多企业在不同产业间实现了技术、产品、业务和市场等多个层次的融合。产业融合化成为当今国际产业转型又一趋势[①]。20 世纪中期之后，计算机、现代信息技术（IT）等科技创新及其扩散，诱发和促使部分工业化国家进入到了新的发展阶段，即知识型企业和产业驱动经济发展的新时期，有的称之为知识经济或者信息化，其中的一个显著标志就是催生了现代服务业。从长远看，这种类型产业的发展将显著扩展东北地区自主创新空间，为东北“再工业化”注入新的活力和动力。

① 邓伟根．20 世纪的中国产业转型：经验与理论思考［J］．学术研究，2006（8）．

第十一章　中国装备制造产业振兴：基础、路径与政策

第一节　新时期中国装备制造产业发展的基础因素

一、基本背景

作为“工业的心脏”和制造业的核心要件，装备制造业不仅是为国民经济各部门提供技术装备的物质生产部门，还是维护国家安全和提高国家综合竞争力的战略产业。装备制造业具有技术密集度高、产业关联度大等特点，包括金属制品业、普通机械制造业、专用机械制造业、交通运输设备制造业、电气机械及器材制造业、电子及通讯设备制造业、仪器仪表及办公用机械制造业七大类中扣除了有关消费类产业制造业小类后的186个小类，相当于欧洲国家所指的“资本货物制造业”，即“生产生产资料的行业”。随着全球化趋势增强和中国经济社会发展，在政府政策引导和市场机制推动下，“十五”期间三峡工程、西气东输、西电东送、南水北调、青藏高原铁路和京沪高速铁路、城市地铁建设等一大批重点工程，使中国装备制造产业进入到了一个崭新的发展阶段。装备制造产业发展很快。据中国机械联合会公布的数据，2007年上半年，机械工业完成增加值7314亿元，同比增长了33.82%，连续53个月保持18%以上的增幅①，大大快于GDP的增长幅度，成为支撑经济发展和改善产业结构的重要引擎。目前，我国装备制造业工业增加值仅次于美国、日本和德国，位居世界第4位，我国装备制造业的年均增速是17.6%，几十种产品产量居世界第一位②。振兴装备制造业的第一步战略任务已经初步完成，正在向更高阶段迈进。

近年来，“中国制造”、“世界工厂”等称号被不断地送给了中国，但是，中国

① 黄缘缘，孙伟川．装备制造业连续53个月保持18%以上增幅［N］．人民日报（海外版），2007-09-03.

② 吕政．提高我国在国际产业分工中的地位［N］．中国社会科学院院报，2005-11-04.

制造产业的总体发展水平，特别是装备制造产业的发展水平，无论是生产规模、质量和效率，还是技术、管理和制度，都还与国际先进水平存在很大的差距，“中国现在只是世界制造车间，中国由制造业大国向制造业强国转变，无疑是一个庞大系统工程”。与装备制造产业相对发达的生产体系相比，其技术体系、协作配套体系最为薄弱。近些年来，在承接国际产业转移的过程中，中国装备制造产业的生产制造能力显著增强，成为许多重要产品的供给者，已在世界上占有一席之地。但是，这种大规模生产能力的驱动力，在很大程度上依靠着大规模投资和出口市场，装备制造产业走的是一种生产要素简单堆积或诱致的粗放型发展之路。因为，在生产规模扩大和生产能力增强的同时，支撑其发展的技术体系和协作配套体系还存在诸多问题。在技术体系上，企业的研究开发投入比较低，面向市场的合作创新机制尚不完善，在协作配套体系上，许多关键零部件的国产化率比较低，而且物流、金融、信贷等配套服务发展水平比较低，难以支撑装备制造产业的又好又快发展。

进入21世纪，中国装备制造产业面临的经济、技术和社会条件都在发生着变化，中国装备制造产业振兴的环境、内涵、途径与政策等也在发生着变化。新的环境要求和产业自身发展特点，决定了中国装备制造产业在振兴过程中，不仅需要充分利用经济全球化下产业转移、技术进步等客观条件，更需要在支撑中国现代化进程中发挥中坚作用，满足国民经济各部门的装备与装备升级的需求。这就需要在充分认识中国装备制造产业发展环境基础上，选择一条符合中国经济发展、产业基础和技术条件的振兴之路。

二、基于国际生产网络的产业转移

最近10年以来，由于发达国家经济增长速度放缓和大型基础项目建设处于饱和状态，装备制造跨国公司面临着利润骤减和制造成本加大的双重压力，而中国市场的优异表现诱导着国际装备制造产业加快向中国的转移速度。2007年10月9日美国《华尔街日报》的一篇文章指出，中国经济的快速发展成为许多跨国企业利润增长的重要源泉，2001年，仅有44家在美上市企业称其收入中有5%以上来自中国市场，但到2006年，相关企业数量达到108家。许多跨国企业也认识到，在激烈的全球性竞争中，快速进入中国市场是获得更大发展机遇的前提条件。开放的大规模市场、丰富的廉价劳动力和高素质的工程技术人才、良好的产业基础和技术条件，使得FDI对华的产业转移出现了新特点，消费品制造业、轻型制造业或一般制造业逐渐让位于资本品制造业、重型制造业或装备制造业，后者成为跨国公司向中国转移的重点产业部门①。在新一轮产业转移中，东北等

① “世界装备制造业正在加速向中国转移”，http://www.pinsou.com/news/2005/6/15/2005615933353899.htm.

老工业基地因其雄厚的产业基础和诸多生产要素的成本优势，成为许多跨国公司的战略投资区域，如韩国STX集团投资近10亿美元的造船项目、英特尔公司投资25亿美元的12英寸芯片厂项目等。国务院振兴东北办综合组的数据表明，2004～2006年，东北三省实际利用外商直接投资同比分别增长51.7%、89.5%、48.3%，远远高出全国增速①。

国际产业转移一方面增强了不同国家间产业发展、结构调整的互动性和依赖性，扩展了发展中国家参与国际分工以及获得外部资源和先进技术的渠道；另一方面由于跨国公司“梯度”控制战略，控制着新技术和产业价值链的关键环节，使发展中国家在国际分工体系中面临着边缘性和附属性等风险。但是，发展中国家在国际产业转移中主要作为承接国是普遍规律②。产业国际转移与国际生产网络（International Production Network，IPN）越来越发达有着密切关系③。IPN之所以能够迅速发展，与新生产组织结构的变化及其对产业价值链的深刻影响密不可分。其中，一个重要体现就是产业全球价值链的形成与发展④。与此同时，供应商与客户之间的唇齿相依关系，也促进了本地化生产或者生产系统地区性组织化的趋势⑤。能否在国际生产网络中占据有利地位，特别是不可或缺的独占地位，取决于转移类产业与本地生产体系的融合程度，以及本地生产体系的专有性质——是否存在有竞争力的本地化知识。因此，作为中国工业发展的支柱，装备制造产业在积极主动承接发达国家的部分生产、加工等环节的同时（见图11－1），应该通过大规模的生产、加工等过程，尽快从模仿、学习阶段向创新阶段过

① 东北成国际装备制造业转移的理想承接地［N］．经济参考报，2007－06－11.

② 吕政．提高我国在国际产业分工中的地位［N］．中国社会科学院院报，2005－11－04.

③ IPN是指企业内部和企业之间的一种关系。通过这种关系，企业组织开展其整个系列的商业活动。这个网络不仅包括了一个旗舰企业或领先企业的下属机构和子公司，还包括了与这个企业相关的分包商、供应商、服务提供商或者其他参与到合作关系中的企业，例如提供制造标准者和研发分析者。参见Borrus, Michael, Dieter Ernst, and Stephan Haggard, eds. 2000, International production networks in Asia. London and New York: Routledge, p. 2.

④ 全球价值链（Global Value Chain）或遍及全球的片段化价值链（Fragmented Value Chain）、全球商品链（Global Commodity Chain）是指为实现商品价值而连接生产和销售等过程的全球性跨企业网络组织，涉及从原料采集和运输、半成品和成品的生产和分销，直至最终消费者的整个过程，包括所有生产者和生产活动的组织及其利润分配。当前，散布于全球的、处于全球价值链上的企业进行着从设计、产品开发、生产制造、营销、出售、消费、售后服务、最后循环利用等各种增值活动。这种产业价值链实际上就是ICP的另外一种模式或者表现。资料来源：United Nations Industrial Organization, 2002: Industrial Development Report 2002/2003. Overview. “Competing through innovation and learning”。转引自王缉慈，“关于地方产业集群研究的几点建议”，互联网资料．

⑤ Abernathy, Frederick H., John T. Dunlop, Janice H. Hammond, and David Weil., 1999. A stitch in time: lean retailing and the transformation of manufacturing—lessons from the apparel and textile Industries. New York: Oxford University Press. 转引自Shahid Yusuf. 东亚创新未来增长［M］．中国财政经济出版社，2004.

渡，向产业分工的高端过渡。这需要在装备企业、关联企业、科研机构和政府之间形成一种网络式的合作关系，促进企业重组和规模扩张，培育一些具有旗舰作用的领导型企业。

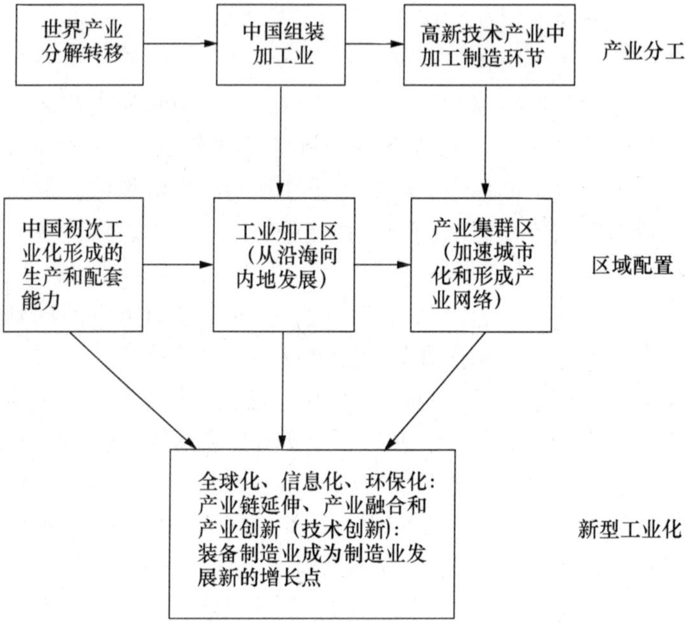

图 11－1　20 世纪 80 年代以来中国工业化进程中的制造业发展道路

资料来源：金碚．世界分工体系中的中国制造业［J］．中国工业经济，2003（5）．

三、开放条件下的 R&D 资源配置

伴随着经济全球化，跨国公司技术转移以及技术创新战略的重新布局，技术创新全球化趋势日渐明显，主要体现在一国生产的技术在全球范围内的利用、创新的全球性和全球技术合作三个方面①。创新全球化的基本单位是创新或创新项目，不同类型的创新全球化，其主体和表现形式不尽相同（见表 11－1）。毫无疑问，与经济全球化一样，跨国公司在科技全球化尤其是产业技术全球化中扮演着决定性的角色，是技术转移、技术溢出的重要载体。

① Daniele Archibugi and Simona Iammarino, The policy implications of the globalization of innovation , Research Policy, 28, 1999, pp. 317－336. 转引自柳卸林，胡志坚．跨国公司的创新全球化战略与中国企业的对策．载中国科技促进发展研究中心．中国科技政策与发展研究：2001 调研报告精选［M］．科学技术文献出版社，2002.

表11-1　创新全球化的形式和主体

层次	主体	形式
本国创新的全球化利用	追求利润的企业和个人	创新产品的出口；技术和专利的许可转让；创新产品的外国生产（合资企业等）
创新的全球性	跨国公司	在国内和全世界进行研发和创新活动（研发的国际化）
全球科技合作	大学和国立研究机构，各国的企业和跨国公司	科技项目合作，人员交流，合资企业等

资料来源：柳卸林，胡志坚．跨国公司的创新全球化战略与中国企业的对策．载中国科技促进发展研究中心．中国科技政策与发展研究：2001调研报告精选［M］．科学技术文献出版社，2002.

在创新全球化浪潮中，外资企业在中国产业技术体系中的地位不断提高。无论是R&D投资规模、增长速度，还是R&D强度，外资企业均表现出新的"主导"型特点。2004年，外资企业R&D经费总额达到299.5亿元，占全部企业R&D经费的27.1%，比2000年提高了6.6个百分点；外资企业R&D经费增加额占全部企业增加额的1/3。2000~2004年，中国全部企业R&D经费年均增长18.9%，其中外资企业R&D经费年均增长率为27.6%，而内资企业为16.4%。在外资企业R&D经费支出总额最高的7个行业中，除了金属制品业以外，其他6个装备制造产业部门均居其中。这些技术密集程度比较高的部门，一直是外资企业R&D经费支出规模高、投入强度大的产业（见表11-2）。微软、IBM、摩托罗拉、西门子、北电网络、杜邦、通用电气、通用汽车、大众汽车、宝洁、本田、日立等大型跨国公司均根据其全球经营战略，北京、上海、天津、重庆、西安等知识密集型城市设立了750余家研发中心，集中在电子及通讯设备制造业、交通运输设备制造业等技术密集型行业①。这种状况表明，外资企业正在从间接利用中国创新资源的阶段，过渡到直接而系统地进行技术的战略投资，目的是在实现市场控制的同时，实现技术控制和遏制。外资企业已经不再满足直接从生产转移过程中获得超额利润了，而是通过研发活动的全球布局与其全球战略整合起来，不仅最大限度地利用中国高素质低成本的技术人才，而且通过设立研发机构，聚集大量高端技术资源，利用专利和标准战略等措施（见表11-3），分割和控制中国产业技术体系②，强化其技术优势，加强

① 龚雯．外企已在华设研发中心750多家，技术密集型为主［N］．人民日报，2006-02-09.

② 调查中发现，有些跨国公司通过购买、内部化我国某些科技成果等方式，打压国内同业竞争者；或者当国内企业有替代技术、生产工艺出现时，外企借助于强大的资本实力，采用降低成本等方式，相对提高国内竞争者技术应用成本，限制此类技术扩散；外企购买国内某些技术研发机构或者技术人员，通常使得我国某些产业技术研发出现断层，打乱国内产业技术链条，从而加大产业整体对外技术依赖，其结果只能是将利润转移到外资企业手中。

其对未来利润的独占①。

表 11－2 外资企业 R&D 经费支出总额最高的 7 个行业（2000、2004 年）

	2000 年		2004 年		2004 年比 2000 年增加 R&D 经费（亿元）	增量占全部行业总增量的比重（%）
	R&D 经费（亿元）	占全部行业的比重（%）	R&D 经费（亿元）	占全部行业的比重(%)		
通信设备、计算机及其他电子设备	38.56	38.8	119.30	39.8	80.73	40.4
交通运输设备	11.80	11.9	43.55	14.5	31.76	15.9
电气机械及器材	8.24	8.3	26.01	8.7	17.77	8.9
通用设备	4.01	4.0	14.43	4.8	10.43	5.2
纺织业	0.85	0.9	9.03	3.0	8.18	4.1
化学原料及化学制品	5.74	5.8	13.83	4.6	8.09	4.0
仪器仪表及文化、办公用机械	1.90	1.9	8.26	2.8	6.35	3.2

资料来源：国家统计局《工业企业科技统计年报》（2000，2004 年）。

表 11－3 跨国公司在华研发布局趋势

R&D 战略	主要趋势	案例
控制 R&D 机构	从合资合作走向独资或控股	阿尔卡特以“50% 加 1 股”的模式控股上海贝尔，经过改组改造，将其纳入全球生产和研发体系
建立地区性研发中心	集聚本地优秀人才，面向中国市场和全球市场开展研发	目前，跨国公司在华地区性研发中心达 400 多家，仅上海就有 100 多家，它们既是跨国公司全球研发体系的重要支撑，又是聚焦中国市场的研发主体
利用专利、标准打压中国本土产业	通用电气、松下、IBM 等先后在中国建立了专门的知识产权维护机构，针对国内企业的“专利大战”初露端倪	2002 年，日立、松下、东芝等 6C 联盟起诉国内 DVD 厂商侵权，致使国内厂家每生产一台 DVD 就要支付 4.5 美元的专利许可费，迄今已赔付 30 多亿元人民币

① 从企业的经济性角度看，这种行为是合理的，但是当这些行为有染某种垄断，限制竞争的时候，就不再是一种单纯的自由经济活动了。

续表

R&D 战略	主要趋势	案例
将在华 R&D 与公司的全球化战略相整合	从本土化经营到全球化运作，跨国公司将中国市场视为全球市场的重要组成部分，将其纳入全球生产、供应和研发体系，实现生产要素的国际交换和全球流动	联合利华等公司还将中国本土的管理或技术人才派遣到海外工作

资料来源：叶国标．跨国公司在华投资出现十个新特点．http：//www. xinhua. org. 有修改．

客观上看，FDI 在带动中国相关产业发展，提高经济实力方面发挥了积极作用。但是，外资的技术“溢出”效应并没有达到“市场换技术”的战略预期。OECD 的一份研究报告也认为，外国直接投资和技术贸易是中国科技能力提高的重要途径，但是其作用有限。在 R&D 资源配置全球化的过程中，如果缺乏有效的 R&D 战略，缺乏有意识的自觉技术学习，中国装备制造等技术密集型部门与国外的技术差距将会进一步扩大，甚至原有的技术基础也将不复存在。因此，未来中国装备制造产业技术体系必须在充分利用 R&D 全球化的技术溢出效应的同时，将溢出技术、学习技术与原有的技术基础结合起来，并升级原有技术基础，形成“以我为主”的主导型路线，这样才能为中国现代化提供更加先进、更加经济、更加适用的有竞争力的新型装备。

四、新型工业化的市场需求

处于工业化发展新阶段的中国，急需一批有高度成长性、带动性、渗透性和竞争性的现代装备制造企业，支撑历史空前的人类工业和现代文明。经济发展模式的根本性转变，需要一大批技术含量高、生产效率高、生态效益高的设备。根据工业化的有关理论和经验，工业结构的演变一般要经历重（化）工业化、高加工度化和技术集约化三个阶段，其中每个阶段又包括不同的发展时期。随着工业结构升级的演进，包括装备制造在内的技术密集型产业的发展表现出逐步加快的趋势，并逐渐成为支撑经济发展的主导产业①。自从国家装备制造业振兴战略实施以来，面对高速成长的市场需求②，中国装备制造产业进入到了一个高速增长时期，主要经济指标均达到了同期 GDP 增长的 3 倍左右（见表 11－4）。许多

① 郭克莎．我国技术密集型产业发展的趋势、作用和战略［J］．产业经济研究，2005（5）．

② 例如，冶金工业的发展，不仅会对冶金技术装备产生极大需求，还需要各种铸造、轧制设备。化工业需要大的裂解、聚合装置。汽车工业需要各种机械加工、焊接、喷涂、检测等设备。这些装备的生产都需要大量的资金投入，但工业化中期对能源、原材料等重化工业旺盛的需求将带动相关装备制造业的进一步发展。资料来源：http：//www. designnews. com. cn/article/html/2006－12/200612120953091. htm。

地区的装备制造产业也展现出了良好发展态势，并成为地方经济发展的主导力量。2006 年，江苏省装备制造产业总产值 11890.32 亿元，较 2005 年增长 28.5%；安徽省机械行业实现工业总产值 1080 亿元，成为该省工业行业首家突破千亿元的产业；浙江省装备制造业完成工业总产值 9458.7 亿元，同比增长 28.9%①。

表 11-4　2004~2006 年中国装备制造产业的部门增长（2003 年为基期）

单位：%

指标	工业总产值			从业人数			企业数			劳动生产率*		
年份	2004	2005	2006	2004	2005	2006	2004	2005	2006	2004	2005	2006
1	0.37	0.69	1.20	0.13	0.28	0.41	0.15	0.38	0.52	0.21	0.33	0.56
2	0.39	0.85	1.43	0.10	0.24	0.33	0.20	0.56	0.75	0.27	0.49	0.83
3	0.20	0.57	1.00	-0.02	0.04	0.07	0.14	0.41	0.55	0.22	0.51	0.86
4	0.21	0.38	0.81	0.05	0.12	0.18	0.15	0.37	0.48	0.15	0.24	0.53
5	0.33	0.76	1.28	0.14	0.38	0.50	0.14	0.49	0.57	0.17	0.28	0.52
6	0.37	0.72	1.11	0.23	0.61	0.85	0.13	0.52	0.61	0.11	0.06	0.14
7	0.29	0.69	1.13	0.05	0.18	0.29	0.11	0.51	0.58	0.23	0.43	0.65
8	0.31	0.65	1.11	0.10	0.28	0.39	0.15	0.46	0.59	0.19	0.29	0.51

注：1. 金属制品业；2. 通用设备制造业；3. 专用设备制造业；4. 交通运输设备制造业；5. 电气机械及器材制造业；6. 通信设备、计算机及其他电子设备制造业；7. 仪器仪表及文化、办公用机械制造业；8. 装备制造产业。

*：劳动生产率：总产值/从业人数。

与此同时，中国重大工程项目的组织实施和国民经济部门生产设备的更新换代，也为装备制造产业的发展创造了巨大市场空间。例如，中国石油、中国石化和中海油的一批新建扩建炼油、乙烯、PTA、甲醇等项目，对石化装备需求每年就达 300 亿元②。这种技术需求体现在两个方面。一个是装备制造产业自身的技术升级需求。例如，在很多核心技术上，中国实际上至少比国外落后两代以上。中国机械行业大中型企业的 1000 多种主要专业设备中，技术经济性能比较先进

① 江苏、安徽、浙江的装备制造产业数据来源于相应省份的国民经济和社会发展公报（2006 年）。江苏省装备制造产业主要包括通信设备、计算机及其他电子设备制造业，通用设备制造业、电气机械及器材制造业 3 个主要行业。

② 改变依赖引进局面 石化装备国产化进程将提速 [N]. 中国石油报，2007-04-30.

的只占1/3，近1/5已经严重老化，超期使用率高达40%①。另一个是其他部门的技术需求。新型工业化的本质是追求和谐发展、绿色制造的一种生态化产业发展模式，这要求那些能源消耗高、污染严重的部门必须引进和大规模应用先进装备。例如，能源行业大型装备的技术水平明显低于发达国家，生产耗费高、资源利用率低，而且污染比较严重。在这种情况下，那些能够显著提高产业技术水平和制造能力的装备产业将进入到新的发展时期。根据国家发展和改革委员会的预测，"十一五"末，国产数控机床占国内需求的比重将从目前的40%上升至50%以上，国产数控机床采用自己的功能部件将达到60%以上。2009年数控车床销售数量将达8.9万台，年均增长率为16.5%，而加工中心消费数量将达2.8万台，较2005年年均增长率为17.8%。这些巨大需求，将为关键功能部件和数控系统、高精度数字化测量仪器和数控刀具、高级型数控机床示范等技术及相关行业发展提供前所未有的增长空间，装备制造产业已经成为工业利润的主要贡献者②。随着发电、数控机床、石化等重大装备技术水平和国产化率的稳步提升，装备制造产业投资快速增长。2007年上半年，通用设备制造业、专用设备制造业等投资增速均保持着50%以上的增长速度③。

五、先进制造技术的市场机会

改革开放以来，我国装备制造业的技术装备的设计和制造能力有了明显增强，研发制造出了激光照排、数字程控交换机、卫星及运载工具、正负电子对撞机等为代表的一系列先进装备④。装备制造产业的质量竞争力不断提高，远远高于其他工业部门。2005年中国制造业质量竞争指数排名前10位的行业中，有6个是装备制造部门，其中前四名都是装备制造工业部门，其质量竞争力指数均高于29个制造业平均水平的1倍以上（见表11-5）。这表明，中国工业竞争力取决于制造业，而制造业的竞争力则取决于装备制造部门。巨大的市场需求和投资驱动也使得装备制造的设备利用率达到了新的水平。例如，2006年，辽宁省设备利用率连续四个季度保持在85.6%~87.1%，平均在86%以上⑤。这些基于新一轮工业化的市场、技术需求，为中国装备制造产业全面振兴创造新的发展机会。

---

① 吴新力．加快发展我国重大技术装备制造业［J］．学习与研究，2006（9）．

② 2006年，在整个工业中，机械行业固定资产投资仅占8%，但创造了工业利润的35%。参见"10-15年中国装备制造业将实现快速增长"，http：//www.zgbfw.com. 来源：机经网，日期：2007-1-27.

③ 2007年上半年我国装备制造业投资持续快速增长．引自NEWS.C-CNC.COM，2007-08-17.

④ 吕政．提高我国在国际产业分工中的地位［N］．中国社会科学院院报，2005-11-04.

⑤ 中国拟在建项目网。

表 11－5　2005 年制造业各行业质量竞争力指数（前 10 名）

排名	行业	质量竞争力指数	29 个制造业平均水平倍数
1	通信设备、计算机及其他电子设备制造业	83.72	1.08
2	通用设备制造业	83.48	1.07
3	仪器仪表及文化、办公用机械制造业	83.42	1.07
4	专用设备制造业	82.8	1.07
5	黑色金属冶炼及压延加工业	82.59	1.06
6	有色金属冶炼及压延加工业	82.03	1.06
7	电气机械及器材制造业	81.1	1.04
8	橡胶制品业	79.96	1.03
9	交通运输设备制造业	79.91	1.03
10	化学原料及化学制品制造业	79.67	1.02

资料来源：国家质检，国家统计局．2005 年全国制造业质量竞争力指数公报，2006－9－12.

现代装备技术新发展也为中国装备制造业振兴提供了难得的技术机遇。2000 年美国 ICAF（The Industrial College of the Armed Forces）出版了 *Advanced Manufacturing* 研究报告，指出通过积极应对实现协作共赢、促进人力和技术的集成、将信息及时有效地转化为知识、快速实现资源的重新配置、保护环境等挑战，一个成功的先进制造公司才能保持其竞争优势。当前，世界制造科技发展的总趋势可归纳为以下几个方面①：绿色制造是制造科技的发展方向、与高新技术相互融合、制造技术发展日新月异、信息技术大大促进和提升制造技术水平、极端制造是制造技术发展的重要领域②。在历经手工生产、大工业生产阶段之后，目前中国装备制造产业进入到了虚拟现实工业生产阶段。数字化、精密化、极端化、自动化、集成化、网络化、智能化和绿色制造 8 个方面将成为未来先进制造技术

① 制造业发展科技问题研究专题组．《国家中长期科学与技术发展规划战略研究》专题之三《制造业发展科技问题研究》，2004（7）．

② 极端制造是指在极端条件或环境下，制造极端尺度或极高功能的器件和功能系统。当前，极端制造集中表现在微细制造、超精密制造、巨系统制造和强场（如强能量场）制造。例如制造空天飞行器、超常规动力装备、超大型冶金和石油化工装备等极大尺寸和极强功能的重大装备，制造微纳电子器件、微纳光机电系统等极小尺度和极高精度的产品。资料来源：制造业发展科技问题研究专题组．《国家中长期科学与技术发展规划战略研究》专题之三《制造业发展科技问题研究》，2004（7）．

（AMT）的发展新趋势①。

六、产业竞争中的政府

毋庸置疑，作为国民经济的重要组成单元，装备制造业是实现工业化的必备条件。现代高新技术发展及产业化与国家安全，也离不开强大的装备制造产业。作为一种战略产业，装备制造业还是衡量一个国家国际竞争力的重要标志，更是决定一国在国际分工中地位的关键因素。装备制造产业的战略性，促使许多发达国家采取多种措施支持装备制造产业发展。日本制定《振兴制造业基础技术基本法》，把制造业视为基础产业，予以继续加强支持。日本经济产业省还设立了“尖端制造技术研究中心”，支持装备制造产业技术开发。新加坡政府在21世纪的发展规划中强调了制造业在经济发展中的战略地位，把制造业和服务业视为拉动经济发展的双“引擎”。美国国防部、能源部、国家标准和技术研究所以及国家科学基金会共同资助了麻省理工学院“下一代制造”（Next Generation Manufacturing，NGM）项目，以保证美国制造业在新的竞争环境中保持领先地位。法国在20世纪50～60年代实施的核电、高速列车等装备产业发展计划，奠定了其在先进制造业领域的竞争优势。

装备制造产业的高增长性、高关联性、高集聚性，使得许多地方政府通过发展规划、发展战略和相关措施，将装备制造产业视为区域财富创造和社会福利提升的重要支柱。在中国，近20个省市将装备制造业列为“十一五”时期的发展重点（见表11－6）。珠三角地区将重点建设先进制造技术创新基地、装备制造产业基地；长三角地区将力争建成包括装备制造业技术在内的国际技术创新中心及我国重要的应用研发和基础研究中心；东北老工业基地正在以装备制造业为重点，加大基础装备的产业化步伐。新一轮的产业布局将为中国装备制造产业的全面振兴创造良好的条件，但是有必要在遵从市场机制作用的前提下加强宏观引导，避免不必要的重复投资和过度竞争。

① 这些先进制造技术（AMT）主要有计算机辅助设计/计算机辅助制造/计算机辅助工程（CAD/CAM/CAE）、计算机辅助工艺规划（CAPP）、成组技术（GT）、计算机集成制造（CIM）、柔性制造（FM）、面向“X”的设计（DFX）、精良生产（LP）、最优生产技术（OPT）、并行工程（CE）、企业过程重组（BPR）、产品数据管理（PDM）、制造资源计划（MRPII）、企业资源计划（ERP）、供应链管理（SCM）、管理信息系统（MIS）、全面质量管理（TQM）、全面生产维护（TPM）、敏捷制造（AM）、智能制造（IM）、虚拟产品开发（VPD）、虚拟制造（VM）、协同制造（CM）、遥远控制（RM）、快速原型（RP）、绿色制造（GM）、生物型制造（BM）、现代集成制造（CIM）等。AMT技术现在开始逐步在我国工业生产上应用，日益显示出AMT在工业上的巨大潜力。资料来源：沈旭东．先进制造技术对我国制造业提出新要求［J］．中国科技成果，2006（11）．

表 11-6 各省市"十一五"产业发展规划比较

地区	汽车、钢铁、冶金	装备制造业	高新技术产业
黑龙江	—	装备制造	电子信息技术、生物技术、新材料、新能源
吉林	汽车、冶金	—	高技术
辽宁	汽车及零部件产业	装备制造业、成套设备	—
内蒙古	冶金	装备制造	高科技
陕西	—	飞机、汽车等装备制造基地	软件、信息产业、生物制药等
新疆	—	—	高新技术产业体系
山西	钢铁、镁、铝加工	—	—
广东	汽车、钢铁基地	装备制造	电子信息、新材料、生物医药、新能源
江苏	汽车制造	汽车、造船等装备制造	电子信息、生物工程、新材料
河北	钢铁基地	装备制造	电子信息
河南	汽车零部件、有色工业	装备工业	—
山东	汽车、钢铁	汽车、船舶等装备制造	电子信息
北京	汽车制造	装备制造	软件、集成电路、信息网络、生物工程和新医药、新材料、新能源等产业
上海	汽车、钢铁	高端装备制造业	光电子产业、太阳能利用、新材料等
浙江	—	交通运输设备、环保专用设备等装备制造	电子通信设备、生物医药等
福建	汽车	造船、飞机维修、工程机械等	集成电路、软件、光电、生物、制药、环保、海洋和新材料等
重庆	汽车、摩托车氧化铝和铝加工	内燃机、环保成套设备、仪器仪表、军事装备等	信息、生物、新材料、新能源产业等
湖北	钢铁、汽车		以光电子信息为重点
湖南	钢铁有色	装备制造	电子信息、新材料、生物医药
江西	汽车、特色冶金	汽车航空及精密制造	生物医药产业、电子信息和现代家电产业
广西	汽车、铝业、钢铁、锰业	工程机械等	—

—资料来源：北京国际城市发展研究院数据中心，www. XINHUANET. com，2006-01-10. 有改动.

第二节　集约化、集群化与集成化：中国装备制造产业振兴的路径选择

一、集约化战略

振兴装备制造业最为直接的体现就是，能够满足国内市场的需求，支持国民经济各部门的装备需求；能够在有计划有组织地引进国外先进技术的基础上，充分消化吸收引进技术，与原有生产体系和组织体系紧密融合，创造出更高级更实用更有竞争力的新技术、新工艺、新产品，逐渐实现国产化和替代进口技术，并适时出口技术；能够明显改善装备制造产品出口结构，提高附加值比率，改善综合服务质量，培养一批具有国际竞争力的大企业及其配套企业群。

以往中国装备制造业基本延续着一种追求“规模化”的适应性战略路径发展①。这种战略对于当时中国装备制造业的建立、完善与发展发挥着巨大作用。“规模化”的适应性战略本质上是基于发展阶段的一种自我演化的发展路径，它的最大特点是与发展阶段保持一定的“协调性”，是立足于发展阶段的一种需求反映，即能够较好地满足特定时期（计划经济体制下的“短缺经济”时代）的某些需求，缓解该阶段的生产规模问题，如快速扩大生产规模，满足市场需求。但是，这种模式又属于一种被动响应模式，关注焦点不是技术结构、生产结构、产品结构及其基础上的产业结构高级化，粗放式的发展路径难以成为“根本性”结构优化升级的内在动力，更不能促进发展阶段的高级化。

基于“规模化”、超越“规模化”的“集约化”战略模式，是一种基于发展阶段、超越发展阶段的主动式发展战略模式，其特点是充分发挥与发展阶段相适应的资源禀赋优势，从装备制造业内部的技术、生产、组织和产品等多种结构优化与升级的角度，突出产业的内生性动力强化与释放的一种模式。参照国外经验与中国装备制造产业发展现状，集群化发展与集成化创新将是实现传统模式转变，促进中国装备制造产业全面振兴的重要路径。

---

① 有学者结合国外经验，认为机械工业发展的战略模式，大致可以归纳为两类：一是以国民经济各发展阶段的重点为重点的所谓“适应性”发展战略，实现这一战略的有苏联、东欧及其他一些实行计划经济体制的国家；二是从提高机械工业自身素质技术进步为重点的所谓“基础性”发展战略，西方、日本及一些新兴工业国家多采取这一模式。参见陈斌，刘勇，翟东升．振兴我国机械工业的战略抉择——促进我国机械工业“适应性”和“素质性”战略的有机结合［J］．管理世界，2000（1）：79～86.

二、集群化发展

企业集中、资源集聚、产业集群在深化分工，强化产业关联和协作，弱化交易和创新成本，优化产业组织结构，形成区域化的专有竞争优势等方面具有重要作用。装备制造产业特点决定了产业国际转移的速度加快①，规模扩大，产业价值链分解得越来越细，并伴随着模块化②。缺乏本地支撑的装备制造产业是一个没有竞争力的流动性生产体系，即具有很强的可复制性，只要有更优惠条件或其他要素具备，利润导向和市场导向的跨国公司将毫不犹豫地将生产过程中某些环节或者整个生产体系转移到其他地区。在这种条件下，建立和发展本地化的装备制造产业生产、技术体系，是形成不可模仿和移植的核心竞争力之关键。集群化发展是建设与强化这一体系的重要途径。

现代信息通讯技术的发展，导致产业结构发生了根本性变化。这种变化的一个重要表现就是生产体系的“模块化”趋势。现代产业结构的这种模块化趋势，使得整个社会再生产的各个环节的集中与分散态势较之于以往更加明显和突出。无论是集中，还是分散，其结果之一就是造就了一批基于生产集中或分散的多样化的产业集群。这种产业分工协作体系的细化与深化是产业集群产生的必要条件之一。一个有持久竞争力的产业集群，离不开一种产业分工精细与协作紧密的合作关系网络（见图 11 –2）。这种网络的横向维度是一系列企业的内部价值链组合，其纵向维度是不同企业在产业价值链上的多重组合关系。这些横纵向关系的交互作用，使得企业内、同类产业企业间以及不同产业企业间，形成了基于企业内部价值链的产业分工与协作网络关系。这种关系的存在为产业集群的发生、发展与更新创造了基本条件。

装备制造业集群是一个包括装备制造企业和相关支撑机构的复杂系统，共同构成一个自我强化的网络结构（见图 11 –3），就大型装备制造业而言，集群内不仅包括同类同质的厂商，还包括零部件、机器和服务等专业化投入的供应商和

---

① 在工业化过程中，中国全方位的和相当彻底的对外开放政策所获得的一个直接益处是：广泛地获得了国际分工，特别是产业分解所提供的制造业发展机会，形成了许多加工区和产业集群区，为地区工业配套能力的增强和大规模发展加工制造业的发展，奠定了坚实的基础。这种产业转移和产业发展路线仍然会对未来发展产生一定路径依赖关系。参见金碚．世界分工体系中的中国制造业［J］．中国工业经济，2003（5）：5～14.

② 所谓模块，是指“半自律的子系统，通过和其他同样的子系统按照一定的规则相互联系而构成的更加复杂的系统或过程”。模块化可以区分为两个层面的内容：“模块分解化”和“模块集中化”，前者是指“将一个复杂的系统或过程按照一定的联系规则分解为可进行独立设计的半自律的子系统的行为”，后者是指“按照某种规则将可进行独立设计的子系统（模块）统一起来，构成更加复杂的系统或过程的行为”。参见青木昌彦，安藤晴彦等．模块时代：新产业结构的本质［M］．上海远东出版社，2003.

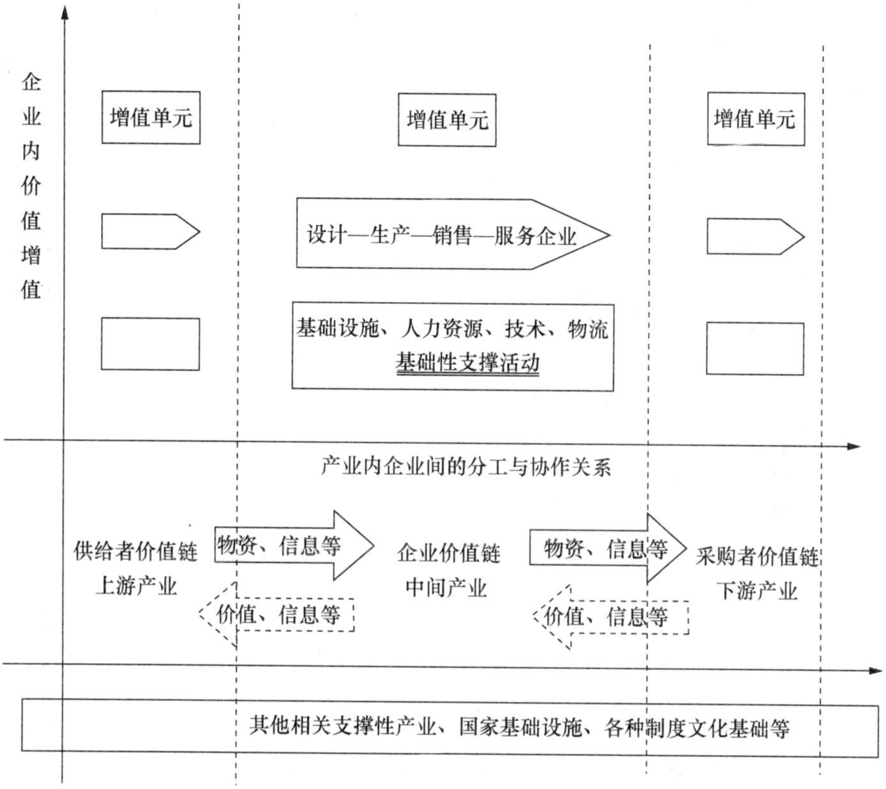

图 11－2 基于价值链的产业分工与协作关系网络

专业化设施的提供者①。这种集群化发展也具有很强的扩散性，并能够为关联产业带来更多的附加价值。例如，一套价值接近 2 亿元的鼓风机设备可以使一个炼油厂每天产值增加 1 个亿。研究表明，中国装备制造产业的区域聚集程度仍处于一个稳定的上升阶段②，这种产业聚集不仅发生在通常定义的同一行业内，相关行业也由于行业间的相互作用、相互吸引而产生共同聚集的效果③。各地区结合原有产业基础、技术实力和市场需求，在产业布局中都强化了特色产业集聚区和

① 丁云龙，李玉刚．从技术创新角度看产业结构升级模式［J］．哈尔滨工业大学学报，2001（1）．

② 参见白重恩，杜颖娟，陶志刚，仝月婷．地方保护主义及产业地区集中度的决定因素和变动趋势［J］．经济研究，2004（4）；范剑勇．市场一体化、地区专业化与产业集聚趋势——兼谈对地区差距的影响［J］．中国社会科学，2004（6）；范剑勇，杨丙见．美国早期制造业集中的转变及其对中国西部开发的启示［J］．经济研究，2002（8）；罗勇，曹丽莉．中国制造业集聚程度变动趋势的实证研究［J］．经济研究，2005（8）．

③ 参见路江涌，陶志刚．中国制造业区域聚集及国际比较［J］．经济研究，2006（3）．

集群的作用，积极建设本地化的装备制造产业体系。例如，北京正在建设丰台科技园、亦庄开发区、通州光机电一体化产业基地、酒仙桥电子城、林河工业开发区、昌平科技园以及海淀产业园等装备制造产业集群。在更高阶段，要在将分散的产业集群整合为产业带和新的大工业区，一个集生产、销售、服务和设计、创新为一体的高级产业群，甚至成为一个城市群。

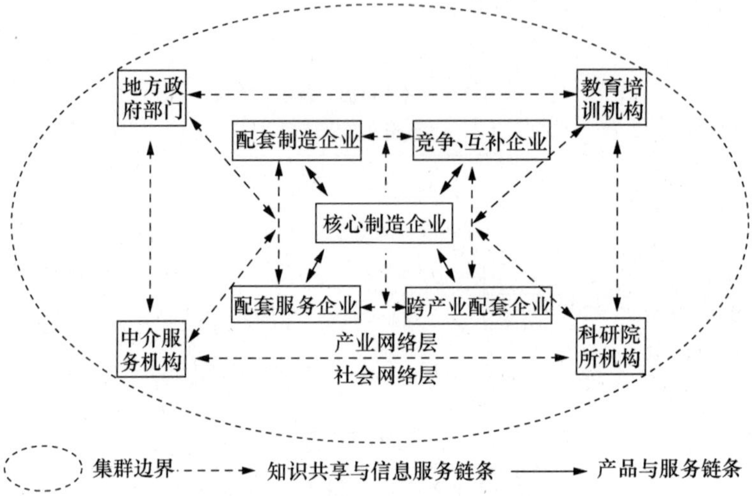

图 11－3　装备制造业集群网络结构

资料来源：李凯，李世杰．装备制造业集群网络结构研究与实证［J］．世界管理．2005（4）．

三、集成化创新

装备制造产业是一个知识技术密集型工业部门，通过直接和间接的知识投入与产出实现了不同部门、工作单元与知识元素之间的知识创造、知识扩散（见图11－4）①，成为促进产业技术进步的重要单元。技术集成化程度高、技术吸纳能力强是现代装备制造产业的显著技术特点。作为一个系统，装备制造产业是由若干相互联系和相互独立的模块单元构成的，每个模块单元就是一个先进的技术系统。装备制造产业的创新空间和机会非常大，这也表明，现代装备制造产业的技术创新体系是一个多元的高度集成化系统，任何一个模块单元都存在着设计、部件和功能重新组合的可能性，每一种可能性就是一个新的创新窗口和增长机会。模块单元的多样性，决定着创新模式或方式的多样化，有的强调总体设计的创新，有的注重生产工艺的改良，有的突出现场服务的改善；有的需要大企业牵

① 张华胜，薛澜．中国制造业知识特性、规模、经济效益比较分析［J］．中国工业经济，2003（2）．

头，有的需要小企业配套；有的需要大规模集中生产与组织，有的需要小规模分散化的网络支持。但是，以企业为主，科研机构和高等学校及其他力量的现代装备制造产业技术体系建设是集成创新、增强自主创新能力的首要任务。在现代装备制造产业技术体系建设过程中，基于市场的创新资源配置机制是基础力量。通过适当的政策设计，引导各种创新资源向现代装备制造企业和产业及其集群区集中、聚集，形成强大的技术创造、应用和扩散能力，促进关键设备和部门的工装国产化、现代化步伐，提高国民经济的创新素质和发展能力。

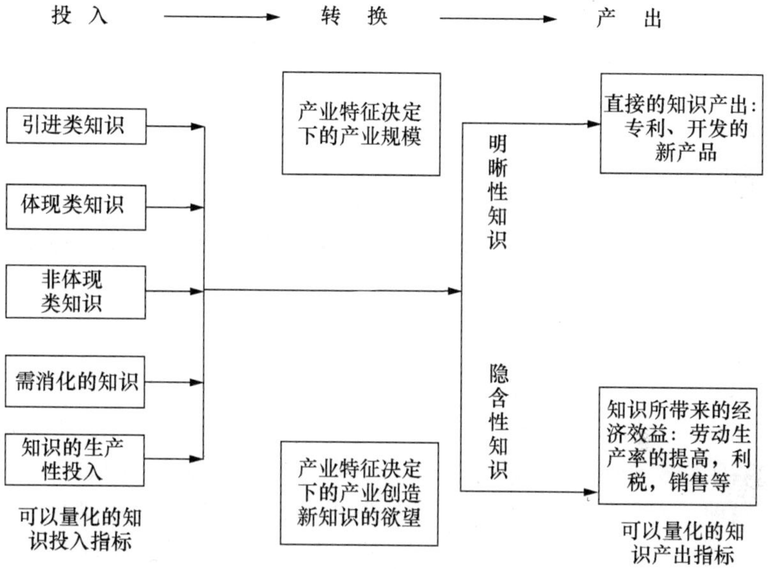

图 11－4　中国制造业知识特征分析模型

资料来源：张华胜，薛澜．中国制造业知识特性、规模、经济效益比较分析［J］．中国工业经济，2003（2）．

（一）依托重点工程，实现重点突破，加速形成有中国特点的装备制造产业技术体系

不同类型产业具有不同的性质属性和技术内在机理，其创新要素分布与创新资源配置等各具特点。装备制造产业门类多、产业链长、横纵向扩散与渗透性强，决定着装备制造产业技术体系的多元性。作为一个资本、技术和知识高度密集的工业部门，定制化的生产模式以及技术的相对成熟性，要求装备制造产业技术体系突出集成性和系统性，即通过一些成套工程项目，将不同类型的零部件和单元组织在一起，形成耦合性良好的新的大系统。加强大型、关键设备与工程项目的整体设计，在高档数控机床与基础制造装备、高效清洁发电与输变电等领域，依托重点工程，完善技术标准，实施科学组织，调动全社会创新资源，并将

这些资源聚集在以企业为主体的产业化项目周围，努力突破核心技术，提高重大技术装备研发设计、核心元器件配套、加工制造和系统集成的整体水平，最大限度地实现创新效率。在项目组织实施过程中，构建多种类型的产学研合作模式①，有助于显著提高关键技术、重大技术和某些共性技术的整体研究与开发水平，并缩短设计、研发、工程化到市场的时间，形成一种面向市场的、有竞争力的技术体系②。

（二）搭建引进消化吸收平台

在经济全球化和开放创新的时代，不充分利用R&D资源全球化，实现封闭式创新，毫无疑问是一种落后的创新理念。作为一种新的生产要素，科技与传统生产要素一起参与到了全球配置过程，使得传统的创新组织设计和结构、创新模式和路线发生了重大变化。当今世界，能够最大限度利用全球R&D资源，以我为主，为我所用，我尽其用地有重点地实施创新项目，是决定创新方向、创新速度和创新质量的关键要素。对于全球化程度很高的现代装备制造产业而言，如何在消化吸收引进国外先进技术和组织经验，形成基于本土化、面向国际化的创新能力，是许多国家产业发展的重要政策指向。中国装备制造产业与发达国家还存在着较大的技术差距，而中国经济发展又对装备制造产业发展提出了更新更高的需求，单独依靠自身力量，难以快速满足和支撑我国新型工业化发展需求。因此，依托现有产业技术基础、生产条件和组织能力，加强对引进技术的消化吸收，促进集成创新和引进消化基础上的再创新，就成为增强中国装备制造产业技术能力的一种重要手段。搭建引进消化吸收平台，对于提高装备制造产业整体技术水平，形成一种本土化的内在技术能力，实现技术跨越，具有重要的战略意义。在构建关键技术引进消化平台方面，可以充分发挥原有国家相关技术贸易公司的作用，充分发挥其高水平专家队伍、信息网络、商务谈判、招标等多种优势。随着政府职能的进一步转变，许多经济职能，包括技术引进等将会依托企业以及一些有实力的机构来完成，因为它们靠近市场。政府应该对这种促进技术扩散的方式，予以政策优惠和支持。此外，也可以由相关企业与国家相关部门、行

① 产学研合作创新是发挥企业、高等院校和研究机构各自资源优势和比较优势的重要载体。国家创新政策明确规定，有明确产品目标导向、市场发展空间和产业化前景的项目，由企业牵头或有企业参与，并且进行实质投资。优先支持产学研联合的项目，已经成为评价产学研联合项目绩效的重要指标。

② 根据经济发展的总体部署，我国将重点实施如下十六大工程项目：大型清洁高效发电装备、特高压交流和直流输变电成套设备、百万吨级乙烯等大型石化成套设备、大型煤化工成套设备、大型薄板冷热连轧成套设备及涂镀层加工成套设备、大型煤炭综采和大型露天矿设备、大型海洋石油工程装备和大型LNG等特殊船舶、高速列车和新型地铁车辆、大型环保装备及资源综合利用设备、大断面岩石掘进机等大型施工机械、重大工程自动化控制系统、大型精密高速数控机床、新型纺织机械、新型大马力农业装备、电子生物医药等先进生产设备、民用飞机及发动机和机载设备。

业协会等联合，构建专业化的某些关键技术引进消化平台。在适当时机，可以采用股份制等方式，成立关键技术引进消化吸收中心。此外，由于中小企业尤其是科技型中小企业资金有限、信息有限，建议该平台重视为中小企业的技术贸易活动提供相关服务①。

第三节 中国装备制造产业振兴的政策支持

自《国务院关于加快振兴装备制造业的若干意见》（2006 年 6 月 28 日）正式发布以来，包括“关于对中国装备制造业重点企业重组并购的决定”、“中国装备制造业采购办法”、“中国重大装备制造业依托工程”和“中国重大技术装备政策管理办法”在内的相关配套政策就开始进入制定过程。在上述政策制定过程中，有必要突出如下政策导向：

一、实施对称性的产业组织政策

所谓对称性的产业组织政策实质上是一种充分发挥市场力量，兼顾国际惯例与经验，政府有限参与的旨在促进竞争，遏制垄断的产业政策。作为一种产业，装备制造产业的发展同样离不开市场机制的基础性作用，在这个意义上，通过市场力量促进不同装备企业的自由调整和重组，是装备制造产业良性发展的基本力量。因此，充分利用全球化，实现资本与产业跨国整合，是现在任何一个国家和地区产业发展不可放弃的一种方式。但是，在利用资本全球化的过程中，必须平衡产业发展与产业安全之间的关系，如果涉及或者会对产业未来安全产生潜在的或无法明确评估的威胁，政府必须干预，这是一种国际惯例。在资本全球化流动的过程中，跨国公司为了获得世界市场的控制地位和攫取垄断利润，它们通常会选择一些重要的产业部门实施并购。作为一个新兴的快速增长经济体，中国正在成为许多跨国公司并购的重点区域②。外资并购对于促进竞争，淘汰落后产品，优化结构等具有一定的正面影响。然而，如果这些活动涉及或有染控制一个国家的关键产业部门，势必影响着该国的产业安全、经济安全和国家安全。毋庸置疑，装备制造产业就是这样的一个产业部门，特别是装备制造产业中的某些关键

① 王伟光．自主创新、产业发展与公共政策：基于政府作用的一种视角［M］．经济管理出版社，2006.

② 根据汤姆逊金融公司统计，2004 年外资在华共完成 2141 个跨国并购项目，价值 240 亿美元，占我国实际吸收外商投资的 40%。资料来源：李晓华．加入 WTO 后以市场换技术的思考［J］．中国工业经济，2004（4）：21－26. 关于外资并购中国装备制造产业的特点以及政府的作用，参见王广凤，肖春华．我国装备制造业外资并购中的政府干预［J］．中国科技论坛，2007（6）．

部门和环节，如一些大型成套装备制造行业、精密精加工行业，以及一些关键的重要零部件行业。这些部门和环节具有重要的战略价值，国外许多国家产业政策对于这些行业仍然采取严格管制措施。例如，当一些中国企业并购美国、加拿大、法国等一些重要部门的企业时，常常面临着严格的审查，成功率很低①。国家意志和国家利益具有绝对优先权，对国家经济安全有影响的行业和关键部门，必须严格限制外资并购，这符合国际惯例和经验。基于上述思想的产业组织政策，就是一种对称的产业组织政策，否则就是一种不对称、不公平的单边政策，国家长远利益必将遭受损失。

二、创造性地发挥国有企业的战略作用

作为一种战略产业，中国装备制造产业一直是国家重点扶持领域。中国装备制造产业的技术基础和微观经济基础，大都形成于计划体制下，国有企业成为最为主要的支撑力量。随着国有企业改革和现代企业制度建设，国有装备制造企业在不断吸收、应用现代技术和组织的基础上，形成了适合国情的规模化的技术能力和组织能力，承载着支持中国现代化建设，富民强国的历史使命。由于资本、技术要求和国民经济各部门的需要，国有企业在中国装备制造产业发展过程中始终起着支撑作用，经过 50 多年的发展，积累了一大批技术、设备和生产经验，重大技术装备自主研发体系，形成了中央、地方，军用和民用等不同体制下的生产与技术体系。如果缺乏国有企业的参与和支撑，中国装备制造产业的国家使命和战略意义将受到削弱。更为重要的是，装备制造产业的特殊性质，决定了某些行业和部门，必须由国有企业进入、主导和控制。国有企业进入、主导和控制关键的战略部门，并不意味着非国有企业没有市场空间和发展潜力，相反围绕和满足国家战略需求，非国有企业将进入一个新的发展黄金期。国有装备制造企业主导和控制关键的战略部门，需要进一步加强改革和创新，探索与新环境相适应的现代国有企业产权制度、治理结构、经营机制以及国有资产管理模式。产业关联大的、技术相近、经济联系紧密的企业，可以兼顾市场机制和国家利益的双重需求，通过多种形式的组织结构调整②，建立长期稳定的契约关系，实现一体化经营。在现代国有装备制造企业制度中，注重企业家培养，探索激励新模式，也具有重要意义。

---

① 例如，中国联想集团在并购 IBM PC 业务时，就受到了美国外国投资委员会的严格审查，而中海油并购美国尤尼科石油公司、海尔并购美泰公司等则因美国政府干预而以失败告终。

② 例如，以工程配套、主机配件结合为主要途径，通过股份合作、产权置换等形式，吸收各种资金，推动装备制造业企业进行跨行业、跨地区、跨所有制的兼并与联合，是许多地方加快装备制造业国有资本向重点企业集中的一种方式。

三、建设开放的现代装备制造产业技术体系

充分利用R&D全球化带来的技术机遇，在利用外资技术溢出效应的同时，通过建立海外研发机构、购并国外企业、委托国外科研机构设计与开发、技术外包等方式，将全球R&D资源整合于中国装备制造产业生产与技术体系之内。形成资源深加工与精加工，集成生产与配套生产，灵活制造和创新制造，占领市场和创造市场相结合的良性创新链环，将是我国产业创新的重要路径选择。作为产业创新体系的中心环节，企业自主创新模式多种多样。由于不同企业的资源禀赋、企业家以及相关制度安排存在差异，企业自主创新的方式和手段也不尽相同。围绕快速产品/工艺集成开发系统，建模与仿真技术，自适应信息化系统，柔性可重组制造系统，新材料加工技术，纳米制造技术，生物制造技术及无废弃物制造技术等产业共性技术，采用技术研发共同体、技术合资企业、技术创新联盟、产学研合作创新等多种方式，加速技术开发与应用过程，促进中国装备制造企业跨越发展。支持设计研究院所和骨干企业整合，发展具有系统设计、系统集成、工程总承包和全程服务等集成能力的工程公司。依托国家重大工程项目、经济技术开发区、国家高新技术产业开发区、出口基地等现有组织基础，促进成套装备制造企业成长，鼓励建设特色突出的装备制造产业配套基地和产业集群发展。例如，为某些重大成套设备提供配套的基础功能零部件产业基地，将获得国家税收优惠和国债资金优先支持①；新立、扩建企业技术开发中心和技术工程研究中心，国家将给予科技计划项目或专项科技资金支持等。在装备制造产业技术体系建设中，还需要建立一套科学有效的创新激励机制，采用多种形式激励技术员工的创新热情，促进全员创新②。除此之外，还需要进一步加强和完善知识产权制度，为产业技术创新创造良好的制度环境③。

---

① 例如，2004~2006年，共有128项装备项目得到省贴息支持，安排贴息资金7.6亿元，占贴息资金总额的39.4%。使一批骨干企业的装备技术水平、综合竞争力得到显著提升，促进了辽宁省装备制造业向产业结构高级化目标迈进。

② 例如，中航一集团沈阳黎明航空发动机（集团）有限责任公司推广的“首席工人制”，是一种有效激发企业技术高手成长的全新模式，“它不问学历，不看资历，就重技术，就凭工作”，“不搞终身制，聘用期为1~2年”。该公司的数控铣工王欣采用的“一听、一看、一把刀”的加工技巧，充分发挥了刀具的切削性能，提高了产品质量和工作效率，年均创造、节约产值20万元。2007年10月公司奖励王欣一辆“吉利自由舰”轿车。目前，这种灵活的、高强度的激励措施，已经成为该公司全员创新的重要推动力。

③ 国外经验证明，过去的技术发展之所以缓慢，是因为“对发展新技术的激励仅仅是偶然的。通常创新可以被别人无代价地模仿，而发明创造者得不到任何报酬。直到现代，不能在创新方面建立一个系统的产权，仍是技术变化迟缓的主要根源”。参见道格拉斯·C. 诺思．经济史中的结构与变迁［M］．上海三联书店，上海人民出版社，1994.

四、促进产业国际分工条件下的外包升级

随着产业内分工的精细化和产业间分工的社会化，以及信息通信技术的兴起与扩散，现代装备制造业已经成为产业空间广、产业价值链长、产业关联复杂的工业部门，并随着新兴工业化经济体的快速发展而展现着前所未有的增长机会。这是因为，创意、设计、工程化、生产、销售、服务和物流等不同社会化生产环节在分工深化的同时，也塑造着新的生产组织和服务组织方式，使得技术密集、组织复杂的现代装备制造产业以一种更加富有效率和增长潜力的态势出现在21世纪的经济发展前沿。与传统的设计生产一体化和资源获取型的全球化生产模式不同，现代装备制造产业的全球化模式已经转变为了设计、创新主导型和生产、服务外包型共生的新模式。目前，中国已经拥有了一批实力较强的外包公司①。但是，在转包生产过程中，还存在一些问题。例如，陕西在飞机发动机、起落架、水平和垂直尾翼、航空仪表等零部件生产等方面表现出较强的竞争力，但是“生产能力不足和管理不到位”。中国装备制造企业在参与国际竞争中走“国际代工”的道路，是一种内生性的自然选择。随着学习能力的加强，中国装备制造企业正在逐步实现从OEM向ODM再向OBM的转化（见表11－7）②。因此，依托产业集群，培育一大批具有国际影响和竞争力的自有品牌，实现外包转型，将是中国装备制造产业升级的重要环节。

表11－7　制造业国际分工：发包方与代工方的关系

	创新		生产		营销
	研究	开发	设计	制造/组装	品牌运营/营销推广
OEM	发达国家先进企业承担			相对落后国家后进企业承担	发达国家先进企业承担
ODM	发达国家先进企业承担	相对落后国家后进企业承担			发达国家先进企业承担
OBM	相对落后国家后进企业自行承担			外移或外包	相对落后国家后进企业自行承担

资料来源：刘志彪．全球化背景下中国制造业升级的路径与品牌战略［J］．财经问题研究，2005（5）．

① 根据国际数据公司（IDC）对亚太地区35个可能作为离岸交付服务中心的城市，根据劳动力成本、租金成本、语言能力和员工离职率等一系列标准进行了比较和排名，排在前十位的城市依次是班加罗尔、马尼拉、新德里、孟买、大连、上海、北京、悉尼、布鲁斯班、奥克兰。引自http://news.daliandaily.com.cn/gb/news/2007－07/31/content_1955358.htm.

② OEM（Original Equipment Manufacture）是指“原始装备制造”。“代工”（Subcontracting），随着学习能力的增强和对上下游价值链的理解与掌握能力的增强，逐渐转向ODM（Original Design Manufacture），最后发展到OBM（Own Brand Manufacture）阶段。参见刘志彪．全球化背景下中国制造业升级的路径与品牌战略［J］．财经问题研究，2005（5）．

五、加大装备制造产业人力资本投资

装备制造产业是一个知识技术密集型部门，需要有一大批高素质管理人才、技术人才和服务人才参与到产业发展的各个环节。目前，人才流失严重，企业经营管理人才和高级技能人才短缺，是制约中国装备制造产业高质量发展的一个重要原因。例如，陕西装备制造产业科技人员年流失4000多人，高级人才的流出与流入比为12∶1，中级人才为8∶1，高级技工严重短缺。更为重要的是，缺乏足够的人力资本，装备制造产业升级与发展，将缺乏有效的基础支撑。日本经济之所以能够在“二战”之后迅速复苏，并在技术引进基础上成功地推行“市场推动型技术创新”模式，是因为它有良好的教育基础，才使得“提高生产力的努力和技术革新灵活对应成为可能，支持了经济发展”，在很大程度上取决于其高效的人力资本投资。例如，日本在20世纪60年代的高等教育以及“终身雇佣制”为前提的企业内部培训活动，不仅培养了出色的现场技术人员，更加强了对引进技术的再创新，从而使日本在20世纪80年代在技术创新方面占据着优势地位①。通过适当的机制设计，引导企业、社会资源加大装备技术人才投资，同时重视创新型团队的引进与培育。其中，后者应该是装备制造产业重点突破和形成持续竞争力的关键。例如，围绕中国重大成套设备制造、数字化机床和医疗机械、IC装备、汽车电子等发展需要，以重大工程项目、重大科技专项为依托，成建制以团队方式从外部引入技术开发、现代管理、市场服务、宏观管理等方面的创新型团队，将项目、人才与产业集群高度统一协调，为装备制造业振兴提供充足的人力资本支撑。而且，高素质的人力资本也是吸引跨国公司在华设立研发机构的重要因素②。在加大人力资本投资过程中，要特别重视企业家的作用。企业家具有创新精神，是推动技术创新的重要力量，能够将科学和发明由潜在的生产力变成现实的生产力，使企业进入良性发展周期。现在中国装备制造产业还缺少一大批企业家，因此，企业家队伍的建设及管理人才队伍的培训，应成为装备制造业振兴政策的一个重要内容，以创造出一种鼓励冒险、勇于承担风险的创新、创业文化。

---

① ［日］吉川弘之．日本制造——日本制造业变革的方针［M］．上海远东出版社，1998.

② 市场潜力、人员素质、研发成本和当地大学的参与配合，是吸引跨国公司在新兴国家进行研发活动三个关键要素。2006年美国国家科学学会、国家工程学会和医药研究所的一项调查显示，在15个行业209家跨国公司中，32.5%的跨国公司将在中国扩大研发规模视为首选。据中国商务部估计，目前跨国公司在华设立的研发中心已超过750家，在华投资的大跨国公司几乎都设立了研发中心。引自 http：//www.chinapressusa.com.2006－09－26.

参考文献

［1］约瑟夫·熊彼特．经济发展理论［M］．商务印书馆，1990.

［2］吉川弘之主编．日本制造——日本制造业变革的方针［M］．上海远东出版社，1998.

［3］周叔莲，王伟光．科技创新与产业结构优化升级［J］．经济要参，2001（40）．

［4］陈胜昌主编．知识经济专家谈［M］．经济科学出版社，1998.

［5］董瑞华．从马克思的“技术手稿”到知识经济［J］．唯实，1999（5）．

［6］胡志坚．国家创新系统：理论分析与国际比较［M］．社会科学文献出版社，2000.

［7］刘国新，李勃，陈遥．知识经济与产业结构演变［J］．经济学动态，1998（12）．

［8］吴江．知识经济的历史考察［J］．中国经济史研究，2000（2）．

［9］王志民．知识经济革命对世界经济格局的影响［J］．金融科学，2000（1）．

［10］OECD. 以知识为基础的经济［M］．机械工业出版社，1997.

［11］保罗·A. 大卫，多米尼克·弗雷．导论：知识社会的经济［J］．国际社会科学杂志，2003（2）．

［12］王伟光．中国工业行业技术创新实证研究［M］．中国社会科学出版社，2003.

［13］潘士远．知识、R&D 与经济增长［J］．浙江社会科学，2003（3）．

［14］Jeff Saperstein，Dr. Daniel Rouach. 区域财富：世界九大高科技园区的经验［M］．清华大学出版社，2003.

［15］［美］威廉·鲍莫尔．资本主义的增长奇迹［M］．中信出版社，2004.

［16］［日］竹内弘高，野中郁次郎．知识创造的螺旋［M］．李萌译．知识产权出版社，2006.

［17］［瑞典］霍刚·吉吉斯．变化中的北欧国家创新体系［M］．安金辉，南南·伦丁译．知识产权出版社，2006.

［18］［美］马克·赫德，拉尔斯·尼伯格．信息整合的新竞争力［M］．中国劳动社会保障出版社，2005.

［19］马克斯·H. 博伊索特．知识资产：在信息经济中赢得竞争优势［M］．上海世纪出版集团，2005.

［20］冯斌星，何炼成，窦尔翔．国家知识化经济发展战略：理论依据与构想设计［J］．华东理工大学学报，2005（1）．

［21］陈继勇，徐涛．美国知识经济的发展对亚太经济格局的影响［J］．世界经济研究，2005（1）．

［22］Keith Drake, Industrial competitiveness in the knowledge – based economy: the new role of government, in OECD Proceedings: Industrial competitiveness in the knowledge – based economy, the new role of governments, 1997, pp. 17 – 53.

［23］S. I. Cohen, Microeconomic Policy, Routledge, London and New York, 2001.

［24］Chris Freeman and Luc Soete, The economics of industrial innovation, 3rd ed, The MIT Press, Cambridge, Massachusetts, 1997.

［25］K. Pavitt. Patterns of technical change: towards a taxonomy and a theory, Research Policy, 1984, Vol. 13, No. 6.

［26］藤田昌久，雅克·弗朗克斯·蒂斯．集聚经济学［M］．西南财经大学出版社，2004.

［27］范柏乃．城市技术创新透视——区域技术创新研究的一个新视角［M］．机械工业出版社，2004.

［28］托马斯·弗里德曼．世界是平的［M］．东方出版社，2006.

［29］陈宪主编．经济学方法通览［M］．中国经济出版社，1995.

［30］保罗·克鲁格曼．发展、地理学与经济理论［M］．北京大学出版社，中国人民大学出版社，2000.

［31］曼弗雷德·费希尔，贾维尔·迪亚兹，福克·斯奈卡斯．大都市创新体系［M］．上海人民出版社，2005.

［32］Shahid Yusuf. 东亚创新未来增长［M］．中国财政经济出版社，2004.

［33］阿尔弗雷德·韦伯．工业区位论［M］．商务印书馆，1997.

［34］奥利弗·E. 威廉森．治理机制［M］．中国社会科学出版社，2001.

［35］李钟文，威廉·米勒，玛格丽特·韩柯克，亨利·罗文．硅谷优势——创新与创业精神的栖息地［M］．人民出版社，2002.

［36］汤姆·R. 伯恩斯等. 结构主义的视野：经济与社会的变迁［M］. 社会科学文献出版社，2004.

［37］科斯等. 制度、契约与组织——从新制度经济学角度的透视［M］. 经济科学出版社，2003.

［38］彼得·布劳. 社会生活中的交换与权力［M］. 华夏出版社，1988.

［39］罗德里克·M. 克雷默，汤姆·R. 泰勒. 组织中的信任［M］. 中国城市出版社，2003.

［40］柯武刚，史漫飞. 制度经济学：社会秩序与公共政策［M］. 商务印书馆，2000.

［41］斯克特·拉什，约翰·厄里. 符号经济与空间经济［M］. 商务印书馆，2006.

［42］C. E. 林德布罗姆. 市场体制的秘密［M］. 江苏人民出版社，2002.

［43］肯·宾默尔. 博弈论与社会契约［M］. 上海财经大学出版社，2003.

［44］G. J. 斯蒂格勒. 产业组织和政府管制［M］. 上海三联书店，上海人民出版社，1998.

［45］安娜·格兰多里. 企业网络：组织和产业竞争力［M］. 中国人民大学出版社，2005.

［46］经济合作组织. 管理国家创新系统［M］. 学苑出版社，2000.

［47］科技部国际合作司，中国科学技术信息研究所. 推动我国创新体系的演化（内部）. 2002（9）.

［48］经济合作与发展组织. 创新集群：国家创新体系的推动力［M］. 科学技术文献出版社，2004.

［49］迈克尔·波特. 竞争优势［M］. 华夏出版社，1997.

［50］青木昌彦，安藤晴彦等. 模块时代：新产业结构的本质［M］. 上海远东出版社，2003.

［51］隋映辉. 产业集群：成长、竞争与战略［M］. 青岛出版社，2005.

［52］于立，王询. 当代西方产业组织学［M］. 东北财经大学出版社，1996.

［53］王伟光. 产业集聚中的技术创新模式［J］. 铁路技术创新，2003（2）.

［54］王伟光，吉国秀，政府支持企业研发活动中的技术共享问题研究［J］. 中国科技论坛，2005（6）.

［55］David B. Audretsch and Maryann P. Feldman, R&D spillovers and the geography of innovation and production, The American Economic Review, June 1996,

Vol. 86 No. 3, pp. 630 - 640.

[56] Rutten, Roel. Innovation in regional supplier networks: the case of KIC, in F. Boekema, K. Morgan, S. Bakkers and R. Rutten (eds.), Knowledge, Innovation and Economic Growth: The Theory and Practice of Learning Regions, Edward Elgar, Cheltenham, 2000.

[57] Borrus, Michael, Dieter Ernst, and Stephan Haggard, eds. International production networks in Asia. London and Newyork: Routledge, 2000.

[58] United Nations Industrial Organization, 2002: Industrial Development Report 2002/2003.

[59] Frederick H., John T. Dunlop, Janice H. Hammond, and David Weil. A stitch in time: lean retailing and the transformation of manufacturing—lessons from the apparel and textile Industries. New York: Oxford University Press, 1999.

[60] Luis M. B. Introduction to Industrial Organization, The MIT Press, 1996.

[61] Peter Maskell and Anders Malmberg, Localised learning and industrial competitiveness, Cambridge Journal of Economics, 1999, 23, p. 174.

[62] Robert W. Rycroft and Don E. Kash, The complexity challenge: technological innovation for the 21st century, Pinter, London and New York, 1999.

[63] Tafano Breschi and Franco Malerba. Sectoral Innovation Systems: Technological Regimes, Schumpeterian Dynamics, and Spatial Boundaries, in Charles Edgquist (ed.), System of Innovation: Technologies, Institutions and Organizations, Chapter six, Lindon and Washington: Printer, 1997: 130 - 156.

[64] Williamson, Oliver E. Credible commitments: Using Hostages to Support Exchange, American Economic Review, 1983, Vol. 73, pp. 519 - 540.

[65] 菱镁资源开发利用专题研究组．营口市菱镁资源开发利用专题研究报告，2003 - 10 - 27.

[66] 辽宁省大石桥市人民政府．中国名牌矿业城市命名“中国镁都——大石桥”申报材料，2005 年 8 月．

[67] 大石桥市科技局．大石桥市国家镁质材料产业化基地建设情况，2005 - 11 - 10.

[68] 沈阳市人民政府，辽宁省发展和改革委员会．沈阳铁西装备制造业聚集区产业发展规划（2010 ~ 2020）[R]．

[69] 王伟光，吉国秀．沈阳装备制造产业自主创新模式选择与支持政策研究 [J]．中国科技论坛，2007（6）．

[70] 吉国秀，王伟光．产业集群与区域竞争合作机制：一种基于社会网络

的分析［J］．中国科技论坛，2006（3）．

［71］辽宁省统计局，2004年辽宁省国民经济和社会发展统计公报，2005－2－1.

［72］佟跻权．2005年辽宁省国民经济和社会发展报告［M］．辽宁人民出版社，2005.

［73］李戈军．辽宁老工业基地振兴之路［M］．辽海出版社，2005.

［74］佟跻权，李戈军．辽宁省“十一五”发展战略研究［M］．辽宁教育出版社，2005.

［75］国家统计局，科技部．中国科技统计年鉴（2004）［M］．中国统计出版社，2004.

［76］蒋珊．产业竞争力新趋势：产业集群决定产业竞争力［J］．南京社会科学，2004（9）．

［77］欧文·E. 休斯．公共管理导论［J］．中国人民大学出版社，2001.

［78］“区域创新和集群政策评估：新理论方法的探求”，翻译稿．

［79］佘明龙，任选锋．中印中小企业产业集群发展的比较制度分析［J］．南亚研究季刊［N］．2004（3）：13～17.

［80］透视沈阳产业集群放大效应，2006－1－13，http：//www. lswb. com. cn/lnrb/200601/11497420060113. htm/.

［81］鞍山大力发展产业集群营造非公经济成长环境［N］．辽宁日报，2006－01－20.

［82］宁旭．锦州产业集群悄然兴起，占据区域经济半壁江山［N］．原辽宁日报，引自http：//www. nen. com. cn.

［83］中国产业集群编辑部．中国产业集群（第1辑）［M］．机械工业出版社，2005.

［84］中国产业集群编辑部．中国产业集群（第2辑）［M］．机械工业出版社，2005.

［85］辽宁省装备制造业十一五发展规划正式出台［N］．辽宁日报，2006－01－22，引自http：//www. gov. cn.

［86］Bergman，Edward M. and Edward J. Feser. Innovation system effects on technological diffuseion in a regional value chain，European planning studies，Vol. 5，2001，p. 5.

［87］OECD. 创新集群：国家创新体系的推动力［M］．科学技术文献出版社，2004.

［88］黄缘缘，孙伟川．装备制造业连续53个月保持18%以上增幅［N］．

人民日报（海外版），2007－09－03.

［89］吕政．提高我国在国际产业分工中的地位［N］．中国社会科学院院报，2005－11－04.

［90］Borrus, Michael, Dieter Ernst, and Stephan Haggard, eds. International production networks in Asia. London and Newyork: Routledge, 2000, p. 2.

［91］United Nations Industrial Organization, 2002: Industrial Development Report 2002/2003. Overview. Competing through innovation and learning.

［92］Abernathy, Frederick H., John T. Dunlop, Janice H. Hammond, and David Weil. A stitch in time: lean retailing and the transformation of manufacturing—lessons from the apparel and textile Industries. New York: Oxford University Press, 1999.

［93］Shahid Yusuf. 东亚创新未来增长［M］．中国财政经济出版社，2004.

［94］中国科技促进发展研究中心．中国科技政策与发展研究：2001 调研报告精选［M］．科学技术文献出版社，2002.

［95］龚雯．外企已在华设研发中心 750 多家，技术密集型为主［N］．人民日报，2006－02－09.

［96］唐晓华．产业集群：辽宁经济增长的路径选择［M］．经济管理出版社，2006.

［97］郭克莎．我国技术密集型产业发展的趋势、作用和战略［J］．产业经济研究，2005（5）.

［98］吴新力．加快发展我国重大技术装备制造业［J］．学习与研究，2006（9）.

［99］沈旭东．先进制造技术对我国制造业提出新要求［J］．中国科技成果，2006（11）.

［100］金碚．世界分工体系中的中国制造业［J］．中国工业经济，2003（5）.

［101］丁云龙，李玉刚．从技术创新角度看产业结构升级模式［J］．哈尔滨工业大学学报，2001（1）.

［102］白重恩，杜颖娟，陶志刚，仝月婷．地方保护主义及产业地区集中度的决定因素和变动趋势［J］．经济研究，2004（4）.

［103］范剑勇．市场一体化、地区专业化与产业集聚趋势——兼谈对地区差距的影响［J］．中国社会科学，2004（6）.

［104］范剑勇，杨丙见．美国早期制造业集中的转变及其对中国西部开发的启示［J］．经济研究，2002（8）.

［105］罗勇，曹丽莉．中国制造业集聚程度变动趋势的实证研究［J］．经